Kolb · Handbuch für Natürliches Bauen

Bernhard Kolb

HANDBUCH für Natürliches Bauen

Mit Bau- und Renovierungsanleitungen für den Selbermacher

Verlag C. F. Müller GmbH Karlsruhe

ISBN 3-7880-7420-5
Verlag C. F. Müller GmbH, Karlsruhe

ISBN 3-924466-05-X

6., vollständig überarbeitete Auflage 1991

Druck: aprinta, Wemding
Bindung: Sellier, Freising
Printed in Germany

Die Deutsche Bibliothek – CIP-Einheitsaufnahme
Kolb, Bernhard:
Handbuch für Natürliches Bauen: mit Bau- und Renovierungsanleitungen für den Selbermacher / Bernhard Kolb. – 6., völlig überarb. Aufl. – Karlsruhe : Müller, 1991
ISBN 3-7880-7420-5 (Verlag C. F. Müller, Karlsruhe)

Inhalt

Der Weg zum natürlichen Bauen

»Das richtige Haus ist schon vor einigen tausend Jahren ersonnen worden. Da gibt es gar nichts mehr zu verbessern. Diese Formen sind vollkommen und haben nie ihre Tauglichkeit verloren.«

Leon Krier

Das alte Haus wärmte, es schützte vor Sonne, Wind und Regen; und es gab Geborgenheit. Zeigte sich am Gebäude ein Schaden, reparierten ihn die Bewohner selbst. Jeder kannte die dafür nötigen Handgriffe, denn die Bauweise war einfach. Wie alte Kleider flickte man die Häuser immer wieder zusammen. So überdauerten sie oft viele Jahrhunderte.

Wie der Mensch viel stärker in der Natur verwurzelt war, so stand auch das Haus in engerem Bezug zu seinem Erbauer und Bewohner. Und so war es auch stärker mit der landschaftlichen Umwelt verwachsen. Die natürlichen Baumaterialien, die man aus der unmittelbaren Umgebung bezog, gaben dem jeweiligen Haustyp einen unverwechselbaren Charakter. Natur und Architektur standen zueinander in einem harmonischen Einklang.

Technik und Verkehrswesen, geleitet von der geistigen Haltung des modernen Menschen, haben dieses Gleichgewicht zerstört und einen tiefen Wandel im Hausbau wie im Siedlungswesen verursacht. Der bedingungslose Fortschritt, der sich zunächst in den Städten entfaltete, griff allmählich auch aufs Land über, wo man noch länger an Traditionen festhielt.

Heute scheint sich die Bewegung dagegen umzukehren: Gerade die Städter erinnern sich wieder vieler Tugenden ländlichen Bauens und versuchen sie in moderne Haus- und Wohnformen zu integrieren. Der Trend, dabei natürliche Baumaterialien zu verwenden, ist unverkennbar; es werden wieder mehr Ziegelhäuser gebaut; alte Stilelemente werden wieder aufgegriffen; selbst im perfekt durchorganisierten Haushalt ist plötzlich wieder Platz für den guten alten Kachelofen. Wir sind auf dem Weg, den jähen Einbruch des Betonzeitalters zu überbrücken. Es gilt, eine neue Balance zu finden zwischen dem Altbewährten und den Errungenschaften der modernen Bautechnologie.

Die Bestrebungen zu *natürlichem Bauen* können weder auf einer totalen Ablehnung des modernen Bauwesens beruhen, noch auf einer einseitigen Überbetonung tradierter Grundlagen.

Beide Richtungen müssen miteinander verknüpft werden.

Die Vergangenheit liefert uns das Wissen und die Erfahrung im Umgang mit natürlichen Baumaterialien. Die jüngste Vergangenheit hat die Schäden offenbart, die durch eine naturfremde, nur noch am Profit orientierte Massenbauweise entstanden sind. Mit den Erkenntnissen der Baubiologie, der Wohnphysiologie und der Bauphysik hat sich uns aber auch ein Weg gezeigt, wie wir dieses Dilemma überwinden können.

»Das richtige Haus ist schon vor einigen tausend Jahren ersonnen worden«, sagt Leon Krier. Hinzuzufügen wäre, daß sich unsere Umwelt und damit auch unsere Bedürfnisse geändert haben. Die neuen Technologien haben im Bauwesen nicht nur Schaden angerichtet, sondern auf so manchen Gebieten auch zur Verbesserung der Wohnqualität beigetragen.

Oberstes Gesetz bei der Hausgestaltung sollte letztlich immer die Gesundheit des Menschen

und die Erhaltung seiner Umwelt bleiben. *Natürliches Bauen* heißt also:

- Verwendung natürlicher Baumaterialien wie Holz, Lehm (Ziegel), Kalk, Stroh, Schiefer etc.
- Schaffung eines gesunden Raumklimas
- *maßvolle* Anwendung des Wärme-, Schall- und Feuchtigkeitsschutzes
- bei der äußeren Hausgestaltung: Rücksichtnahme auf die natürlichen Gegebenheiten der Landschaft, des Klimas, der Witterung
- bei der Innenraumgestaltung: harmonische Abstimmung von Licht, Farbe und Form
- *maßvolle* Anwendung der Haushaltstechnologien
- Vermeidung von Umweltbelastung im Hausbau wie in der Haustechnik, so weit dies möglich ist
- keine Verwendung von Baustoffen, deren Auswirkungen auf die menschliche Gesundheit schädlich sind

Natürliches Bauen heißt auch, daß der Einzelne wieder aktiver an der Planung und eventuell auch an der Gestaltung seiner Wohnwelt teilnimmt. Nur so kann er etwas schaffen, was den persönlichen Vorstellungen am ehesten entgegenkommt. Der Mensch soll sich wieder stärker mit den Räumen, in denen er bis zu 90% seines Lebens verbringt, identifizieren können.

Schließt sich hier wieder der Kreis mit unseren Vorfahren, die einstmals ihre Häuser selbst errichteten?

Natürliches Bauen heißt nicht zuletzt auch humanes Bauen.

Die Existenz des Menschen muß bis in die Verarbeitung der Bau- und Werkstoffe hinein spürbar sein. Maschinen sind dazu da, die menschliche Arbeitskraft zu entlasten. Maschinen dürfen aber keinen Baustil prägen! Wer dies zuläßt, muß sich mit dem Genormten, dem Rationellen und Funktionellen abfinden.

In der Eigenleistung liegt dagegen die große Chance, die persönliche Handschrift des Schaffenden zum Ausdruck bringen zu können. Selbst die ungelenken Versuche des Greenhorns sind den Maschinenprodukten mit ihren präzisionsgesteuerten Linien und Winkeln noch überlegen. Wer dies einmal erkannt hat, wird sich auch durch anfängliche Fehlversuche nicht mehr entmutigen lassen.

Sind die ersten Schritte dann überwunden, wird man schnell feststellen, daß es kaum eine menschliche Betätigung gibt, bei der Erfolgserlebnisse so unmittelbar erfahrbar sind wie beim Bauen. So läßt man sich gerne dazu verleiten, sich auch an größere Aufgaben zu wagen, die oft über das bloße Heimwerkerstadium hinausgehen. In solchen Situationen kann Ihnen dieses Buch mit Anregungen, Sachkenntnissen und Ratschlägen als Helfer zur Seite stehen…

Eigenleistung am Bau

Der Trend zu mehr Eigenleistung sowohl im Hausbau wie bei der Altbausanierung ist unverkennbar. Die Bewegung hat sich von selbst in Gang gesetzt. Zum einen wohl deshalb, weil es immer schwerer wird, für kleinere Arbeiten einen Handwerker herzubemühen, zum anderen wegen des oft ungesunden Preis- Leistungsverhältnisses für handwerkliche Arbeiten.

Ein weiteres Argument wäre, daß wir nach einer sinnvollen Beschäftigung für unsere Freizeit suchen, die zunehmend länger wird. Vor allem kopflastige, abstrakte Tätigkeiten verlangen nach einem Ausgleich, bei dem der Einsatz des Körpers noch unmittelbar erfahrbar ist.

Überdurchschnittliche handwerkliche Fähigkeiten sind auf dem Bausektor nur selten gefordert. Dies gilt selbst für kompliziertere Umbaumaßnahmen. Droht einem die Sache dennoch einmal über den Kopf zu wachsen, kann immer noch ein Fachmann eingeschaltet werden.

Der entscheidenste Faktor für ein Gelingen ist immer, sich *genügend Zeit* zu lassen. Nur so kann

man auch die einzelnen Arbeitsschritte konsequent vorausdenken! Wo dagegen kopflos drauflosgehämmert wird, ist der Murks meistens schon vorprogrammiert.
Nicht zuletzt ist Eigenleistung natürlich so attraktiv, weil sich durch Einsparung von Planungs- wie Aufsichtsgebühren und Handwerkerlöhnen wie auch durch sorgfältige Auswahl der Baustoffe und deren Beschaffung über günstige Einkaufsquellen die Gesamtbaukosten möglicherweise bis zur Hälfte reduzieren lassen.
Nicht in Zahlen faßbar ist hingegen der ideelle Wert der Eigenleistung, der darauf beruht, etwas geschaffen zu haben, was den persönlichen Vorstellungen am ehesten entspricht und Verantwortung auf sich genommen zu haben, mit der auch das Selbstvertrauen wächst.

Der »Hackerhof« – Beispiel für eine eigenhändige Renovierung

Der hier mehrfach abgebildete Bauernhof war für den Verfasser dieses Buches das erste größere Renovierungsprojekt. Soweit wie möglich wurden hier die anfangs recht vagen Vorstellungen von natürlichen Baumethoden in die Praxis umgesetzt.
Dieses Bauernhausprojekt begleitet nun am Rande – gleichsam als Fallstudie – die in diesem Buch beschriebenen Bauanleitungen. Auf diese Weise läßt sich ein engerer Bezug zur Praxis herstellen. Dies soll dem Leser außerdem die Gewißheit geben, daß die Anleitungen nicht allein am Schreibtisch entstanden sind, sondern sich auch auf der Baustelle bewähren mußten.
Einige Informationen zum »Hackerhof«:
Der Bau stammt aus der Mitte des vorigen Jahrhunderts. Charakteristisch für den Baustil der Gegend (Holledau) ist der Mittertennbau, der hier noch konsequent durchgehalten wird: Im Erdgeschoß Wohnräume und Küche, daneben der Stall. Darüber in gesamter Gebäudelänge ein dreiviertelhohes Geschoß zur Lagerung der

Futtermittel – eine ideale Wärmedämmung im Winter. Das hohe Dach schließt knapp mit den Außenmauern ab.
Das Haus hatte ursprünglich wohl keinen Schornstein. Beim Abnehmen des Putzes in der Küche zeigten sich noch deutlich die Spuren einer Rauchstube.
Bei der Renovierung blieben die Gebäudemaße unverändert, ebenso die Fenster- und Türformate. Bei den Räumen im Erd- wie auch im Dachgeschoß wurde die ursprüngliche Höhe von ca. 2,20 m beibehalten. Die niederen Decken wirken keineswegs störend, nebenbei tragen sie auch zur Energieeinsparung bei.
Soweit als möglich wurde die Renovierung im Alleingang bewältigt. Lediglich bei Putzarbeiten half ein kundiger Maurer, die Elektroinstallation besorgte eine Vertragsfirma, die Fenster wurden von einem Schreiner gefertigt, die Blecharbeiten übernahm ein Spengler und bei der Dacheindeckung waren einige Helfer nötig.
Die für Eigenleistung aufgebrachte Zeit betrug etwa 400 Tage, wovon im Durchschnitt nur jeweils zwei Tage pro Woche auf der Baustelle verbracht werden konnten. So zog sich die Instandsetzung über vier Jahre hin…

Die Planung

Jedes Bauvorhaben müßte eigentlich generalstabsmäßig vorausgeplant werden. Dem Laien fehlt allerdings die nötige Erfahrung, ein Bauvorhaben in seiner Gesamtheit zu überschauen. So wird er sich darauf beschränken müssen, die einzelnen Arbeitsschritte gemäß ihrer Dringlichkeit festzulegen. Daraus ergibt sich dann von selbst eine gewisse Reihenfolge.
Zu jeder Planung gehört außerdem die Zeichnung auf dem Papier. Hier läßt sich anschaulich durchspielen, was später verändert werden soll. Hier lassen sich eventuell aber auch schon spätere Fehler vorzeitig ausschalten.
Ein maßstabgetreuer Plan enthält die nötigsten Informationen über ein Bauwerk. Nützlich ist er z.B., wenn Bedarfsmengen für eine Materialbestellung errechnet werden müssen.
Für den Hausgebrauch genügt ein auf DIN A 4 Blätter gezeichneter Grund- und Aufriß. Für die Einholung von Genehmigungen muß der Plan von einem Architekten oder Bauingenieur angefertigt werden.

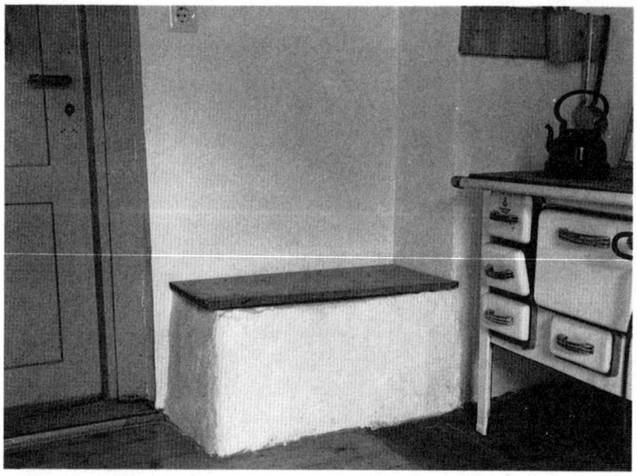

Eine schlichte Ofenbank, von Frauenhand gemauert

Ästhetische Betrachtungen

Jede Altbausanierung verlangt Einfühlungsvermögen und behutsames Vorgehen bei der Restaurierung noch erhaltenswerter Substanz. Dort, wo Teile ergänzt oder ganze Abschnitte neu gestaltet werden müssen, sollen sie auch zum Alten passen und mit ihm eine geschlossene Einheit bilden. Leider überwiegen hier die negativen Beispiele immer noch. In den letzten drei Jahrzehnten wurde bekanntlich mehr wertvolle Bausubstanz rücksichtslos zerstört als im zweiten Weltkrieg. Ästhetisch gesehen, kann ein Altbau schon sehr viel von seinem Gesicht verlieren, wenn z.B. statt der Sprossenfenster Einscheibenfenster eingesetzt werden. Manchmal sind es auch nur ein paar unbedachte Griffe in die übervollen Regale der Baumärkte, die ein Haus verschandeln. Aus eigener Erfahrung kann ich sagen, daß die genormten 08/15 Teile einen magischen Reiz auf den Heimwerker ausüben, weil sie sich überwiegend leicht und schnell verarbeiten lassen.
Geschmacklos wirken meist jene Versuche, wo ein Altbau mit viel Metall, Kunststoff und Beton »modernisiert« werden soll. Solche Materialien sind häufig Fremdkörper im Altbau. Holz z.B. läßt sich dagegen nahezu überall integrieren, solange seine natürlichen Eigenschaften erhalten bleiben (allerdings steht dem Heimwerker auch für die Holzbehandlung ein grausames »Veredelungsprogramm« zur Verfügung). Gerade Holz läßt auch noch die persönliche Handschrift des Heimwerkers zu, die – auch wenn sie noch so ungelenk ist – sich wohltuend abhebt vom Diktat des Genormten.

Vorsichtsmaßnahmen bei Bauarbeiten

Den meisten Selbermachern bietet die Eigenleistung einen Ausgleich zum Berufsleben. In unserer hochspezialisierten Gesellschaft wird in

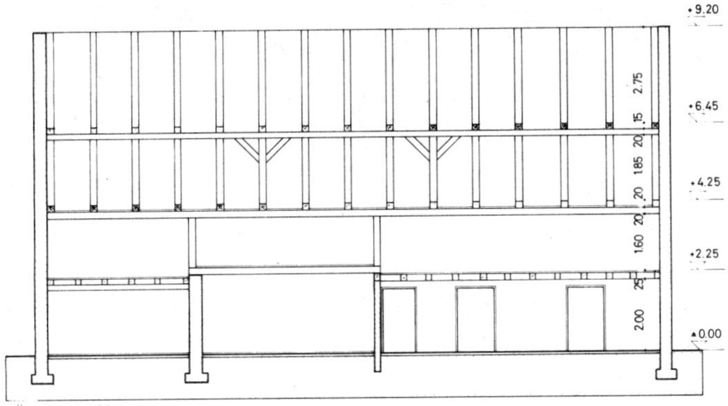

LÄNGSSCHNITT

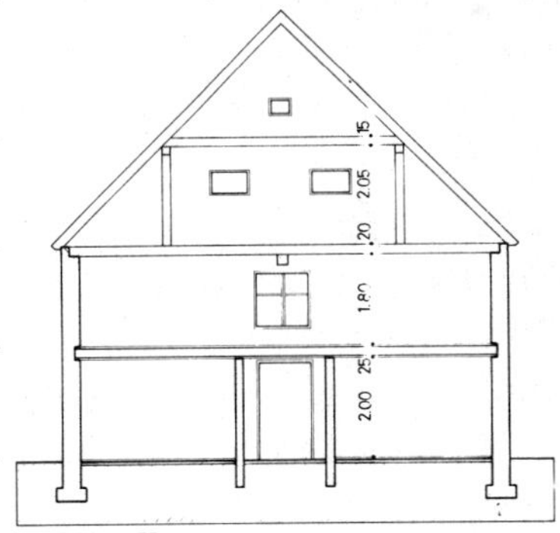

QUERSCHNITT

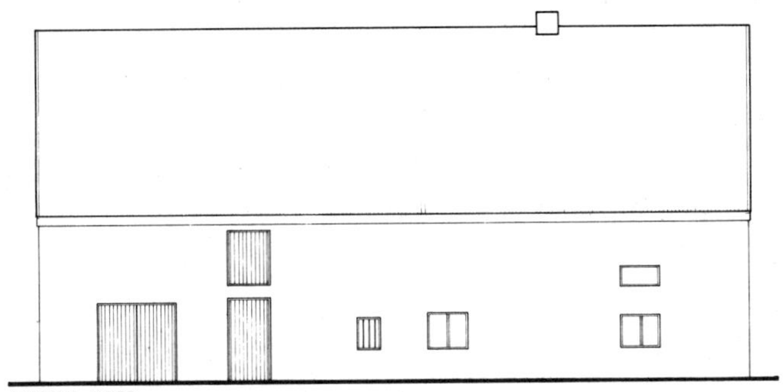

ANSICHT WEST

ANSICHT SÜD

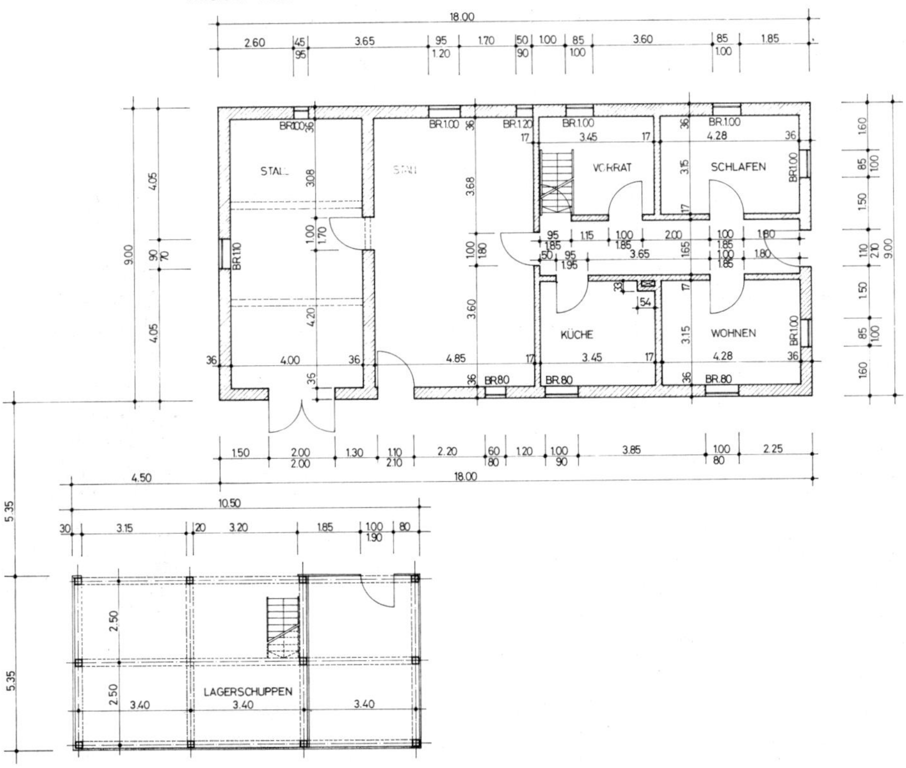

den wenigsten Berufen heute körperliche Arbeit geleistet. Selbstbauen aber heißt in der Regel Muskelarbeit. Oft werden dabei die ungewohnten Belastungen für den Organismus unterschätzt. Rasche Verschleißerscheinungen sind nicht selten die Folge. Deshalb sollte jeder seine Kräfte von vorneherein richtig einteilen.

Zur Vorbeugung gegen Unfälle gehört außerdem umsichtiges Verhalten an der Baustelle. Besonders bei Abbrucharbeiten ist das Tragen von Schutzkleidung nötig, was gerade vom Laien oft als lästig oder überflüssig empfunden wird. Auf indirekte Weise trägt auch die richtige Einteilung des Tagespensums zum eigenen Schutz bei. In den frühen Vormittagsstunden sind bekanntlich Körper wie Geist am leistungsfähigsten, gegen Abend läßt die Konzentrationsfähigkeit rapide nach. Dieses Manko versucht man, häufig unbewußt, durch besondere Eile wieder wettzumachen. Die Folge: Fehler häufen sich und auch die Unfallgefahr steigt.

Ein guter Handwerker beginnt also genau wie seine Vorfahren früh am Morgen mit der Arbeit (Ein weiterer Vorteil: bei Tageslicht kann man erfahrungsgemäß exakter arbeiten als bei Kunstlicht).

Dann folgt rechtzeitig eine gemütliche Pause mit einer kräftigen Brotzeit. Pausen können außerdem auch noch heilsam sein, wenn sich irgendwo Fehler eingeschlichen haben und die Arbeitsmoral infolgedessen auf den Nullpunkt gesunken ist.

Eine weitere wichtige Vorsichtsmaßnahme ist ein ausreichender Versicherungsschutz – nicht nur für sich selbst, sondern auch für eventuell mithelfende Personen. Bauhelfer können jederzeit ganz legal bei der örtlichen *Bau- Berufsgenossenschaft* mitversichert werden. Sie gelten dort als »Nachbarschaftshelfer«. Das Thema »Schwarzarbeit« wird dadurch nicht berührt.

Schwarzarbeit

Es kann vorkommen, daß Sie für die eine oder andere Arbeit einen Fachmann hinzuziehen müssen. Solange es sich dabei um Nachbarn, Freunde oder Bekannte handelt, kann dies als »Nachbarschaftshilfe« gelten. Von den Helfern dürfen dafür weder Geld noch Geschenke entgegengenommen werden. Ansonsten kann man aber so viel Geld verschenken, wie man will... Juristisch wird die Sache gewöhnlich nur dann verfolgt, wenn aus Gewinnsucht in erheblichem Umfang Leistungen gegen Entgelt für andere erbracht werden und dazu noch Arbeitslosenunterstützung bezogen wird. Strafbar macht sich auch derjenige, der ein Handwerk betreibt, ohne in die Handwerksrolle eingetragen zu sein.

- Gewinnsucht ist nach der Rechtsprechung gewöhnlich die Steigerung des Erwerbssinnes auf ein ungesundes und anstößiges Maß
- Ein erheblicher Umfang liegt vor, wenn regelmäßig mehr als zwanzig Stunden pro Woche gearbeitet wird

Ein typischer Schwarzarbeiter

Arbeits- und Schutzkleidung

Arbeits-Kleidung:

Der Selbstbauer wird sich bei der Arbeitskleidung gewöhnlich mit ausrangierten Stücken be-

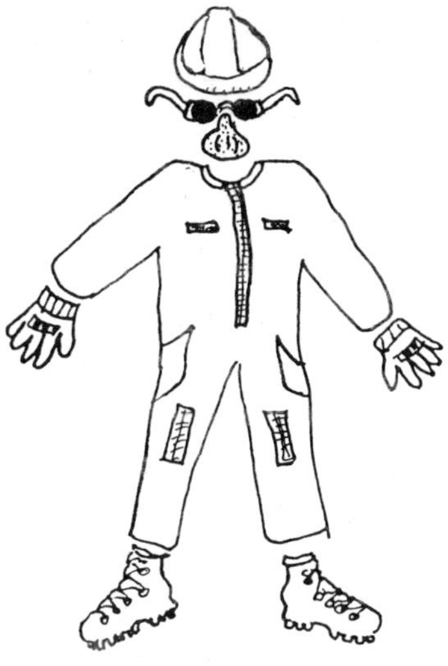

gnügen. Auf die Dauer bewähren sich erfahrungsgemäß allerdings ein- oder zweiteilige Arbeitsanzüge aus festem Baumwollstoff besser.

Handschuhe:
Wenn es sich in Handschuhen auch nicht so gefühlvoll arbeiten läßt, so verhindern sie gerade beim Ungeübten so manche Schramme. Es gibt spezielle Arbeitshandschuhe aus Leder, Stoff oder Plastik. Tip für besonders Sparsame: In manchen Geschäften kann man Handschuhe auch einzeln nachkaufen (sie nützen sich einseitig ja auch schneller ab).

Schuhe:
Besonders gut geeignet sind kräftige, halbhohe Wanderschuhe mit dicker, griffiger Sohle (im Ausverkauf oft ganz billig zu erstehen).
Bei Abbrucharbeiten droht häufig Gefahr durch herausstehende Nägel. Hier sind Spezialschuhe mit eingelegter Stahlsohle ratsam (erhältlich in Geschäften für Arbeitskleidung).

Zusätzlich erforderliche Ausrüstung:
Schutzbrille, Regenschutz, Staubmaske, ein Paar Gummistiefel, ein Schutzhelm aus schlagfestem Kunststoff und Verbandsmaterial.

Das Werkzeug

Mit der »eigenen Axt« im Haus spart der Selbstbauer nicht nur den »Zimmermann«, sondern auch viel Geld. Allerdings gibt er auch viel aus: Als Allroundhandwerker sind dem Selbermacher bei der Ausrüstung mit Werkzeug und Maschinen nämlich keine Grenzen gesetzt. Diese Marktlücke hat natürlich auch die Industrie erkannt, die den Heimwerker immer massiver mit professionellen und teuren Geräten umwirbt.

MASCHINEN 1. STUFE

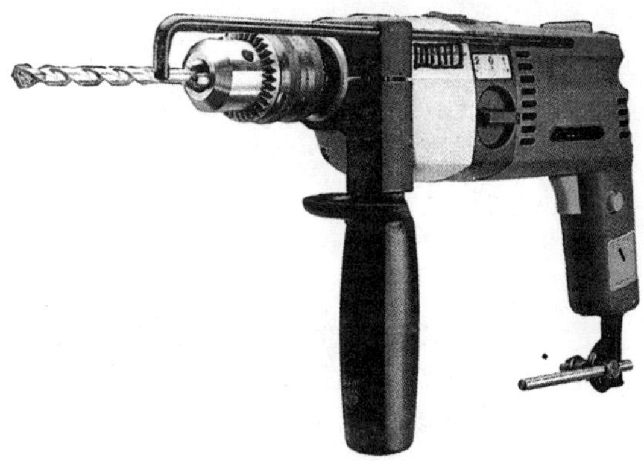

Bohrmaschine

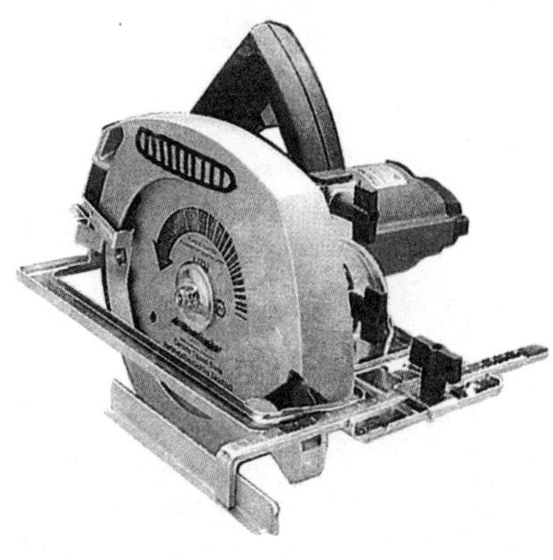

Kreissäge

Maschinen 2. Stufe

Stichsäge

elektr. Handhobel

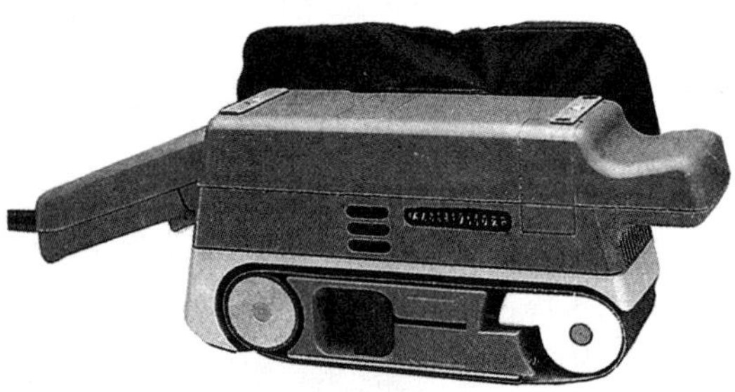

Bandschleifer

Winkelschleifer

Dabei genügt für die Durchführung von Arbeiten, wie sie z.B. bei der Altbausanierung anfallen, gewöhnlich schon eine Grundausstattung mit solidem Handwerkszeug. An elektrischen Geräten kommt noch eine mittelstarke Bohrmaschine und eine Stich- oder Kreissäge hinzu. Professionelle Baumaschinen, die nur ab und zu eingesetzt werden, sollte man sich dagegen ausleihen. Dafür sind die Baumärkte bzw. spezielle Leihfirmen zuständig. Gegen ein geringes Entgelt oder gar kostenlos kann man sich solche Geräte eventuell auch bei einem Bauunternehmer ausleihen. Dies setzt allerdings voraus, daß man dort bereits durch eine entsprechende Abnahme von Baustoffen bekannt ist.

Wer viel mit Holz arbeitet, wird um die Anschaffung eines elektrischen Handhobels und einer Schleifmaschine nicht herumkommen. Selbst für gehobene Ansprüche genügen hier aber Geräte der mittleren Preisklasse. Von allzu billigen Geräten ist abzuraten, ebenso von übermotorisierter Kraftmeierei.

Bei größeren Renovierungsarbeiten mit sehr vielen Holzeinbauten (Fenster, Türen, Wandverkleidungen, Böden, Decken, Einbaumöbel), bei denen das Holz eventuell bereits ab sägerauhem Zustand selbst verarbeitet wird, macht sich sehr wahrscheinlich eine richtige *Universal-Holzbearbeitungsmaschine* bezahlt. Eine solche Maschine kann hobeln, sägen, fräsen und bohren. Der Anschaffungspreis liegt bei 3000 bis 4000 DM. Nachdem die Nachfrage nach solchen Maschinen in der letzten Zeit erheblich gestiegen ist, kann man ein gut erhaltenes Gerät nach Abschluß der Arbeiten wieder günstig verkaufen.

Falls viele Beton- und Maurerarbeiten zu erwarten sind, rentiert sich auch die Anschaffung einer Betonmischmaschine (kleinere Geräte bereits ab 250 DM).

Richtig bezahlt machen sich die letztgenannten Maschinen jedoch nur, wenn sie *von Anfang an* bei der Renovierung eingeplant und auch tatsächlich eingesetzt werden.

MASCHINEN 3. STUFE

Universal-
Holzbearbeitungsmaschine
(Hobeln, Sägen, Fräsen, Bohren)

Betonmischer

Baustoffe – Bestellung und Einkauf

Zu den wichtigsten Vorarbeiten bei jeder Bauarbeit gehört die sorgfältige Auswahl der Baustoffe. Dies erfordert vor allem genügend Zeit, um sich einen Überblick über die Angebote zu verschaffen. Wer die Zeit hat, sorgfältig den Markt zu studieren, kann sich durch Vergleiche beim Einkauf so manche Mark sparen. Bei großen Abgabemengen lohnt es sich, von verschiedenen Lieferanten telefonisch Angebote einzuholen. Auf diese Weise lassen sich möglicherweise sogar drei- bis vierstellige Summen einsparen.

Große Mengen an Rohbaustoffen bezieht man meiner Meinung nach immer noch am günstigsten beim Baustoffhändler. Zum einen wird man dort meistens fachgerecht beraten (die Händler sind selbst oft kundige Handwerker), zum anderen wird einem die Ware dann gewöhnlich frei Haus geliefert.

Die Baumärkte

Der Vorteil der Baumärkte besteht vorwiegend darin, daß man dort allen Kleinkram unter einem Dach findet. Auch Werkzeug – vor allem Heimwerkermaschinen – lassen sich dort oft günstig erstehen, denn unter den vielen Baumärkten ist inzwischen ein harter Konkurrenzkampf entbrannt. Weniger erfreulich ist, daß sich unter den günstigen Angeboten auch solche befinden, die vermutlich speziell für den weniger sachkundigen Heimwerker produziert sind. Besonders fertig Gemischtes (Farben, Mörtel etc.), in kleinen Mengen abgepackt, hat des öfteren einen stolzen Preis. Vorsicht ist auch bei Billig-Werkzeugsets geboten, wovon manches qualitätsmäßig minderwertig oder für die Praxis gar überflüssig ist.

Unangenehm fällt auch das Überangebot an harter Chemie auf. Manche Baumärkte sind (nicht nur vom Geruch her) zu regelrechten chemischen

Lagerstätten geworden. Hier kann man sich komplett zum unerbittlichen Kampf gegen Insekten, Rost, Witterung etc. ausrüsten. Zu einem gut sortierten Baumarkt gehören auch die Imprägnier- und Sperrmittel, die Härter und Weichmacher, mit denen der Kunde bombardiert wird. Um hier noch den Überblick zu behalten, wäre vermutlich ein komplettes Fachstudium nötig. Abgesehen davon sind viele dieser Mittel gesundheitsschädlich. Für den Heimwerker sogar in doppelter Konsequenz, denn er muß so manche giftigen Dämpfe nicht nur während des Verarbeitungsprozesses ertragen, sondern in der eigenen Wohnung dann auch noch mit ihnen leben (in manchen Fällen sogar über Jahre hinweg).

BAUBIOLOGISCHER RATGEBER

Baubiologischer Ratgeber

Die nachfolgenden Angaben beziehen sich größtenteils auf die im Buch genannten Bau- und Ausbaumaterialien. Wie die Tabelle zeigt, gehen oftmals nicht nur von »synthetischen«, sondern auch von »natürlichen« Materialien Gefahren aus für Mensch und Umwelt.

Stoff	*Herstellung*	*gebräuchlichste Anwendungsformen*	*ökologische/biologische Bewertung*
Asphalt	Gemisch aus Bitumen und Mineralstoffen (z. B. Quarzsand, Kalkstein, Asche)	für Estriche, vor allem in feuchtigkeitsgefährdeten Bereichen	Wie Bitumen.
Beton	Gemisch aus Kies, Zement, Wasser und ev. Zusatzmitteln	gieß- und schüttfähiger Baustoff für Wände, Decken, Bodenplatten etc.	Während der Verarbeitung Haut schützen; sonst keine Bedenken. Zusatzmittel können ev. gesundheits- und umweltschädlich sein. Im Heimwerkerbereich ist die Anwendung von Zusatzmitteln in der Regel überflüssig. Allgemein gilt: Beton ist besser als sein Ruf!
Bienenwachs	hergestellt aus Bienenwaben	Oberflächenschutz für Holz	Unbedenklich. Aber: um verarbeitungsfähig zu sein, muß Bienenwachs in Stoffen gelöst werden, die bedenklich sein können (siehe »Lösungsmittel«).
Bitumen (Teer)	hergestellt aus Erdölen und/oder Naturasphalten	als Dichtungsanstrich für Kellermauern, als Teerpappe für Dach- und Mauerabdichtung, zur Bituminierung von Holzweichfaserplatten, für Klebemassen etc.	Steht im Verdacht, krebserregend zu sein; während der Verarbeitung Vorsichtsmaßnahmen beachten. In eingebautem Zustand keine unmittelbare Gefährdung.
Dispersionsfarben, -lacke, -kleber	verschiedene Bindemittel, Pigmente, Hilfsmittel, etc.	Anstrichmittel für Putz, Tapeten, Holz, Metall etc.	Kennzeichen all dieser Mittel: wasserverdünnbar, nahezu geruchlos; eine Vielzahl dieser Produkte ist mit dem Blauen Umweltengel ausgezeichnet (s. a. »Lösungsmittel«).

Stoff	*Herstellung*	*gebräuchlichste Anwendungsformen*	*ökologische/biologische Bewertung*
Gipsfaserplatten (»fermacell«)	Naturgips mit Zellulosefasern (Altpapier) verstärkt	Platten für den Innenausbau zur Verkleidung von Wänden, Decken und Dachschrägen	Keine gesundheitliche Gefährdung bekannt.
Gipskartonplatten (z. B. RIGIPS, KNAUF)	Gipskern mit Karton ummantelt. Gips stammt vorwiegend aus Rauchgasentschwefelungsanlagen (= REA-Gips)	Platten für den Innenausbau zur Verkleidung von Wänden, Decken und Dachschrägen	Einwandfrei bei Herstellung mit Naturgips. Lt. umfangreicher Untersuchungen auch bei Einsatz von REA-Gips unbedenklich.
Holzleim (sog. Weißleim, z. B. »UHU coll«, »Ponal«)		feste Verbindung von Holz und Holzwerkstoffen	Enthält Polyvinylacetat, einen mäßig giftigen Stoff, der nach Einatmen und Schlucken zu Schwindelgefühlen, Schläfrigkeit und Leber- und Nierenbelastungen führen kann.
Holzschutzmittel		vorbeugender und bekämpfender chemischer Holzschutz gegen Holzschädlinge (Pilze, Insekten)	Alle chemischen Holzschutzmittel sind giftig (ansonsten wären sie wirkungslos). Von Baubiologen werden die harmloseren, aber nicht ungiftigen Bor-Salze bevorzugt. Eine geregelte Entsorgung der mit giftigen Holzschutzmitteln verseuchten Holzteile liegt noch im Dunkeln.
Holzspanplatten	Aus Holzspänen unter Verwendung von Leim oder Zement gepreßt	Platten für den Innenausbau (Verkleidung von Wänden, Decken und Dachschrägen usw., auch als »schwimmender« Estrich)	Heute weitgehend formaldehydfrei; keine Gefährdung mehr für die Bewohner. Zementgebundene Platten sind giftfrei.
Holzwolle-Leichtbauplatten	Aus Holzwolle unter Zusatz von Zement oder Magnesit hergestellt	Platten als Putzträger für Außen- und Innenwände	Einwandfrei. Die von Baubiologen bevorzugte Magnesitbildung macht die Platten etwas elastischer und dauerhafter – aber auch teurer . . .

Stoff	*Herstellung*	*gebräuchlichste Anwendungsformen*	*ökologische/biologische Bewertung*
Kalk	aus Kalkstein hergestellt	Bindemittel für Mauermörtel, Anstrichmittel	Stark ätzend, vor allem in nicht gelöschtem Zustand. Augen, Atemorgane und Haut während der Verarbeitung schützen! In verbautem Zustand baubiologisch wertvolles Produkt.
Leinölfirnis	Leinöl, versetzt mit Trocknungsmitteln	Anstrichmittel für Holz, Zusatz für Farben und Putze	Als Trocknungsmittel kann eventuell Blei zugesetzt sein (bei einigen Naturfarbenprodukten wird eine bleifreie Herstellung zugesichert). Gefahr der Selbstentzündung von leinölgetränkten Tüchern. Ansonsten baubiologisch empfehlenswert.
Lösungsmittel (z. B. Nitrolösung, Testbenzin = Terpentinersatz, Aceton; Balsamterpentinöl, Citrusterpene etc.)		als Lösemittel und Verdünner für Farben, Lacke, Kleber etc.; als Reinigungsmittel (z. B. »Pinselreiniger«) etc.	Anstrichstoffe und Lacke enthalten bis zu 80% Lösungsmittel, die allesamt giftig sind und die Umgebungsluft sowie die Atmosphäre belasten. Dies gilt nicht nur für synthetische, sondern auch für sog. biologische Lösungsmittel (wie z. B. Balsamterpentinöl oder Citrusterpene). In jüngster Zeit werden die Lösemittelanteile deutlich reduziert und durch Wasser ersetzt. Die daraus entstehenden Dispersionsfarben, -lacke und -kleber sind lösemittel- sowie schadstoffarm und in der Regel mit dem Blauen Umweltengel ausgezeichnet. Trotz dieser Angaben ist eine Aussage über Umweltbelastungen bei der Herstellung und Entsorgung dieser Produkte derzeit noch nicht möglich.

Stoff	*Herstellung*	*gebräuchlichste Anwendungsformen*	*ökologische/biologische Bewertung*
Naturfarben und -lacke	Vornehmlich aus Naturstoffen hergestellt	Anstrichmittel für Holz, Putz, Metall etc.	Etikette wie »Bio« oder »Öko« sind keine verbindlichen Gütezeichen. Wesentlich seriöser sind vollständige Deklarationen aller Inhaltsstoffe mit Prozentangaben (wird von einigen Naturfarbenherstellern bereits praktiziert).
PVC	aus Erdöl und mineralischen Füllstoffen hergestellt	als Bodenbeläge, als Wasser- und Abwasserrohre, für Kunststoffenster	Keine direkte gesundheitliche Gefährdung – aber wegen aufwendiger Produktion und Entsorgung ökologisch sehr umstritten.
Traß	vulkanisches Gestein	Zusatzstoff für Mauermörtel und sog. Biobetone	Stark ätzend; während der Verarbeitung Haut schützen! Erhöhte Radioaktivität möglich.
Zement	aus Kalkstein und Ton	Bindemittel für Beton, Mauermörtel, Faserplatten etc.	In verarbeitetem Zustand keine gesundheitliche Gefährdung bekannt. Während der Verarbeitung Haut und Atemorgane (vor Staubentwicklung beim Anmischen) schützen.
Ziegel	hergestellt aus Ton, Lehm, Sand, Schamotte Um einen höheren Wärmedämmwert zu erzielen, werden die für Außenmauern eingesetzten Ziegel porosiert: Die dem Rohmaterial zugesetzten Holzspäne oder Polystyrol-Kügelchen (Styropor) hinterlassen beim Brennen Poren.	als Mauersteine, Dachziegel, Bodenplatten etc.	Baubiologisch wertvoller Baustoff. Ökologische Bewertung: rel. hoher Energieverbrauch bei der Herstellung. Zusätzliche Umweltbelastung bei der Porosierung mit Holzspänen oder Polystyrolkügelchen (Emissionsprobleme beim Verbrennungsprozeß). Erhöhte Radioaktivität ist möglich, bleibt aber auf Ausnahmefälle beschränkt.

Die Wärmedämmung

In puncto Wärmedämmung entsprechen alte Häuser nur selten den zeitgenössischen Anforderungen. Allerdings waren die Heizgewohnheiten unserer Vorfahren wesentlich bescheidener als heute. Meist wurden nur Stube und Küche beheizt, während alle anderen Räume kalt blieben. Heute dagegen sind voll beheizte Häuser eine Selbstverständlichkeit.

Um unter diesen veränderten Lebensgewohnheiten wirksam Energie einzusparen, bietet sich als effektivste Methode die verbesserte Wärmedämmung an. Diese konzentriert sich vor allem auf die *Außenhülle* des Gebäudes. Dazu zählen Außenwände, Dach, Boden, Fenster und Außentüren. Ganz besonders günstig ist die Energiebilanz bei der verbesserten Wärmedämmung von *Außenwänden und Dach.*

Dämmung von Außenwänden

Alte Mauern bestehen meist aus massiven Ziegelsteinen (Backsteinen). Im Vergleich zu modernen Ziegelsteinen, die mit Luftkammern und Luftporen versehen sind, ist ihr Wärmedämmvermögen gering. Auch bei Häusern der Nachkriegszeit, die mit neueren Baustoffen wie Beton- oder Kalksandsteinen errichtet wurden, ist die Wärmedämmung oftmals ungenügend.

Um den Wärmeabfluß aus dem Gebäudeinnern zu bremsen, müssen die Außenmauern nachträglich mit einer Wärmedämmung versehen werden. Dafür kommen folgende Methoden infrage:

1. Wärmedämmschicht aus *Mineralfaser- oder Korkplatten*, geschützt durch eine Außenschalung aus Holz, Fassadenplatten o.ä. War die Fassade ursprünglich verputzt, verändert sich ihr Gesicht durch eine vorgesetzte Außenschalung wesentlich.
2. Wärmedämmschicht aus *Mineralfaser-, Kork- oder Polystyrolplatten (»Styropor«)*, geschützt durch eine Putzhaut (der mineralische Putz wird zusammen mit einem Armierungsnetz direkt auf die Dämmschicht aufgebracht). Es können nur Glattputze aufgebracht werden, was unter Umständen das Fassadenbild verändert.
3. Aufbringen eines *»Wärmedämmputzes«*. Dieser Spezialputz enthält Zuschläge aus korngroßen wärmedämmenden Materialien. Seine Schichtstärke kann bis zu 10 cm betragen. Allerdings ist sein Wärmedämmwert geringer als der von Mineralfasern oder Polystyrol (»Styropor«).
4. Wärmedämmschicht aus *Holzwolle-Leichtbauplatten.* Diese Dämmschicht kann mit allen herkömmlichen Putzarten verputzt werden. Der Dämmwert ist um die Hälfte geringer als bei Polystyrol und Mineralfasern, d.h. die Schichtdicke müßte bei gleichem Dämmwert verdoppelt werden.

Bei allen nachträglichen Dämmaßnahmen muß beachtet werden, daß durch die Zunahme der Wandstärke ggf. Fensterbleche, Regenrinnen und -fallrohre, Dachtraufen, -ortgänge u.ä. geändert werden müssen.

Die Wärmedämmung sollte immer auf der *Außenseite* angebracht werden. In Ausnahemfällen, z. B. bei denkmalgeschützten Gebäuden oder bei Fachwerkbauten, wo das Fassadenbild nicht verändert werden darf, wird innenseitig gedämmt. Wegen der schwierigen bauphysikalischen Situation (ev. Tauwasserbildung) sollte in diesem Fall vorher der Rat eines Bausachverständigen (Architekt) eingeholt werden.

Wärmedämmstoffe

Das gemeinsame Prinzip all der nachfolgend genannten Dämmstoffe beruht auf der Tatsache, daß trockene und ruhende Luft wärmedämmend wirkt. Je zahlreicher und kleiner die Luftporen sind, desto besser dämmt der Stoff. Füllen sich die Poren aber mit Wasser, wird die Dämmwirkung stark beeinträchtigt. Wasser leitet die Wärme fünfundzwanzigmal besser als Luft.

Dämmstoff	*Kosten**	*Herstellung*	*Anwendung*	*ökologische/biologische Bewertung*
Mineralwolle (Glas- oder Steinwolle) Produktnamen: z. B. Isover, Rockwool	ca. 12,– DM/m² (10 cm stark)	aus Glas- oder Steinschmelze gewonnene Fasern, zu Matten oder Platten versponnen	universell einsetzbar, jedoch nicht im unmittelbaren Feuchtebereich	Relativ hoher Energieverbrauch bei der Herstellung. Gesundheitliche Gefährdung durch Feinstfasern. Aber: bei richtiger Ausbildung der Konstruktion keine Gefahr! Das heißt, sorgfältige Abdichtung der Konstruktion, damit keine Feinstfasern bei Erschütterung, Zugluft etc. in die Innenräume gelangen können.

Selbstverleger sollten sich an die Empfehlungen amerikanischer Produzenten halten: Handschuhe, Schutzbrille und Atemschutzmaske (Kennzeichen P = gegen Partikel) tragen; nach der Verarbeitung sofort Kleidung wechseln.
Bei Beachtung aller Sicherheitsvorkehrungen empfehlenswerter Dämmstoff. Pluspunkte sind die handwerklich einfache Verarbeitung, das günstige Preis-Leistungs-Verhältnis, der gute Dämmeffekt und die vielseitige Verwendung.

Zellulose Produktname: iso-floc	ca. 15,– DM/m² (ca. 10 cm dick)	aus Altpapier (100%) zu Papierflocken verarbeitet; als Brand- und Fäulnisschutz mit Borax imprägniert	in Hohlräumen von Außen- und Innenwänden, Böden und Decken, Dachschrägen; wird im Einblasverfahren oder als Schüttung eingebracht. Im Sprühverfahren kann es auch direkt auf die Wände gespritzt werden; Zellulose ist empfindlich gegen Feuchtigkeit	Ökologisch begrüßenswert, da aus Altpapier hergestellt. Das Einblasverfahren muß von Spezialfirmen ausgeführt werden, um die optimale Verdichtung der watteartigen Papierflocken sicherzustellen. Für den Heimwerkerbereich bleibt nur die Anwendung als loses Schüttgut für Bereiche, wo Schallschutz und nur mäßiger Wärmeschutz gefordert sind, z. B. bei Hohlräumen von Fußböden.

Beim Einblasverfahren ist Arbeitsschutz bzgl. der hohen Staubentwicklung zu empfehlen. Die Imprägnierung der Papierflocken mit Borax gilt als harmlos, aber nicht ungiftig.

* Angaben zu Preis und Materialstärke (in Klammern), um jeweils die Wärmeleitfähigkeit von 0,045 zu erreichen.

Dämmstoff	*Kosten**	*Herstellung*	*Anwendung*	*ökologische/biologische Bewertung*
Kork	ca. 30,– DM/m² (ca. 12 cm dick)	aus der Rinde der Korkeiche zu Korkschrot gemahlen oder Korkblöken gebacken (woraus dann Platten geschnitten werden)	für Innendämmung von Böden, Wänden, Dachschrägen als Schüttgut oder als Platten	Beim Backen entstehen umwelt- und gesundheitsschädliche Gase. Sonst einwandfrei. Als Schüttgut nur naturbelassenes Korkgranulat verwenden. Eigengeruch von Kork ist nicht gesundheitsschädlich. Im Handel ist auch mit Bitumen oder Kunstharzen imprägnierter Kork erhältlich (s. a. »Bitumen«).

Beim Dämmen mit Korkplatten in Außenbereichen kommt es insbesondere auf fugendichtes Verlegen an. Platten möglichst in zwei Lagen übereinander mit versetzten Stößen verlegen. Verbliebene Fugen mit Mineral- oder Kokoswolle ausstopfen. Gesamte Dämmfläche mit Folie oder Windpapier überspannen – möglichst auch über die Anschlüsse zu anderen Bauteilen hinweg. Nur wenn die gesamte Konstruktion luftdicht ist, kann die volle Dämmwirkung gewährleistet werden.

Kokosfaser	ca. 45,– DM/m² (10 cm dick)	aus der äußeren Hülle der Kokosnuß zu Matten und Platten verarbeitet; als Brandschutz mit Ammoniumsulfat imprägniert; feste Platten zur Trittschalldämmung meist mit Polyvinylacetat oder Bitumen behandelt.	Für Dach- und Wanddämmung (innen). Gepreßte Platten eignen sich zur Trittschalldämmung z. B. unter Lagerhölzern	Unbehandelte Kokosfasern dürfen am Bau nicht eingesetzt werden (Brandschutz!). Das als Brandschutzmittel verwendete Ammoniumsulfat gilt als harmlos. Gesundheitliche Bedenken bestehen gegen Polyvinylacetat (s. a. baubiologische Bewertung von »Holzleim«). Dies betrifft aber nur gepreßte Platten (auch Bitumen kann enthalten sein/s. a. »Bitumen«).

* Angaben zu Preis und Materialstärke (in Klammern), um jeweils die Wärmeleitfähigkeit von 0,045 zu erreichen.

Dämmstoff	*Kosten**	*Herstellung*	*Anwendung*	*ökologische/biologische Bewertung*
Holzwolle-Leichtbauplatten (»Heraklith«)	ca. 60,– DM/m² (ca. 20 cm dick)	aus Holzwolle und Zement oder Magnesia hergestellt	für Außen- und Innenwände, Dachschrägen etc. vorwiegend als Putzträger eingesetzt	Ökologisch und baubiologisch einwandfrei. Dämmwert im Vergleich zu »reinen« Dämmstoffen gering, dafür erhöhte Wärmespeicherung. Um den durchschnittlichen Dämmwert konventioneller Dämmstoffe zu erreichen, wäre eine Verdoppelung der Plattenstärke nötig (s. »Kosten«)
Polystyrol-Hartschaum »EPS« (bekannter unter der Bezeichnung »Styropor«)	ca. 10,– DM/m² (10 cm dick)	auf Erdölbasis hergestellt; Farbe der Platten: weiß	Innendämmungen; Außendämmungen nur mit Schutz (Verkleidung, Putz etc.)	Herstellung energieaufwendig; Entsorgung problematisch; im Brandfall Entstehung giftiger Gase. Rohstoffbasis Erdöl nur begrenzt vorhanden. Pluspunkte: äußerst vielseitig einsetzbar, heimwerker-freundlich, preisgünstig.
Polystrol-Extruderschaum »XPS«	ca. 40,– DM/m² (8 cm dick)	auf Erdölbasis mit dem Treibmittel FCKW hergestellt; Farbe der Platten: blau oder grün	Eignung für Dämmungen unter Erde, da extrem feuchtebeständig	FCKW trägt zur Entstehung des Treibhauseffektes bei. Sonstige Bewertung wie Polystrol-Hartschaum.

Wegen der vielseitigen Verwendbarkeit für Kellerdämmungen etc. (Erkennung: grüne oder blaue Platten) ist das Produkt weitgehend konkurrenzlos, könnte aber durch baubiologisch und ökologisch einwandfreies Schaumglas (Foamglas) ersetzt werden. Der breiteren Anwendung von Schaumglas stehen vorwiegend die ca. 50% höheren Kosten entgegen. Schaumglas (Foamglas) ist ein reines Naturprodukt.

* Angaben zu Preis und Materialstärke (in Klammern), um jeweils die Wärmeleitfähigkeit von 0,045 zu erreichen.

Dämmstoff	*Kosten**	*Herstellung*	*Anwendung*	*ökologische/biologische Bewertung*
Polyurethan-schaum »PUR«	–	auf Erdölbasis hergestellt	als Dosenschaum für Hohlräume sowie als Plattenware für Kelleraußenwände, Kellersohle, Außenwände, Flachdach etc.	Wohl jedem Heimwerker dürfte dieser Schaum aus der Dose schon einmal begegnet sein. Auf Knopfdruck lassen sich im Nu Fugen, Hohlräume etc. ausschäumen. Während der Verarbeitung werden FCKW und giftige Diisocyanate freigesetzt (unbedingt Arbeitsmaske mit der Kennzeichnung A 1 oder A 2 tragen!). Weitere Minuspunkte: Hoher Energieverbrauch bei der Herstellung, problematische Entsorgung, im Brandfall Entstehung giftiger Gase (gilt auch für PUR-Platten). Alternativen: Ausstopfen mit Mineralwolle, Kokoswolle o. ä.

* Angaben zu Preis und Materialstärke (in Klammern), um jeweils die Wärmeleitfähigkeit von 0,045 zu erreichen.

UNTERSUCHUNG DER BAUSUBSTANZ

Unabhängig vom Alter und optischem Zustand sollte jedes Haus, ob Alt- oder Neubau, einmal jährlich (analog zur Fahrzeugdiagnose) von unten bis oben kontrolliert werden. Die nachfolgende Liste mag dabei helfen, Bauschäden rechtzeitig zu erkennen. Wenn Schäden selbst behoben werden können, ist auf entsprechende Kapitel in diesem Buch hingewiesen. Die Liste kann aber auch dazu dienen, sich z.B. beim Erwerb eines älteren Objektes einen besseren Überblick über den Zustand der Bausubstanz zu verschaffen.

1. Rundgang ums Haus (mit Blick auf die Außenmauern)

Schaden	Abhilfe
Risse (senkrecht verlaufend)	meistens harmlos Auftreten häufig nach Umbauarbeiten (sog. »Setzrisse«) → Rißfugen auskratzen und zumörteln; längere, breite Risse können zu Stabilitätsverlusten führen; wenn sich ausgebesserte Risse weiter vergrößern → Fachmann fragen
Risse (waagrecht verlaufend)	lassen hohe Spannungsunterschiede zwischen Außen- und Innenmauern vermuten → Fachmann fragen
Risse über Türen und Fenstern	können in den meisten Fällen behoben werden → siehe unter »Fenstersturz«
Außenmauern im Lot?	ein leichter Hang nach innen wäre noch zu verkraften, ein Überhang nach außen ist gefährlich (im Zweifelsfall Statiker fragen)
größere Risse in der Nähe von Mauerecken	zu untersuchen wäre zunächst, ob die Risse bereits das ganze Mauerwerk durchzogen haben. Wenn ja, können ganze Mauerteile losbrechen → lose Teile müssen ersetzt werden
Risse im Putz	→ siehe unter »Außenputz«
Schäden durch Feuchtigkeit Aufsteigende Bodenfeuchtigkeit (Anzeichen: Putzflecken, Verfärbungen, aufgeplatzter Putz, Salzausblühungen, mehlige Mauersteine, Schimmelbildung im Haus)	→ siehe unter »Trockenlegung der Fundamente«

Schaden	Abhilfe
Wasserflecken auf Putz (besonders nach starken Regenfällen)	Außenhaut undicht: Dichtungsmittel im Putz fehlt → siehe unter »Außenputz«; witterungsbeständige Wandfarbe verwenden →siehe unter »biologische Anstrichmittel«
drückendes Wasser bei Bauten in Hanglage	Grundstück mit Sperrmauer abschirmen Ringdrainage ums Haus anlegen → siehe unter »Trockenlegung der Fundamente«
feuchte, fleckige Stallgemäuer	chemische Behandlung möglich, besser totale Erneuerung der Mauern

Rundgang ums Haus (mit Blick aufs Dach)

Schaden	Abhilfe
Dach hängt durch	Dachlatten oder Sparren defekt größere Reparaturen am Dachstuhl sind Aufgabe des Zimmermannes!
Dacheindeckung schadhaft	Erneuerung der Dachhaut, bei kleineren Schäden partielle Ausbesserung → siehe unter »das Dach«
Dachreiter defekt	→ siehe unter »das Dach»
Dachrinnen und Ablauf verrostet, löchrig, gebrochen?	Flicken ist möglich mit Reparaturmasse, bei größeren Schäden Austausch → siehe unter »das Dach«
Windbretter verwittert	Austausch → siehe unter »das Dach«
Kaminkopf: Putz defekt, Steine verwittert, braune Verfärbungen, Abschlußplatte defekt?	bei größeren Schäden Stillegung oder Abbruch des Schornsteines, eventuell auch Sanierung mit Stahlrohreinlage oder Schamottefutter möglich (nur von Spezialfirmen durchführbar) → auf jeden Fall Rat eines Schornsteinfegers einholen → siehe unter »der Schornstein«

Schaden	**Abhilfe**
Kamineinfassung undicht?	Spenglerarbeit; im Baustoffhandel sind auch fertige Eindeckrahmen in genormten Größen erhältlich

Das Haus innen

Schaden	**Abhilfe**
1. Der Keller	
feuchte Kellerwände	*Von außen* → siehe unter »Trockenlegung der Fundamente« *von innen* → Entfernen von dampfdichten Anstrichen und Putzen; gut hinterlüftete Holzverkleidung kann die Kellerwände langsam austrocknen
Wasser im Keller (besonders nach Regenfällen)	fehlende oder funktionsuntüchtige Rückstauklappe am Entsorgungskanal, eventuell auch zu hoher Grundwasserspiegel, Haus steht im Wasser, schwer zu behebender Mangel!
eindringendes Grundwasser	Ausheben eines Schachtes in der Kellersohle; Abpumpen des Grundwassers mit stationärer Pumpe
2. Die Wohnräume	
Unregelmäßigkeiten im Fußbodenaufbau	Ausgleichen der Trägerschicht → siehe unter »Boden«
durchgetretene Holzdielen	Neuverlegen von Dielenbrettern → siehe unter »Boden«
durch Holzschädlinge oder Pilze angegriffene Hölzer	Anwendung von Holzschutzmitteln → siehe unter »Holzschutz« bei starkem Befall Austausch der Hölzer
Befall der Hölzer durch *Hausschwamm*	Holz muß sofort entfernt und verbrannt werden (auch scheinbar gesundes Holz im Umkreis von ca. 1 m um die schadhafte Stelle)
schlechter Zustand des Wandputzes	Erneuerung durch Trockenelemente (Holz, Gipskarton) → siehe unter »Innenwände«
3. Türen, Fenster und Treppen	Prüfung auf Funktionsfähigkeit und baulichen Zustand (vgl. auch die entsprechenden Kapitel).

4. Installation

Stromversorgung

Sofern einschlägige Kenntnisse fehlen, sollten hier Prüfung sowie größere Ausbesserungen unbedingt dem Fachmann überlassen werden!

Wasserversorgung

a) Prüfung des Leitungsnetzes und der Armaturen auf Dichtigkeit → siehe auch unter »Haustechnik«
b) dasselbe gilt auch für die Leitungsrohre der Abwasserentsorgung
c) Prüfung der Installation auf Abgabe von Geräuschen (Unterbindung von Schallübertragung → siehe unter »Haustechnik«)

---

5. Die Heizung

a) Funktionsprüfung der Heizaggregate
b) Wirtschaftlichkeit
c) biologische Eigenschaften → siehe unter »die Heizung«
d) Zustand der Rauchrohranschlüsse und Versorgungsleitungen (Funktion, Dichtigkeit)
e) Zustand des Schornsteines → siehe unter »Schornstein«

---

6. Der Dachstuhl

Für eine genauere Untersuchung sind hier eine Taschenlampe sowie verschiedene Werkzeuge (Beil, Messer) zum Freilegen von schadhaftem Gebälk nötig.

a) falls die Dacheindeckung bereits undicht war, ist die Umgebung unterhalb dieser Stellen nach Schäden abzusuchen
b) besondere Aufmerksamkeit erfordern freiliegende oder schlecht geschützte Balkenköpfe
c) bei Verdacht auf Holzfraß an tragenden Balken die befallenen Holzschichten jeweils freilegen. Bei nur oberflächlichem Befall ist eventuell noch eine Behandlung mit Holzschutzmitteln möglich → siehe unter »Holzschutz« Bei Zerstörung des Kernholzes Austausch der Balken
d) besondere Aufmerksamkeit erfordert auch der Zustand des Schornsteines im Dachraum. Risse müssen abgedichtet werden, schadhafter Putz ist zu erneuern.

Die vorliegende Bestandsaufnahme könnte noch beliebig erweitert werden. So wurde z.B. auf weniger gebräuchliche Bauarten wie Fachwerk oder Blockbau mit deren artbedingten Mängeln nicht eigens eingegangen. Ebenso fehlen detaillierte Untersuchungen im Bereich des Innenausbaues (Wand- und Deckenverkleidungen ect.) – die Liste würde zu umfangreich.

Leider kann man sich auch bei sorgfältigster Untersuchung der Bausubstanz nicht darauf verlassen, daß auf Anhieb sämtliche Baumängel entdeckt werden. Erfahrungsgemäß tritt so mancher Fehler erst bei Umbaumaßnahmen zutage.

DIE ERSTEN SCHRITTE...

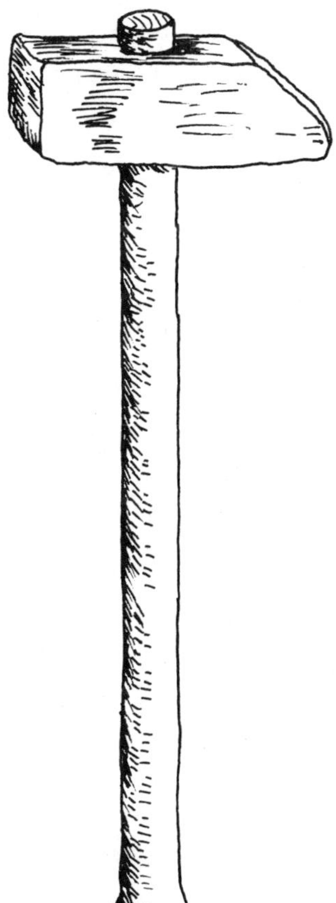

ABBRUCH-ARBEITEN

Ein altes Haus einfach niederzureißen, ist kein Kunststück, es trotz großer Baumängel zu erhalten, verlangt dagegen Zeit und Ausdauer – und vor allem sehr viel Umsicht, wenn wertvolle Bausubstanz gerettet werden soll.

Bevor man ans Werk geht, sollte man sich zuallererst die Frage stellen, ob sich cinc Renovierung überhaupt noch lohnt. So mancher Selbstbauer mußte sein Projekt schon entnervt aufgeben, weil nach vielen Jahren mühevoller Arbeit immer noch keine Ende absehbar war, die finanziellen und auch körperlichen Kräfte sich aber erschöpft hatten... Deshalb auch mein Rat, die Sache gleich bei der Bestandsaufnahme sehr genau zu nehmen und bei Unklarheiten einen Fachmann (Bausachverständiger) hinzuzuziehen.

Manchmal bleibt nach einer kritischen Bestandsaufnahme an Erhaltenswertem nicht viel mehr übrig als ein paar Balken und Mauern. Jedenfalls erging es mir so: Alle Böden, Decken, Türen und Fenster, sowie Außen- und Innenputz und das Dach mußten erneuert werden. Die Außen- und Innenmauern waren teilweise bis unters Dach durchfeuchtet, hier wurden aufwendige Isoliermaßnahmen nötig. Die Hausinstallationen beschränkten sich auf ein paar Gasleitungsfragmente und eine Abortgrube. Die an die Wohnräume angrenzenden Stallmauern waren schon so zerfressen und mit Jauche vollgesogen, daß sie selbst nach mehreren aufwendigen Sanierungsversuchen nicht mehr zu retten waren.

Die aus Backsteinen errichteten Außenmauern, der Dachstuhl und die Balkenzüge der Decken waren dagegen noch weitgehend intakt; eine wichtige Voraussetzung dafür, daß sich die Renovierung überhaupt noch lohnte.

Das große Plus von Altbauten besteht darin, daß sie mit wenigen Ausnahmen nahezu gänzlich in Eigenleistung instandgesetzt werden können, da ihre Bauweise in der Regel sehr einfach ist. Sie besteht gewöhnlich aus einem Mauerkörper, dessen Stockwerke und Dach von Holzbalken getragen werden.

Die Aussicht auf eine erfolgreiche Instandsetzung hängt sehr vom Zustand dieser Grundsubstanz ab. Ist hier etwas faul, übersteigt dies gewöhnlich die Kompetenzen des Selbstbauers. In diesem Fall müßte er wesentliche Arbeiten professionellen Firmen überlassen, und dann können die Reparaturkosten eventuell ins Unermeßliche steigen. Sind die konstruktiven Teile dagegen noch weitgehend intakt, ist jeder Altbau selbst für den berühmten Heimwerker mit den beiden linken, mit Heftpflastern übersäten Händen ein willkommenes Versuchsobjekt. Aus eigener Erfahrung weiß ich: Hier kann man zwar vieles falsch machen, wenn aber etwas daneben geht, läßt es sich auf irgendeinem Weg auch wieder selbst reparieren.

Altbauten sind beim Selbstbauer natürlich auch deshalb so beliebt, weil sie mit etwas Glück noch relativ preisgünstig erworben werden können. Im wesentlichen handelt es sich dabei um solche Objekte, für die keine Abbruchgenehmigung vorliegt. Für hart kalkulierende Spekulanten und Immobilienhyänen werden solche Häuser dann meistens uninteressant, weil bei der Renovierung von Altbauten nicht selten mit einer doppelt so langen Bauzeit gerechnet werden muß wie bei Neubauten.

Zeit ist deshalb auch das wichtigste Kapital, das der Selbstbauer mitbringen muß. Nur so kann er eventuell mit einem Altbau günstiger wegkommen als mit einem Neubau.

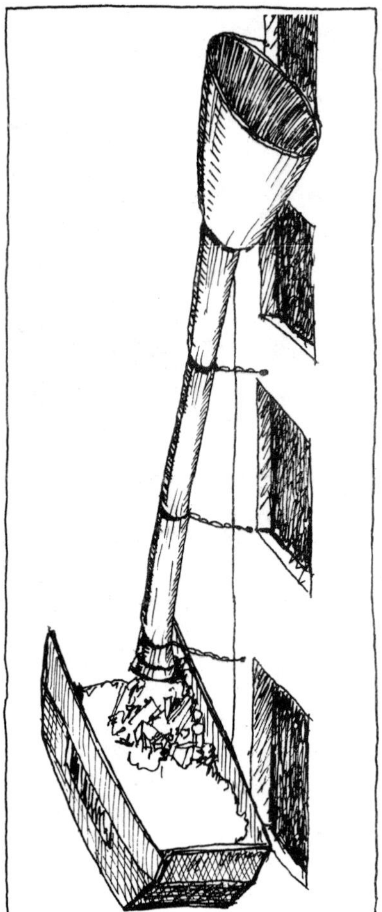

Schüttröhre mit Container

selbstgebaute Rutsche

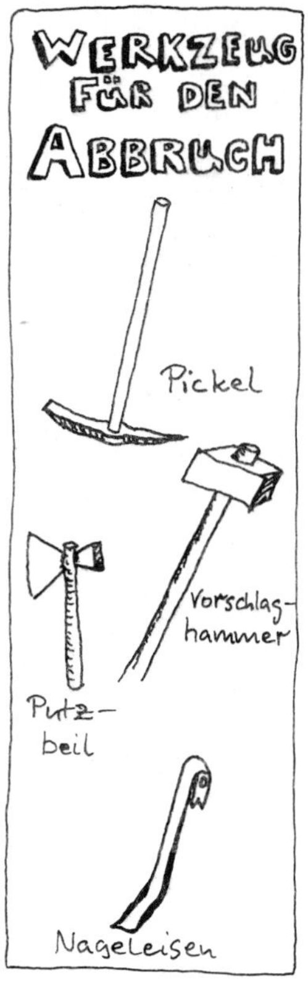

Abbrucharbeiten

Jede Altbausanierung wird von einer Abbruchphase eingeleitet. Damit ist nicht der blinde Rundumschlag gemeint, der alles niederreißt, was nicht niet- und nagelfest ist, sondern der gezielte und umsichtige Abbruch, der vor Erhaltenswertem Halt macht, damit es bewahrt und zu neuem Leben erweckt werden kann. Für Abbrucharbeiten gibt es kein allgemeingültiges Rezept, bei schlechtem Bauzustand scheint es jedoch angebracht, von Anfang an eine gründliche Gesamtrenovierung vom Keller bis zum Dach anzusteuern. Kleine Ausbesserungsarbeiten im Flickschusterstil sind da weniger effektiv. Sie können ein Haus zur ewigen Baustelle machen. Nach gründlicher Prüfung mußte ich in unserem Bauernhaus fast sämtliche Innereien herausreißen, Böden (auch Zwischenböden, die mit Bauschutt, Stallmist und Stroh gefüllt waren), Decken, Türen, Treppen usw. Schließlich lag der Schutt in den Räumen des Erdgeschoßes schulterhoch.

Beim Abbruch sollte man möglichst systematisch vorgehen. Falls Decken und Böden entfernt werden, kann der Schutt von oben bis zum Erdgeschoß durchfallen. Dort wird er mit der Schubkarre aufgenommen und abtransportiert. Wird nur teilrenoviert, leiten Sie den Schutt am besten über eine am Gerüst oder der Außenseite des Hauses befestigte Röhre in einen bereitstehenden Container ab. Beides kann man sich bei einschlägigen Firmen ausleihen. Notfalls könnten Sie sich auch aus ein paar Brettern eine Rutsche zusammennageln. Und für Aufnahme und Abtransport des Schuttes würde auch ein altes Fuhrwerk genügen.

Abbrucharbeiten bringen immer Gefahren mit sich. Tragen sie deshalb *feste Schuhe und Handschuhe* und vor allem einen *Schutzhelm!* Beim Abbruch staubt es außerdem meistens. Zum Schutz dagegen gibt es billige, aber wirkungsvolle Staubmasken (in Apotheken und Drogerien erhältlich).

Trockenlegen der Fundamente

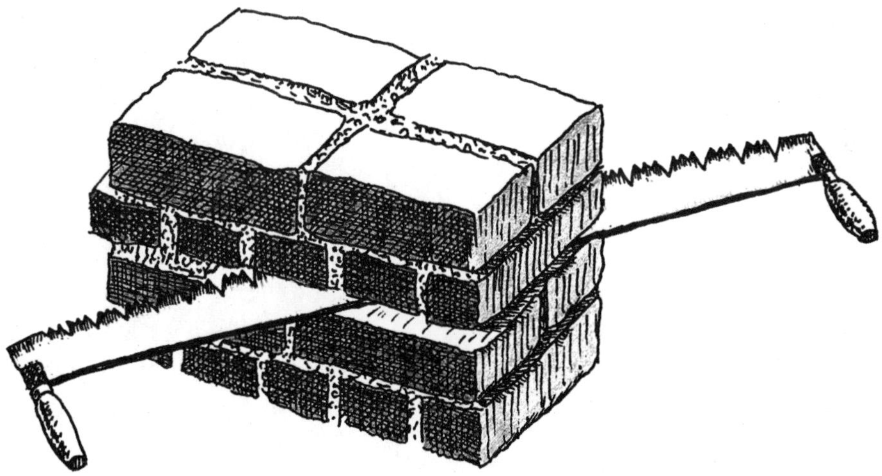

Feuchtigkeit im Haus ist eines der heikelsten Themen bei der Altbausanierung. Deshalb wird der Schadensbehebung in diesem Buch ein breiter Raum gewährt. Die häufigste Ursache für feuchte Häuser sind defekte Dächer und schlecht oder gar nicht isolierte Mauern. Bei einer gründlichen Sanierung hat die Abstellung dieser Mängel absoluten Vorrang.

Maßnahmen zur Trockenlegung sind nicht zuletzt deshalb nötig, weil sich durch überhöhte Raumfeuchtigkeit leichter Pilze und Keime entwickeln können. Diese greifen nicht nur die Bausubstanz an, sondern lösen vielfach auch Krankheiten aus. Auch Asthma, Rheuma, Gicht können durch zu feuchte Raumluft verursacht werden.

Mauerschäden bei fehlender horizontaler Absperrung

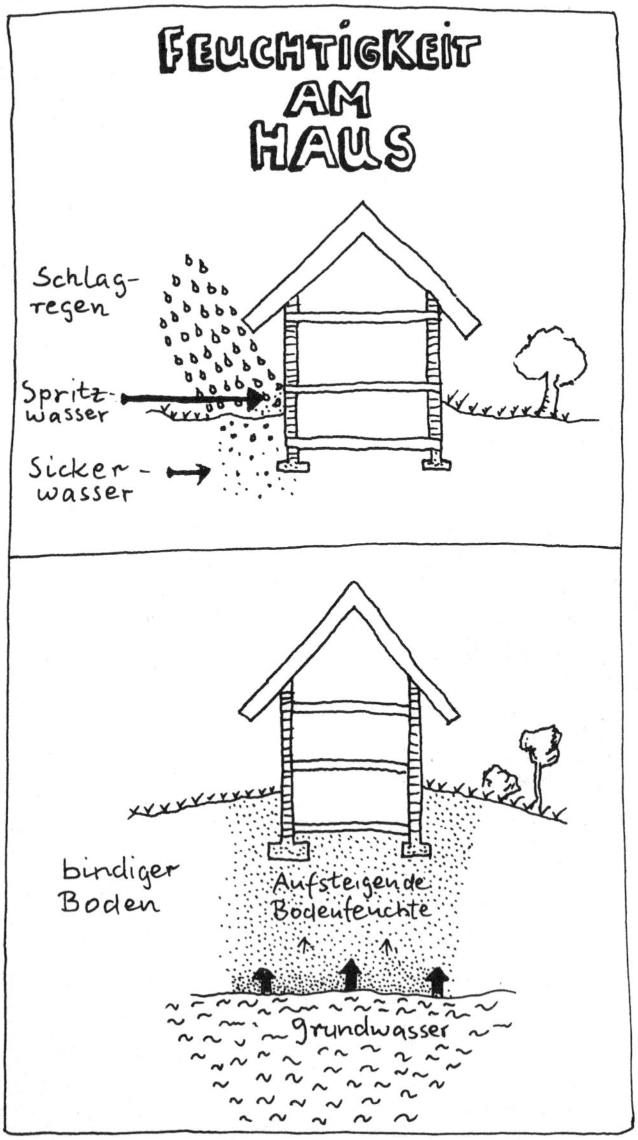

Zunächst muß den Ursachen für die überhöhte Feuchtigkeit im Haus nachgegangen werden. Bei einem undichten Dach sind die Schäden leicht zu entdecken, schwieriger wird es bei feuchten Mauern.

Warnzeichen für feuchte Mauern wären:

1. Die Luftfeuchtigkeit in den Räumen beträgt dauernd über 70% (Hygrometer aufstellen)
2. Muffiger, »kalter« Geruch, besonders im Bereich des Erdgeschoßes
3. Putzschäden, abblätternde Farbe, mürbes Mauerwerk, Verfärbungen über dem Sockelbereich
4. Beschlagene Fenster

Bevor man nun an die Schadensbehebung geht, sollte man zur Sicherheit noch einen Bausachverständigen zu Rate ziehen. Der billigere Weg: Pro Forma könnte man auch eine Firma bestellen, die mit Trockenlegungsarbeiten vertraut ist. Die Experten haben ein geschultes Auge für die Ursache von Feuchtigkeitsschäden. Die vorgeschlagenen praktischen Maßnahmen führen Sie dann, soweit möglich, in Eigenregie aus.

Mauertrocknungsverfahren, von Spezialfirmen ausgeführt, haben ihren Preis. Gewöhnlich muß mit einem aufwendigen Verfahren nachträglich eine waagrechte Isolierung im Mauerwerk angebracht werden. Nur so kann auf Dauer verhindert werden, daß die im Grundstück vorhandene Bodenfeuchtigkeit weiter im Mauerwerk hochsteigt. Denn sowohl Ziegelsteine und einige Arten von Natursteinen als auch Vollholz haben die Eigenschaft, Wasser aus dem Untergrund anzusaugen und nach oben zu »pumpen«.

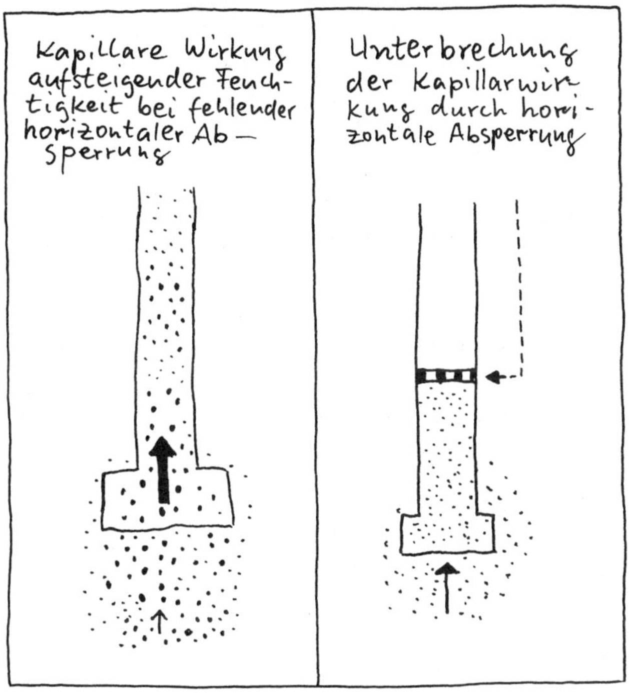

Maßnahmen gegen aufsteigende Feuchtigkeit

Wegen der Kapillarwirkung der Mauern ist heute eine geschlossene Isolierschicht in bestimmter Höhe bei jedem Neubau eine Selbstverständlichkeit. Bei Altbauten fehlt die waagrechte Isolierung dagegen häufig, oder sie ist defekt. Verschiedene Verfahren bieten sich dann an: Entweder werden im Mauerwerk ringsum nichtrostende Stahlplatten von einer Spezialmaschine eingetrieben, oder die Mauer wird in bestimmter Höhe aufgesägt und eine Sperrschicht eingelegt oder eine Dichtungsmasse eingepreßt (siehe auch Herstellerverzeichnis).

Recht zuverlässig soll auch das »Elektro-Osmose-

Mauersanierung mit Stahlplatten

verfahren« funktionieren, bei dem das aufsteigende Wasser durch elektrische Impulse zur Umkehr gezwungen wird. Der Prozeß kann allerdings gestört werden, wenn sich größere Eisenteile im Mauerwerk befinden.

Nicht bewährt hat sich dagegen jenes Verfahren, bei dem lediglich Löcher in die Mauer gebohrt werden, in der Hoffnung, daß mit der besseren Belüftung allmählich die Feuchtigkeit entweicht.

Der sicherste (aber auch anstrengste) Weg, um zu trockenen Mauern zu gelangen, ist dagegen immer noch, die Außenmauern ringsum aufzustemmen, eine Sperrpappe einzulegen und die Mauerlücken wieder mit neuen Steinen zu schließen. Diese Arbeit kann der Selbstbauer in Eigenregie ausführen. Dazu ist allerdings viel Zeit und auch viel Geduld nötig. Auf der anderen Seite kann man sich gerade hier durch Eigenengagement viel Geld sparen.

Bestimmung der Isolierlinienhöhe

Die praktische Arbeit beginnt damit, daß Sie zunächst in einer bestimmten Höhe am Haus die Isolierlinie festlegen. Die Höhe, in welcher die waagrechte Absperrung angebracht werden soll, richtet sich nach der jeweiligen Art des Gebäudes:

a) nicht unterkellerte Häuser

Sofern nicht durch besondere Einbauten behindert, sollte die Sperrbahn zumindest nicht unter Geländeniveau angebracht werden. In älteren Bauanleitungen wurde eine Mindesthöhe von 30 cm über dem Spritzwasserbereich gefordert. (Bild 1). Bei konsequenter Einhaltung aller moderner Bauvorschriften (senkrechte Absperrung, Drainage und Dichtungsanstrich) ist dies

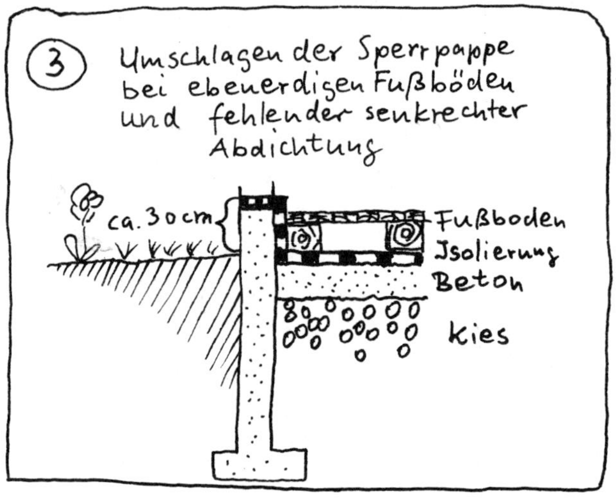

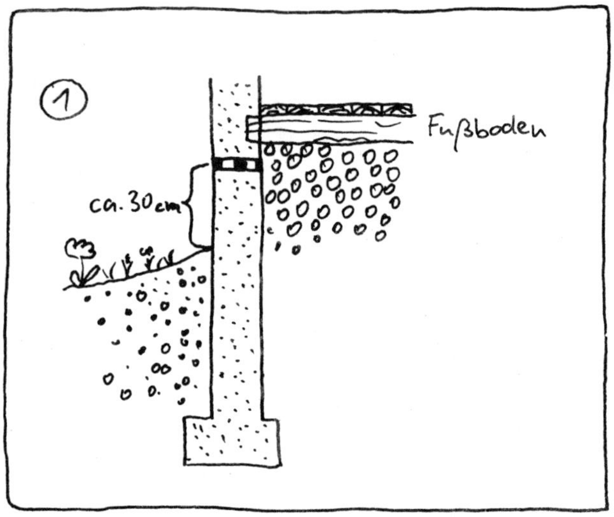

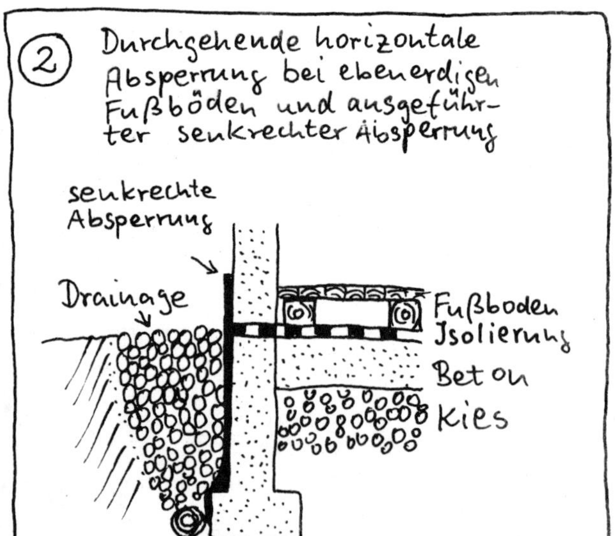

jedoch überflüssig. Die Höhe der waagrechten Absperrung sollte dann zweckmäßigerweise mit der innenliegenden Isolierschicht der Fußböden übereinstimmen (Bild 2). Ist dies aus irgendwelchen Gründen nicht möglich (bei Altbauten keine Seltenheit), muß die Sperrbahn an der Mauerinnenkante umgeschlagen und mit der Bodenisolierung verbunden werden (Bild 3).

b) unterkellerte Häuser

Ein nachträgliches Anbringen einer waagrechten Isolierung im Kellerbereich ist ein außerordentlich aufwendiges Unterfangen, das sich bestenfalls dann lohnt, wenn ein Keller bewohnbar gemacht werden soll. Die Arbeiten bleiben im Prinzip die gleichen, nur werden sie in anderer Höhe bzw. Tiefe ausgeführt. Bei *Gewölbekellern* muß außerdem vom Statiker ein Gutachten eingeholt werden. Der Vollständigkeit halber ist hier eine Möglichkeit der Kellerisolierung skizziert, wie sie auch bei Neubauten angewendet wird. In der Regel sind hier zwei Sperrschichten nötig, eine im Kellerbereich und die zweite oberhalb des Mauersockels bzw. außerhalb des Spritzwasserbereiches.

Beim Festlegen der Sperrlinie sollten Sie sich auch den Zustand des Mauerwerkes gut ansehen. Oft ist jenes gerade über der Erdoberfläche in schlechtem Zustand. Eine Ausbesserung mit neuen Steinen lohnt sich also hier ganz besonders. Für alle horizontalen Isoliermaßnahmen gilt: Legen Sie die waagrechte Absperrlinie durch eine Markierung entlang der Mauer fest. Falls die Räume im Erdgeschoß ein unterschiedliches

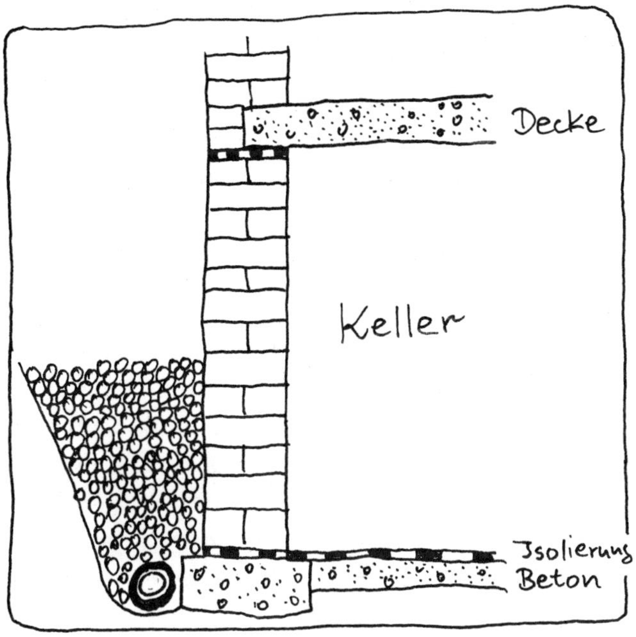

Bodenniveau haben, müßte sich der Verlauf der Sperrlinie diesem eventuell anpassen.
Nachdem es aus statischen Gründen nicht möglich ist, einen Mauerabschnitt weiter als einen Meter aufzubrechen, sollten die einzelnen Arbeitsabschnitte jeweils markiert werden. Die Abbildung zeigt, in welcher Reihenfolge die einzelnen Abschnitte zu bearbeiten sind. An Maueröffnungen (Türen, Fenstern etc.) darf die Mauer aus Stabilitätsgründen nur ein kurzes Stück weit aufgebrochen werden. Auch wenn es einfacher wäre, sollte mit dem Abschneiden nicht an einer Mauerecke oder Öffnung begonnen werden.

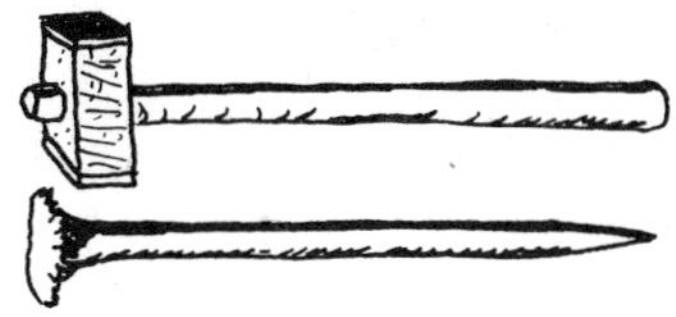

Zur Praxis

Besorgen Sie sich ein schönes, langes Brecheisen (am besten bei einem Schmied) und einen schweren Vorschlaghammer.
Nun wird es ernst. Versuchen Sie an der Stelle, die Sie mit 1 markiert haben, durchzubrechen. Sobald man einmal durch ist, lassen sich die Steine relativ leicht herausnehmen. Bei mürbem Mauerwerk nicht zu heftig zur Sache gehen, sonst bröckeln laufend Steine von oben nach.

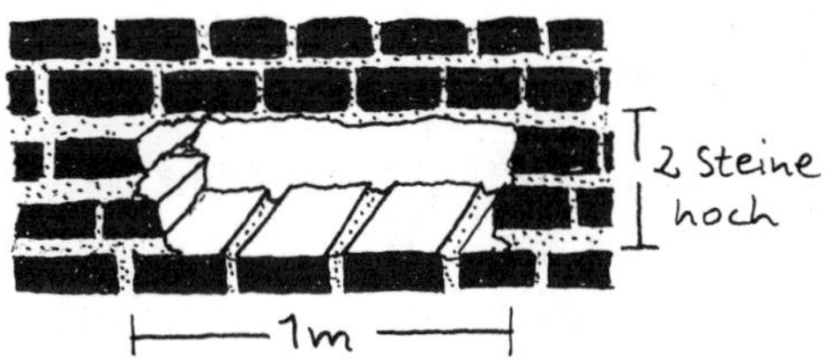

In der Regel wird die Mauer zwei Steine hoch und etwa einen Meter in der Breite aufgebrochen. Bei dieser schweißtreibenden Arbeit kann man eigentlich nur froh sein, wenn die Mauer wenigstens nicht stärker als 36 cm ist.

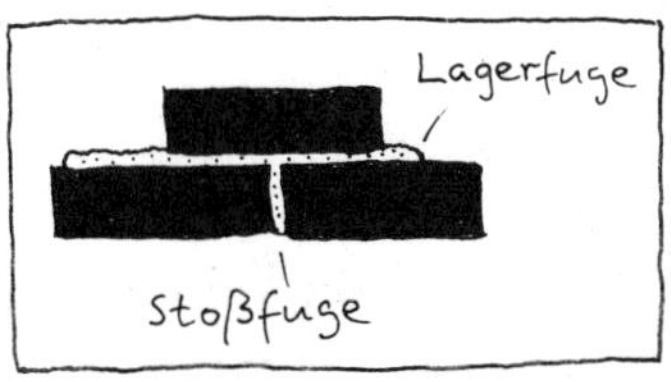

Der gewissenhafte Maurer befreit nun die Lagerfuge (das ist die waagrechte Fuge, auf der die Steine aufliegen – im Gegensatz zur senkrechten Fuge, der »Stoßfuge«) von allen Mörtelresten. Merke: ein einziges scharfes Steinchen, das nicht weggekehrt wurde, kann später die Isolierpappe durchstoßen und deren Wirkung zunichte machen.
Die gesäuberte Lagerfuge wird nun mit Zementmörtel abgeglichen.

Zementmörtel – Mischung

3 Teile Quarzsand feinster Körnung (beim Baustoffhändler erhältlich, abgepackt in 50 kg Säcken)
1 Teil Zement
Dem Zement kann vorteilhaft noch ein pulverförmiges *Dichtungsmittel* (Ceresit, Lugato u.a.) zugesetzt werden. Die Ausgleichsschicht erhält dadurch eine feuchtigkeitssperrende Funktion. Die Ausgleichsmasse wird mit Wasser zu einem Brei verrührt und so dünn wie möglich aufgetragen. Auf dieser Schicht breiten wir dann die Dichtungsbahn aus.

Die Sperrschicht

Isolierbahnen für die waagrechte Abdichtung bestehen entweder aus 2 mm dicker Kunststofffolie oder 500er Dachpappe in Rollenbreiten, die den Wandstärken entsprechen oder 333er Dachpappe, zweilagig ausgeführt.

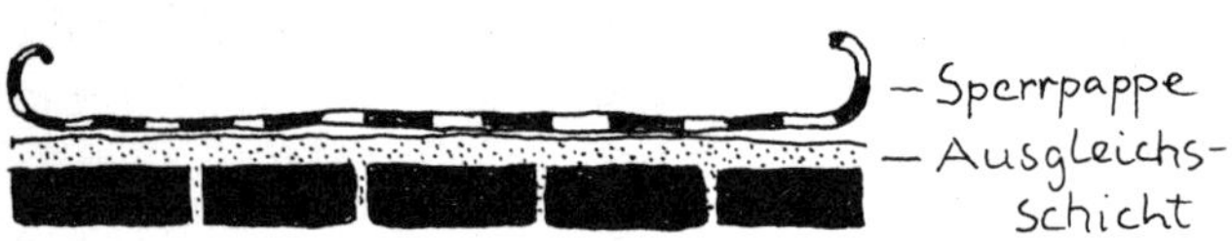

Zusätzliche Sicherheit bieten Dichtungsbahnen mit eingelegter *Alufolie.*
Falls die Dichtungsbahnen mit der Fußbodenisolierung verbunden werden sollen, wählen wir größere Rollenbreiten, die an der Mauerkante umgeschlagen werden. Eventuell schneiden Sie sich von einer normalen Dachpappenrolle ein geeignetes Format zurecht (zum Schneiden Universalmesser oder alte Rasierklinge verwenden).

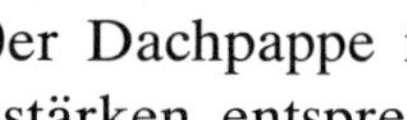

Geizen Sie nicht mit der Länge der Dichtungsbahn. Denken Sie daran, daß sich die freien Enden jeweils um min. 10 cm überlappen müssen. Nun soll die Mauerlücke wieder geschlossen werden. Dazu benötigen Sie Ziegelsteine und Mörtel. Für das Verfugen der Mauer kommt in diesem stark belasteten Bereich nur ein Zementmörtel in Frage, der eine ausreichend hohe Endfestigkeit gewährt.

Die Mischung

3 Teile Sand der Körnung 0-3 mm (Universalsand, mit dem man Mauern und Verputzen kann)
1 Teil Zement (normaler Portlandzement)

Bedarfsmengen

Wer sehr knapp kalkulieren muß, wende sich an den Baustoffhändler, der Bedarfsmengen auf die Kommastelle genau errechnen kann. Gewöhnlich schlägt man dann auf die ermittelte Menge noch einmal 10% zu. Eingefleischte Selbermacher bestellen immer großzügige Mengen. Für jeden Überschuß findet sich erfahrungsgemäß schon bald eine Verwendungsmöglichkeit.
Der Sand sollte trocken gelagert und vor Verunreinigungen geschützt werden. Gleiches gilt für Zement, der vor allem bei Kontakt mit Feuchtigkeit schnell verdirbt.

Anmischen des Zementmörtels

Zuerst werden die beiden Komponenten Sand und Zement gut miteinander vermischt. Dann kommt Wasser dazu, bis eine kartoffelbreiartige Konsistenz erreicht ist.
Gemischt wird heute in der Regel nicht mehr von Hand. Weniger aus Bequemlichkeit, sondern eher, weil die Maschine einen gleichmäßigeren und intensiver durchgemischten Mörtel liefert. Kleine Mengen können jederzeit im Schubkarren oder in der Mörtelpfanne angemischt werden. Wenn aber umfangreichere Maurerarbeiten anstehen, lohnt sich die Anschaffung einer Mischmaschine. Als Zwischenlösung könnte man sich auch ein Gerät ausleihen.

Bausteine

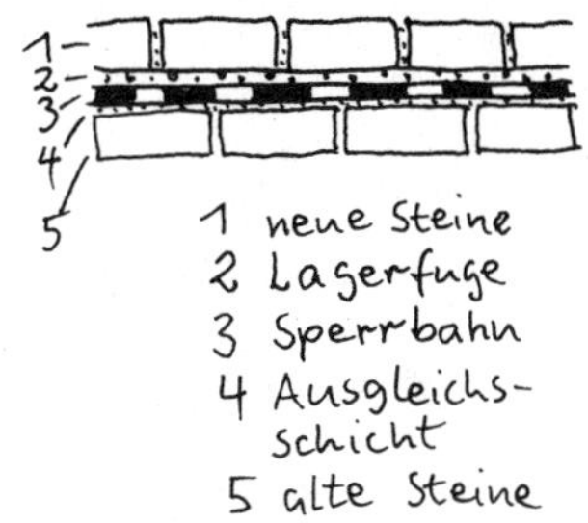

Die herausgebrochenen Steine sollten auf jeden Fall durch neue ersetzt werden. Die Lücke mit Bruchstücken oder ausrangierten Steinen vom Schrottplatz zu schließen, hieße an der falschen Stelle sparen. Ziegel der alten Formatklassen sind heute nicht mehr im Handel. Deshalb muß der Baustoffhändler erst ermitteln, welche der modernen Ziegelgrößen dem alten Verband entspricht (dazu muß er die Größe der alten Ziegel und die Breite des Mauerwerkes kennen).
Bei größeren Abgabemengen erfolgt die Lieferung frei Haus. Lassen Sie die Ware dort abstellen, wo Sie diese gleich zur Hand haben. Auch Sandhaufen, Zement und Mischmaschine sollten in der Nähe sein. Kurze Wege sparen Zeit und Kraft.
Von der Mischmaschine wird der Mörtel in den Schubkarren und von dort in Eimer umgefüllt (ausrangierte ovale Farbeimer eignen sich dafür besonders gut).

Schließen der Mauerlücke

Auf der Isolierschicht breiten wir mit der Kelle nun eine gleichmäßige Mörtelschicht aus, die nicht stärker als einen Zentimeter sein darf. Eigentlich sollte die gesamte Lagerfuge einschließlich Ausgleichsschicht und Folie oder Pappe nicht dicker als einen Zentimeter sein (Einheitsmaß für alle Mauerfugen!), was praktisch nicht möglich ist. Dementsprechend eng geht es dafür in der zweiten und dritten Lagerfuge zu.
In das Mörtelbett werden jetzt die gut angenäßten Steine gesetzt, und zwar nicht kreuz und quer, sondern nach den strengen Regeln des Verbandes. Prinzipiell kommt es darauf an, daß die Steine durch eine Art Verzahnung ein festes Gesamtgefüge bilden. Niemals darf dabei Stoßfuge über Stoßfuge liegen.
Beim Einsetzen der Steine spart man sich etwas Zeit, wenn man den Mörtel für die Stoßfugen schon vorher an den Seitenflächen aufbringt (Dicke der Stoßfuge: 1 cm). Bei der zweiten Steinlage ist dies ohnehin Bedingung, weil dann kaum mehr die Möglichkeit besteht, die Fugen von oben her zu füllen.
Die erste Schicht sauber im Verband gesetzt? Mit einer Latte oder Schnur nachgeprüft, ob sie mit der Außenmauer exakt fluchtet? Die Stoßfugen gründlich gefüllt?
Dann folgt die zweite Steinlage. Gleiche Reihenfolge. 1 cm Lagerfuge, dann die an den Stoßflächen mit Mörtel bestrichenen Steine einschieben.
Und jetzt beginnt der schwierigste Teil der Arbeit. Denn eigentlich sollten die Steine fest eingepreßt werden, damit sich die Stoßfugen richtig schließen. Schiebt man nun kräftig von der einen Seite, rutschen die Steine auf der anderen Seite wieder heraus. Wenn kein Helfer zur Stelle ist, muß man sich mit einem gegengepreßten Brett oder ähnlichem behelfen. Wieviel Platz ist jetzt noch übrig für die dritte Lagerfuge? Wenn der Zwischenraum noch groß genug ist, könnten Sie bei den nächsten Abschnitten die unteren beiden Lagerfugen stärker machen. Ist dagegen oben kaum noch »Luft«, müssen die unteren Fugen in Zukunft noch etwas schmaler ausfallen.

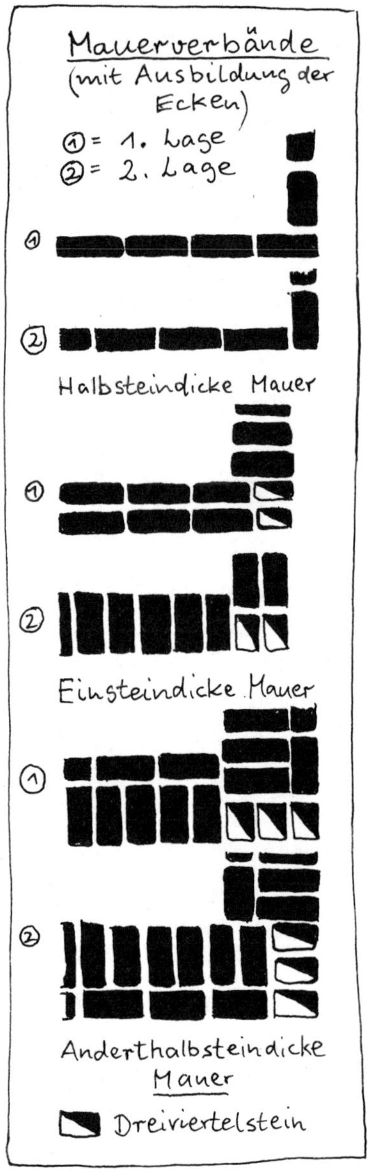

Beim Verfüllen der Fugen halten Sie ein Brett mit Mörtel vor und schieben bzw. pressen den Mörtel mit der Fugenkelle hinein.

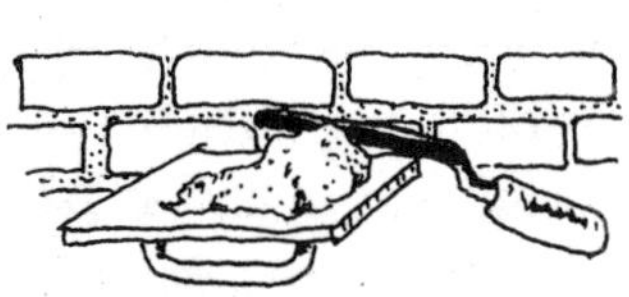

Verkeilung

Um hundertprozentig zu verhindern, daß sich das Mauerwerk nachträglich setzen kann, treiben Sie in die zweite Lagerfuge Eichenkeile ein. (Stärke etwas mehr als 1 cm, Breite 3-4 cm, Länge ca. 10 cm; erhältlich beim Schreiner oder Wagner).

Auf einen Mauerabschnitt entfallen etwa 5 Keile, die von beiden Seiten her eingetrieben werden. Nach dem Verkeilen pressen Sie in der zweiten Lagerfuge Mörtel nach. Damit ist der erste Abschnitt geschafft. Der nächste wird schon etwas leichter von der Hand gehen. Bei einer mittelstarken Mauer sollten Sie sich aber nicht mehr als drei bis vier Meter pro Tag vornehmen.

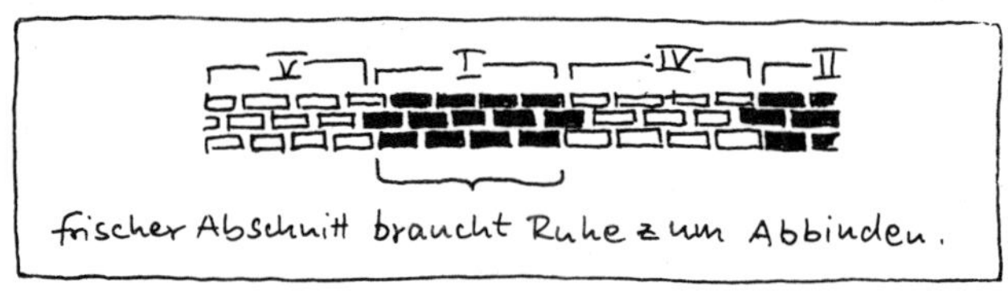

Denken Sie daran, jeweils zwischendurch ein Feld freizulassen, damit der frische Abschnitt genügend Zeit zum Abbinden hat und nicht gleich die volle Mauerlast abfangen muß.
Alle weiteren Steine sind in einem solchen Abstand zum ersten Abschnitt zu setzen, daß sich am Schluß ein kontinuierliches Band ohne Verhau ergibt (siehe Skizze).
Noch wichtiger ist, daß die gesamte waagrechte Isolierschicht eine durchgehende Bahn ergibt. An den Stößen der einzelnen Abschnitte müssen sich deshalb die einzelnen Pappestreifen jeweils

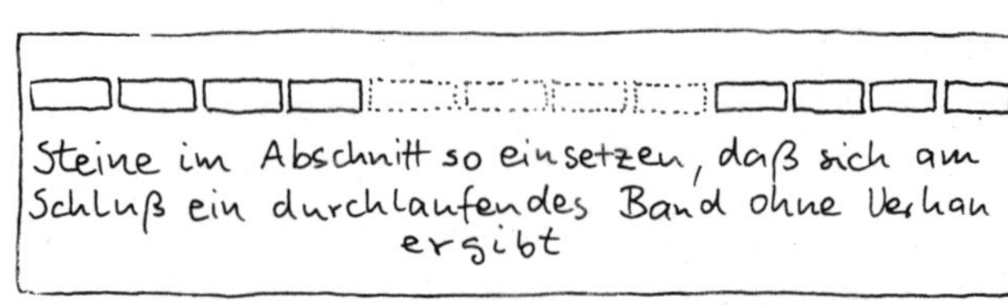

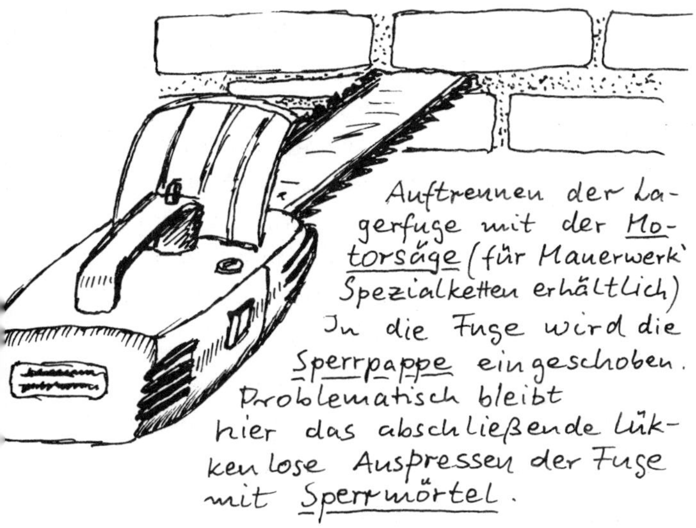

um min. 10 cm überlappen, um zu verhindern, daß die Feuchtigkeit irgendwo zwischendurch kriechen kann.

Das Abschneiden ist eine außerordentlich mühselige Arbeit, sie lohnt sich auch nur, wenn sie wirklich sorgfältig ausgeführt wird. Dafür ist der Nutzen groß, denn ein trockenes Haus ist eine der wichtigsten Voraussetzungen für gesundes Wohnen.

Wenn Ihr Haus sehr feucht war, brauchen die Mauern etwa ein Jahr, um auszutrocknen. Vielleicht auch länger.

Sie können diesen Prozeß auch beschleunigen, z.B. durch eine gut hinterlüftete Holzverkleidung. Sie können die Trocknungsdauer nach den unsinnigen Regeln moderner Baukunst aber auch verzögern, z.B. durch atmungsdichte Wandanstriche, dicke Lagen Zementputz oder Dampfsperren.

Waagrechte Abdichtung im Schnellverfahren

Wie schon erwähnt, wurden für die Mauertrokkenlegung inzwischen viele neue Verfahren entwickelt, von denen das Eintreiben von nichtrostenden Stahlplatten wohl die effektivste und schnellste Methode ist. Die Mauer muß hierbei nicht einmal aufgetrennt werden, eine Spezialmaschine (umfunktionierter Preßlufthammer) preßt die Platten mit hohem Druck direkt in die Lagerfuge. Für den Heimwerker ist dieses Verfahren leider nicht nachvollziehbar, dafür gibt es Spezialfirmen, die natürlich auch ihren Preis haben.

Der Arbeitsaufwand für jede nachträglich eingebrachte horizontale Absperrung ist sehr hoch. Es gibt allerdings auch eine einfachere Methode, bei der die Mauerfuge lediglich mit einer Säge aufgeschnitten und Meter für Meter eine Bleiplatte eingeschoben wird. Auf diese Weise ist ein Haus schnell »abgeschnitten«, das Ergebnis überzeugt aber nicht hundertprozentig. Erstens entsteht zwischen Mauerfuge und Bleiplatte meistens ein Hohlraum. Folge: das Mauerwerk kann sich setzen. Zweitens bleiben in der Mauerfuge immer Unebenheiten zurück, die dann die Bleiplatte durchstoßen und somit deren abdichtende Funktion zunichte machen. Drittens sind die Stoßstellen der Platten problematisch, weil in der engen Fuge meistens nicht genügend Platz für eine ordnungsgemäße Überlappung bleibt (weitere Verfahren siehe Herstellerverzeichnis).

Die senkrechte Abdichtung

Die waagrechte Abdichtung allein genügt nicht zur Trockenlegung eines Hauses. Im Fundamentbereich müssen hier weitere Komponenten zusammenwirken. In der Hauptsache geht es darum, soweit wie möglich jeden direkten Mauerkontakt mit feuchtem Erdreich zu unterbinden. Zum anderen müssen die Grundmauern gegen seitlich eindringendes Wasser geschützt werden. Für Altbauten gelten hier ähnliche Regeln wie für Neubauten. Früher wurden allerdings Isoliermaßnahmen, sei es aus Unkenntnis oder reiner Sparsamkeit, stark vernachläßigt.

Besonders schnell traten Schäden bei älteren Häusern dann zutage, wenn sie nicht unterkellert waren. Standen die Grundmauern dann noch schutzlos in lehmigem oder humusreichem Boden, waren sie garantiert durchnäßt.

Dauerhaft kann hier nur Abhilfe geschaffen werden, wenn man die gesamte Außenfläche der Grundmauern gegen Feuchtigkeit schützt (sog. »senkrechte Abdichtung«). Verlassen Sie sich nicht allein auf die waagrechte Abdichtung!

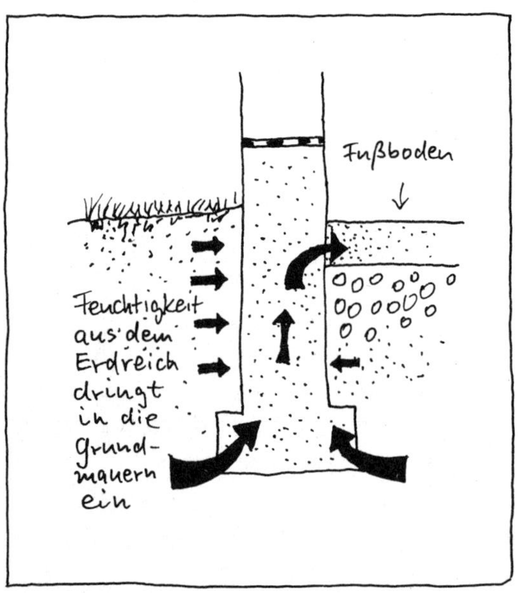

Freilegen der Fundamente

Sind am Haus die bereits erwähnten Symptome von Feuchtigkeitsschäden erkennbar, müssen zunächst die Fundamente freigelegt werden. Dies gilt z.B. auch dann, wenn ein Keller nachträglich trockengelegt werden soll. Ob Sie den Graben von Hand ausheben können, hängt vor allem von der Tiefe der Grundmauern ab. Am schnellsten erledigt solch einen Aushub natürlich ein Baggerunternehmen.

Zur Zeit kostet eine Baggerstunde incl. Fahrer zwischen 150-200 DM (unbedingt vorher Festpreis aushandeln!). Und in zwei bis drei Stunden ist selbst ein tiefer Graben um ein Einfamilienhaus ausgehoben. Erkundigen Sie sich dann aber rechtzeitig bei Wasser-, Elektrizitätswerk und Post nach dem Verlauf der Hausanschlüsse. An diesen Stellen muß von Hand aufgegraben werden.

Der Graben sollte mindestens 30-40 cm breit sein, eventuell sogar 60 cm, wenn die Fundamentwände verputzt und gestrichen werden sollen.

Beim Aushub ist auf die Einhaltung des Böschungswinkels zu achten, der sich nach der jeweiligen Bodenbeschaffenheit richtet.

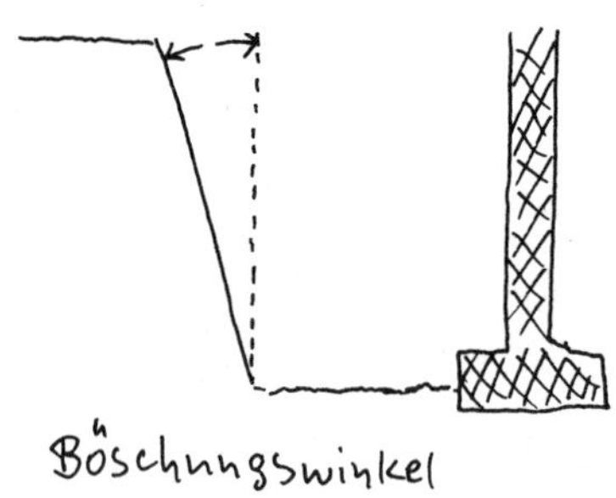

Gartenerde	25°
Sand und Kies	30°
Gerölle mit überwiegend abgerundeten Kanten	30°
Steinschotter, scharfkantig	40°
Lehm und Ton	17-25°

(Diese Angaben gelten nur bei Gräben mit über 1,75 m Tiefe).

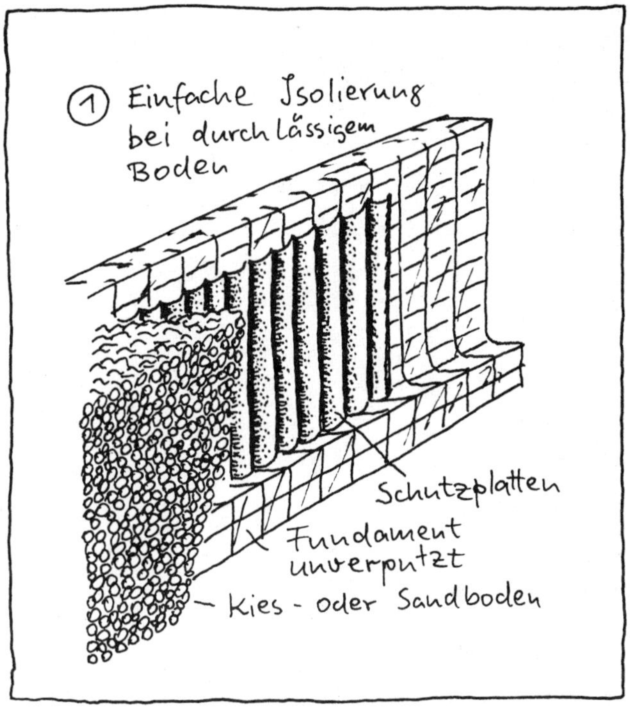

Die beste Jahreszeit, um ein Haus von Grund auf trockenzulegen, wäre der Sommer. Dann sollte man bei warmer Witterung den Graben erst ein paar Wochen offen stehen lassen, damit die Grundmauern belüftet werden.

Die nächsten Schritte wären dann:

1. Säubern der Fundamente von Verunreinigungen (Wurzeln, Humus)
2. Falls der Mauerputz schon stärker beschädigt ist (undichte, abplatzende oder bröselnde Schichten), müßte er abgeschlagen und erneuert werden.
3. Kleinere Undichtigkeiten können mit einer Ausbesserungsmasse (als Fertiggemisch im Baustoffhandel erhältlich) verputzt werden.
4. Abdichten des Putzes mit einem Sperranstrich
5. Entwässerung des Fundamentgrabens durch eine Drainageleitung
6. Auffüllen des Grabens mit einer Kiesschüttung

Einzelne Punkte werden im folgenden noch näher erläutert.

Der Aufwand an Sperrmaßnahmen richtet sich in erster Linie nach der Bodenbeschaffenheit. Am wenigsten muß man bei kiesigen und sandigen, also *wasserdurchlässigen* Böden isolieren. Die einfachste Form des Schutzes wäre hier die senkrechte Abdichtung mit *Wellbitumentafeln* (Bild 1). Der Schutz würde verbessert, wenn bei unverputztem Mauerwerk die Fugen gesäubert und mit einem Glattstrich versehen würden. Anschließend könnten die sorgfältig gesäuberten Mauern dann noch eine Dichtschlämme erhalten (Bild 2). Will man dagegen eine vollständige Austrocknung der Mauern erreichen, müssen alle wichtigen Isoliermaßnahmen zusammenwirken (waagrechte und senkrechte Absperrung, Drainage).

Der Sperrputz

Die senkrechte Abdichtung besteht in der Hauptsache aus Sperrputz und Dichtungsanstrich.

Der Sperrputz wird in möglichst dünnen Lagen auf das gesäuberte Mauerwerk aufgebracht, und zwar zunächst als Spritzputz im Mischungsverhältnis 3:1 (Sand:Zement). Dann der Unterputz im selben Mischungsverhältnis unter Zugabe eines Dichtungsmittels. Darauf als letzte Lage der mit dem Brett glatt verriebene Oberputz. Mischungsverhältnis 4:1 (Bild 3).

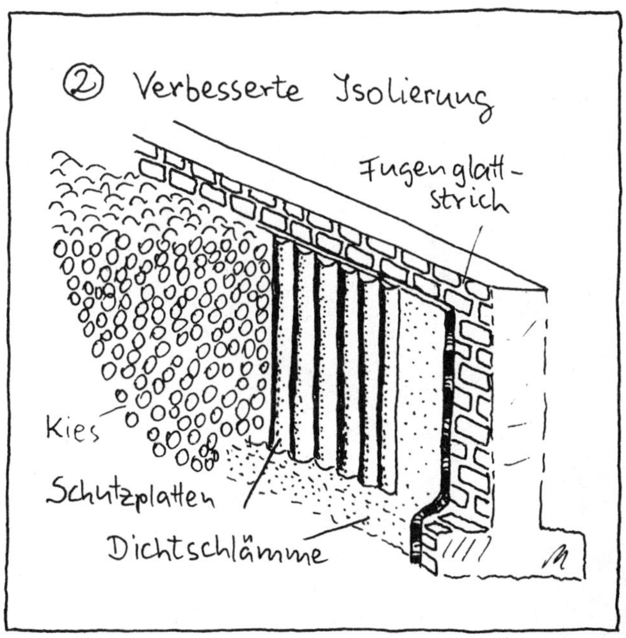

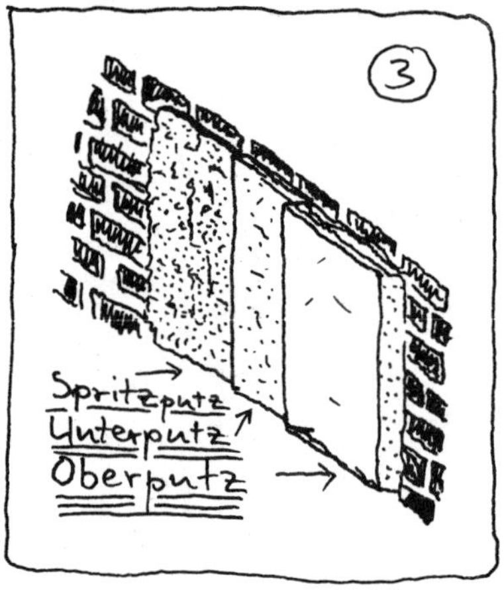

Die oberste Schicht muß auf jeden Fall »weicher« sein als die Unterlage, sonst reißt der Putz. Deshalb also unbedingt weniger Zement in die letzte Lage mischen. Der Oberputz muß außerdem aufgebracht werden, solange die Unterlage noch feucht ist, sonst erschwert das darin enthaltene Dichtungsmittel die Haftung.
Gerade für den Anfänger ist das Arbeiten mit Zementputz eine üble Schinderei. Ich denke heute noch ungern daran zurück.
Der Zementputz wollte und wollte einfach nicht haften, ganze Platten lösten sich immer wieder vom Mauerwerk ab und landeten im Graben. Die Ursache dafür lag an der schlechten Bindekraft des Zementes. Wer sich die Sache also etwas leichter machen will, ändert für den Hausgebrauch das DIN genormte Mischungsverhältnis einfach ab und gibt statt der einen oder anderen Schaufel Zement eine Schaufel hochhydraulischen Kalk dazu. Die Mischformel hierfür lautet: 12:2:1 (Sand:Zement:Kalk). Der Kalkanteil könnte sogar noch etwas erhöht werden.
Genauere Informationen zum Thema »Verputzen« stehen im Kap. »Außenputz«. Die dort aufgeführten Angaben über bestimmte Korngrößen für die Sandanteile bei Spritz-, Unter- und Oberputz brauchen Sie aber nicht so ernst zu nehmen. Viele Maurer arbeiten bei allen Putzschichten mit nur einer Sandart (meistens 0-3 mm oder 0-4 mm Korngröße). Ich habe es genauso gehalten und bislang keine deutlichen Nachteile feststellen können.
Noch ein Nachtrag zur Verarbeitung von Sperrputz: Manchmal sind Fundamentmauern am Grund breiter gebaut und verjüngen sich dann absatzweise nach oben. Die dadurch entstehenden Absatzkanten müssen durch sog. Auskehlungen entschärft werden, weil sich dort sonst Wasser anstauen kann, was unweigerlich zu Putzschäden führt!
Der Maurer zieht die Auskehlungen mit einer angefeuchteten Bierflasche.

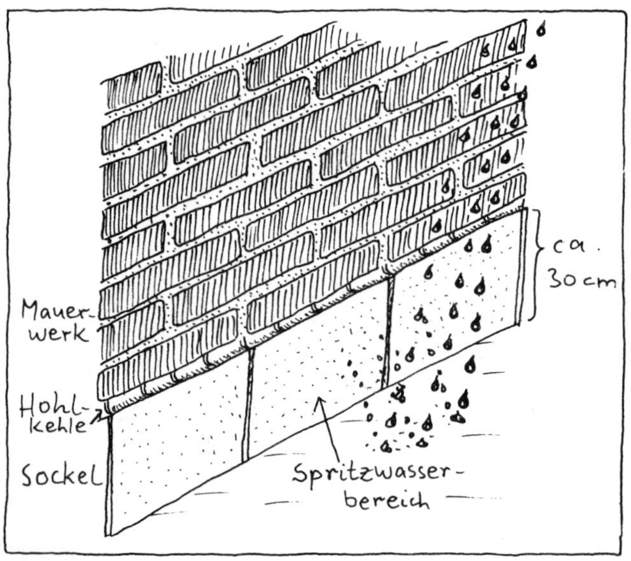

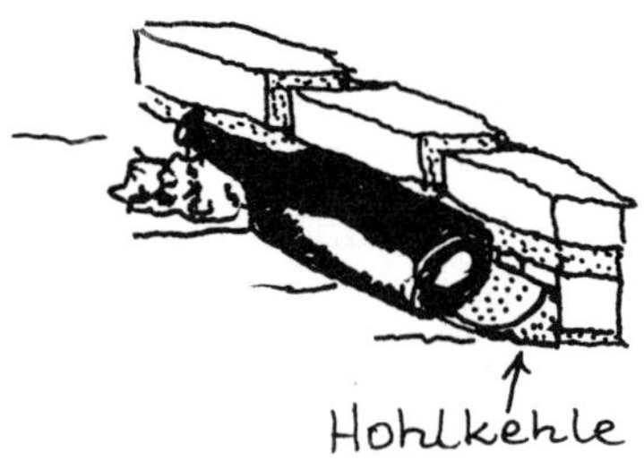

Der Dichtungsanstrich

Als zusätzlicher Schutz gegen eindringendes Wasser wird der Putz mit einem Isolieranstrich versehen. Dafür eignen sich Dichtungsschlämmen, deren Bindemittel sich fest mit dem Unter-

grund verbinden (Vandex, Epasit, Ceresit etc.). Sie dichten übrigens nicht nur ab, sondern fördern zugleich auch noch die Atmungsaktivität der Mauern. Aus diesem Grund eignet sich der wie eine Plastikfolie wirkende Teeranstrich für feuchte Altbau-Fundamente weniger.

Einen kleinen Haken haben aber auch die Dichtungsschlämmen, sie sind recht teuer. Der sparsame Selbermacher streicht deshalb die Fundamente einfach mit einer Zementschlämme (Zement mit Wasser dick aufgerührt). Dichtungsmittel für den Zement nicht vergessen! Für weiße

Senkrechte Mauerabdichtung mit neu entwickeltem Abdichtungssystem:

Bestandteile: Polymer-Bitumenmasse, Spezialfolie (z. B. System »Deitermann«); Vorteile gegenüber der oben beschriebenen, herkömmlichen Abdichtungsmethode: kein Putz nötig, hält auch auf schlecht verfugtem Mauerwerk, vollflächiger Dichtungsschutz, flexibel selbst bei größeren Rissen, keine Wasserhinterläufigkeit (wie z. B. bei Wellbitumen-Schutzplatten), weniger Arbeitsgänge, lösungsmittelfrei.

1. Voranstrich

2. Spachtelauftrag der Polymerbitumenmasse (auch auf feuchtem, unverputzten und schlecht verfugten Mauerwerk möglich!)

3. Einlegen der Spezial-Kunststoffolie in die Bitumenmasse.

4. Überarbeiten mit dem 2. Auftrag der Spachtelmasse.

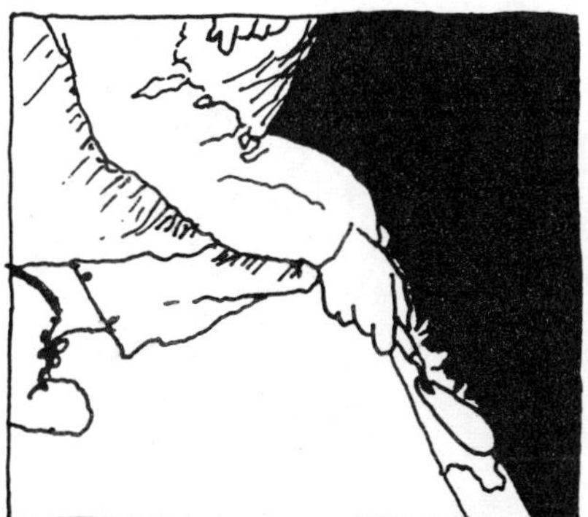

5. Ausbildung der Hohlkehle am Anschluß Wand/Boden.

Anstriche im Sockelbereich Weißzement verwenden. Zementschlämmen sind allerdings weniger flexibel als die handelsüblichen mit Kunststoffen versetzten Dichtungsschlämmen.
Die Schlämme wird mit einer Malerbürste aufgetragen. Den Untergrund gut vornässen. Je dicker die Schlämmschicht, desto wasserundurchlässiger wirkt sie. In der Regel sind mindestens zwei bis drei Anstriche erforderlich.

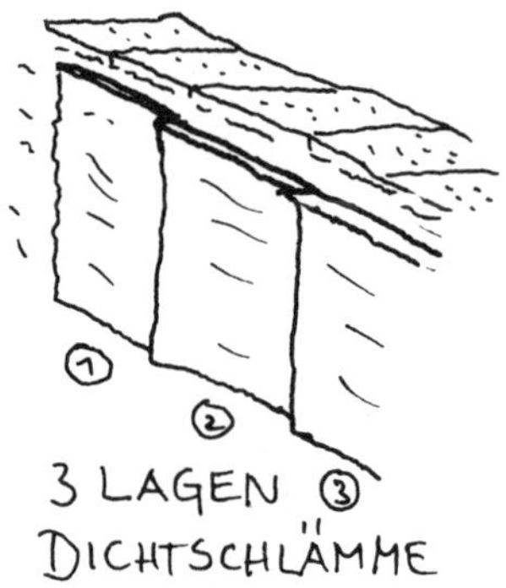

Grundmauerschutz mit Wellbitumentafeln

Als weitere Sicherheitszone sind in den letzten Jahren verschiedene Drainelemente entwickelt worden, welche die Grundmauern zusätzlich vor Durchfeuchtung schützen sollen. Nebenbei belüften sie auch die Mauern und schützen sie vor gröberen Verletzungen. Gute Erfahrungen habe ich mit Wellbitumentafeln gemacht, die sich leicht verlegen lassen und relativ günstig im Anschaffungspreis sind.

Grundmauerschutz mit Wellbitumentafeln; Sockel mit Dichtschlämme gestrichen

Aus eigener Beobachtung kann ich jedoch sagen, daß bei bindigen Böden neben der Welltafeln noch weitere Drainagemaßnahmen nötig sind. Bei ständigem Kontakt mit dem dauerfeuchten Untergrund würden die Tafeln ansonsten bald weich und porös (siehe Seite 49).

Die Drainage

Die Drainage hat die Aufgabe, das in den Boden eingedrungene Regenwasser zu sammeln und abzuleiten. Sie verhindert somit, daß sich Wasser im Fundamentbereich anstauen kann. Am einfachsten läßt sich die Drainage mit einem gelöcherten PVC-Schlauch (∅ 8-10 cm) verlegen; dabei Gefälle zum Ablauf hin beachten. Umweltbewußte Baubiologen verwenden statt der Plastikdrainage handelsübliche Tonrohre, die ohne Zwischenräume aneinandergestoßen werden. Die Stoßstellen mit einer Lage Dachpappe umwickeln (Pappe mit Bindedraht fixieren). Als Schutz vor Verschlammung sollte man sowohl PVC- wie auch Tonrohre mit einer Filterschicht aus nicht zu feinkörnigem Kies oder mit Kokosmatten umhüllen.
In Neubauten wird das Sickerwasser der Kanalisation zugeleitet, bei Altbauten läßt sich so etwas nur in den seltensten Fällen durchführen. Bei den geringen Mengen an anfallendem Sickerwasser genügt es allerdings, wenn Sie das Wasser in einem tiefer gelegenen Schacht auffangen. Dazu reicht auch schon ein altes Faß oder eine Tonne, aus der Sie den Boden entfernen.
Richtig funktionieren kann eine Drainage nur, wenn über den Entwässerungsleitungen eine Sickerpackung angebracht wird. Grober Rollkies ist dafür geeignet oder auch große Kalksteine, die möglichst rund sein sollten, damit das Mauerwerk nicht verletzt wird.

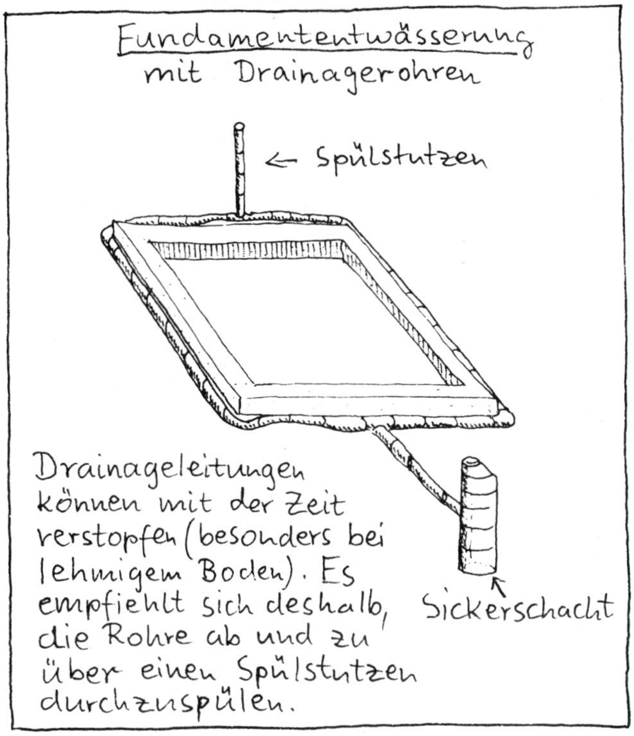

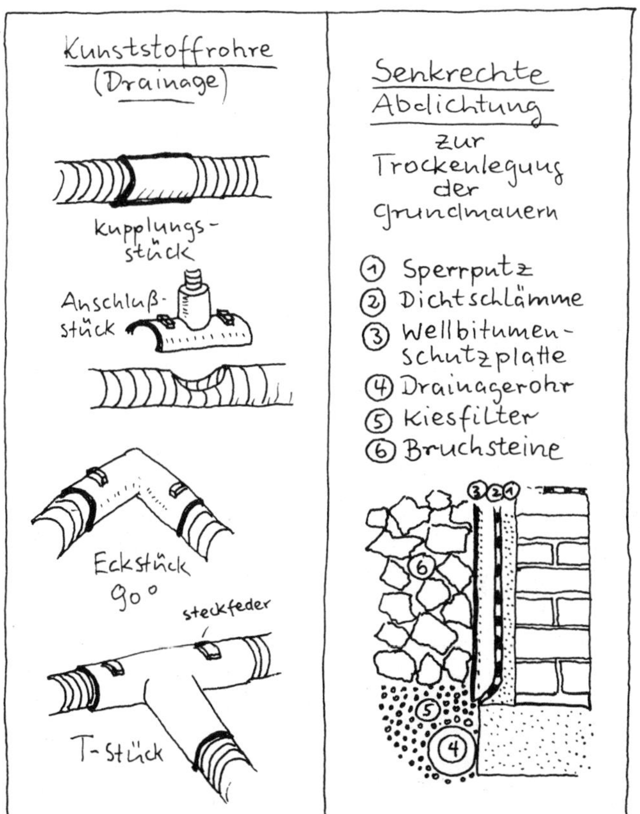

Grober Rollkies läßt sich nur mühsam schaufeln; am besten überlassen Sie deshalb das Auffüllen der Gräben einer Firma. Recht preisgünstig können solch eine Arbeit auch Landwirte mit Frontlader-Traktoren erledigen.

Das Gelände

Eine entscheidende Rolle bei der Entwässerung von Oberflächenwasser spielt die Lage des Grundstückes unmittelbar am Haus. Liegt das Haus in einer Senke, sammelt sich dort auch das Oberflächenwasser. Achten Sie deshalb beim Auffüllen des Geländes darauf, daß ein leichtes Gefälle vom Haus weg entsteht. Die Geländeneigung sollte mind. 5% betragen, damit das Oberflächenwasser rasch genug abfließen kann.

Mit den in diesem Kapitel beschriebenen Arbeiten sind nun die wichtigsten Schritte zur Trockenlegung der Grundmauern getan. Wenn Sie all dies sorgfältig ausgeführt haben, hat Ihr Haus an Wert gewonnen. Vom Bautechnischen her wurden damit entscheidende Voraussetzungen geschaffen, um auf lange Sicht vor den wohl gefürchtesten Bauschäden verschont zu bleiben. Vom Baubiologischen her wurden damit die wohnklimatischen Verhältnisse im Haus deutlich verbessert. Und nicht zuletzt werden teure Heizkosten gespart, denn ein feuchtes Haus verschlingt wesentlich mehr Heizungsenergie als ein trockenes.

Neben den aufwendigen Maßnahmen zur Trockenlegung der Fundamente sei auch noch auf die Unterstützung dieser Gegebenheiten durch weitere Maßnahmen hingewiesen. So schützt auch ein weit vorspringendes Dach, der Plattenweg ums Haus oder eine geschickte Bepflanzung vor Feuchtigkeit in unmittelbarer Nähe des Gebäudes.

DAS DACH

Die einfachste und älteste Form des Daches besteht aus tragenden Holzteilen, die mit möglichst dichten, wasserabweisenden Naturmaterialien gedeckt sind. Bis in die heutige Zeit haben sich dabei vor allem Dachziegel aus gebranntem Ton bewährt. Das ist gewiß auch dem Umstand zuzuschreiben, daß eine solche Dachhaut leicht verlegt werden kann.

Landschaftlich haben sich im Laufe der Jahrhunderte in Form und Farbe viele Besonderheiten herausgebildet. In letzter Zeit bemühen sich einzelne Dachziegelwerke wieder mehr, die örtlichen und traditionellen Eigenheiten der jeweiligen Landstriche nach Möglichkeit zu bewahren. In manchen Gegenden schreiben auch die Ämter bestimmte Dachdeckungsarten vor. Bevor Sie also einschneidende Veränderungen am Dach vornehmen, sollten Sie sich erst einmal nach den örtlichen Bestimmungen erkundigen.

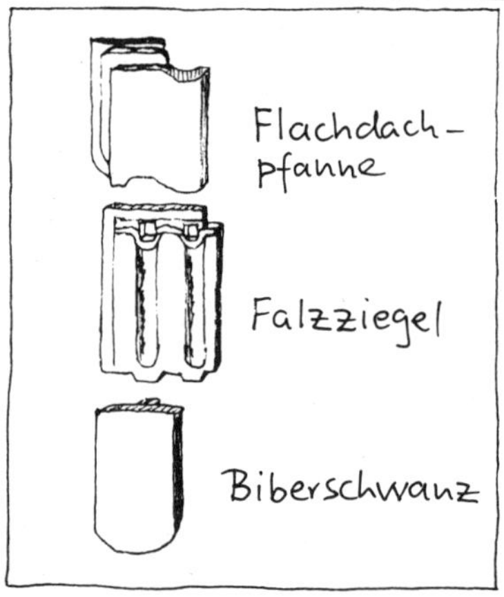

Dachziegel

Zur Zeit sind über vierzig verschiedene Ausformungen von Dachziegeln auf dem Markt. Die gebräuchlichsten davon: *Biberschwanz, Falzziegel,* und *Flachdachpfanne. Betonpfannen* kommen für den Altbau dagegen nur bedingt in Frage. Nicht selten wirken sie störend im harmonischen Bild einer Hauslandschaft. Noch weniger geeignet – vor allem aus gesundheitlichen Gründen – sind *Asbestzementplatten.*

Der Feinstaub der Asbestfaser wirkt bekanntlich krebserregend. Die Fasern werden nicht nur durch Verwitterung, sondern vor allem auch beim Schneiden der Platten freigesetzt. Besonders der Arbeiter ist also davon betroffen. Wer trotzdem mit Asbestzementplatten zutun hat, sollte beim Schneiden sicherheitshalber eine Schutzmaske tragen.

Auch zur Farbe der Dachhaut sollte man sich Gedanken machen. Das einheitliche Braun-Schwarz, das sich in unserer Dachlandschaft weitgehend durchgesetzt hat, hinterläßt einen eher tristen Eindruck. Es hat auch den Nachteil, daß im Winter der Schnee schneller abschmilzt; das Dach verliert somit eine wertvolle Wärmedämmung. Wie lebendig und abwechslungsreich wirken dagegen Dacheindeckungen mit alten Ziegeln, die unterschiedlich stark und aus verschiedenen Lehmsorten gebrannt wurden.

Neueindeckung des Daches

Vor jeder Dachsanierung muß die Dachkonstruktion genauestens untersucht werden (vgl. auch »Untersuchung der Bausubstanz«). Sie müssen wissen, ob das Tragwerk noch gesund ist. Eine hier nötig werdende Schadensbehebung sollte man dem Zimmermann überlassen. Leichtere Schäden an der Dachhaut können Sie dagegen jederzeit selbst beheben, sofern sich die Austauschziegel vom Dachraum aus einschieben lassen. Bei vereinzelten defekten Ziegeln ist also nicht gleich eine komplette Erneuerung der Eindeckung nötig. Bei genauem Hinsehen ließe sich diese vielfach länger hinauszögern, als dies heute üblich ist. Sinnvoll kann eine vorgezogene Neueindeckung allerdings dann sein, wenn der Dachraum ausgebaut bzw. wenn der Dachstuhl verschalt wird, weil man dann von innen her nicht mehr an die Eindeckung herankommt.

Zur Praxis

Die komplette Eindeckung eines Daches mit Ziegeln (auf andere Deckungsarten wie Stroh, Schiefer- oder Holzschindeln kann hier mangels Erfahrung nicht eingegangen werden) setzt keine besonderen handwerklichen Fähigkeiten voraus. Dafür müssen Sie aber schwindelfrei sein. Ebenso Ihre Helfer.
Arbeiten auf dem Dach wollen gut organisiert sein. Klären Sie zunächst, wie Sie die alten Platten wegschaffen können. Für den Abtransport des Abfalles eignet sich z.B. ein Anhänger gut, weil er überall dort hingezogen werden kann, wo man ihn gerade braucht. Oder Sie leihen sich einen Müllcontainer aus. Wir haben unsere alten Platten in große Schubkarren geworfen und mit den Scherben die morastigen Wege aufgefüllt.

Erneuerung der Dachlatten

Die Unterkonstruktion richtet sich nach der jeweiligen Art der Dachhaut. Schwere Dacheindeckungen benötigen einen stabilen Dachstuhl und kräftige Dachlatten. Die Stärke der Dachlatten richtet sich außerdem nach dem Sparrenabstand. Bei großen Sparrenabständen (75 cm und mehr) sind Latten mit einem Querschnitt von 40/60 mm zu bevorzugen, bei kleineren Abständen genügen 30/50 mm. Sämtliche Arten von Konstruktionshölzern beziehen Sie am günstigsten direkt vom Sägewerk.

Setzen der Dachlatten

Sofern Sie bei der Erneuerung der Eindeckung wieder mit dem alten Plattenformat arbeiten, ändert sich auch am Abstand der Dachlatten nichts. Ansonsten sind andere Lattenabstände nötig, die Ihnen der Baustoffhändler nennen kann. Im Zweifelsfall ermitteln Sie den Lattenabstand an einigen ausgelegten Plattenreihen.
Die erste Latte wird oben am First gesetzt, und

zwar einige Zentimeter unterhalb des Scheitelpunktes. Lassen Sie die Latten seitlich über den Dachrand hinausragen, später werden sie dann passend zugeschnitten. Um den Abstand zwischen den Latten jeweils exakt zu ermitteln, sind zwei Abstandhalter nötig, die Sie sich leicht selbst anfertigen können.

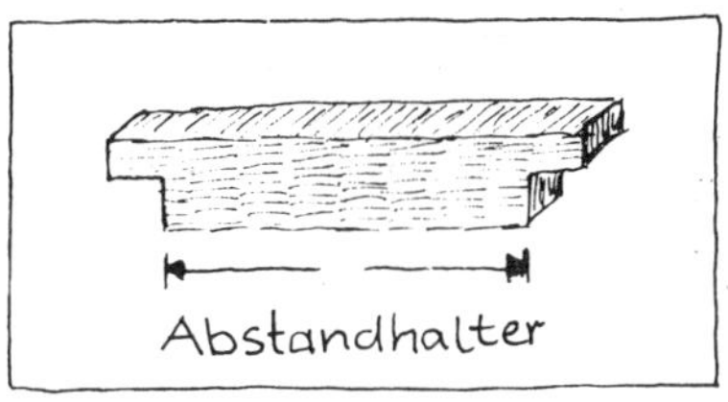

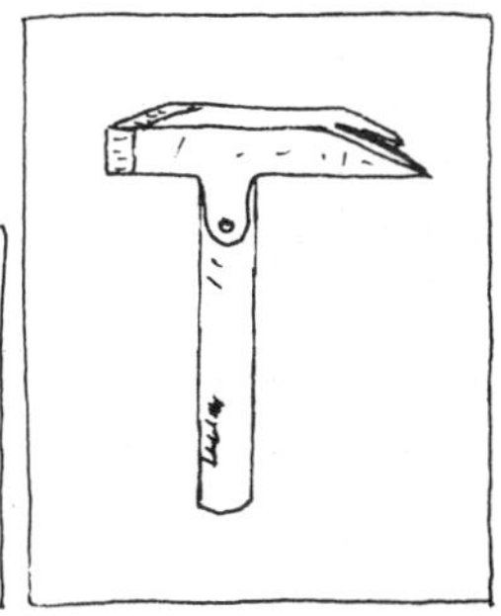

Ein weiteres nützliches Werkzeug ist der Latthammer, den man einfach mit der Spitze in den Sparren schlägt, wenn er nicht gebraucht wird – denn die Ablageflächen auf dem Dach sind rar! Verwenden Sie kräftige Nägel; 10 cm lang sollten sie für die stärkeren (40/60) Latten sein und 8 cm lang für die schwächeren (30/50).
Prüfen Sie vorsichtshalber den Lattenabstand immer zweimal nach. Hoffentlich geht das Maß an der Traufe unten gut auf. Dort ist eine zweite Latte nötig, um die letzte Plattenzeile abzustützen.

Das Dach wird gedeckt

Dachplatten sind heute gewöhnlich auf Paletten verpackt und werden bei größeren Abnahmemengen frei Haus geliefert.
Wie kommen die Platten nun aufs Dach? Bei mehrgeschoßigen Häusern hilft ein kleiner Rollenaufzug, wie er im Kap. »Gerüstbau« vorgestellt wird. Professioneller wäre natürlich ein Förderband oder ein spezieller Dachplattenaufzug.
Bei Häusern mit weit heruntergezogenem Dach kann man die Ziegel möglicherweise von einer erhöhten Plattform oder von einem Wagen aus hochreichen. Auf dem Land habe ich noch eine weitere Methode entdeckt, bei der die Platten einfach mit einer Mistgabel hochgeschleudert werden. Werfer und Fänger müssen hier allerdings gut eingespielt sein, sonst gibt's viel Bruch. Für den Umgang mit den scharfkantigen Ziegeln empfehle ich dicke Lederhandschuhe!

Zum Weitertransport der Platten oben auf dem Dach sind mehrere Helfer nötig. Beginnen Sie mit der untersten Zeile an der Traufe. An den Giebelseiten, dort wo die Latten noch nicht zugeschnitten sind, entscheidet die Unterkonstruktion darüber, wie weit das Dach überstehen kann. Schön wäre natürlich ein weit vorspringendes Dach. Wenn aber der Dachstuhl dafür nicht konzipiert ist, darf man den Latten allein keine allzu große Belastung zumuten. In diesem Fall wäre höchstens ein 1 bis 1¹/₂ Platten breiter Überstand zulässig.
Jetzt kann es vorkommen, daß Sie den einen oder anderen Ziegel zuschneiden müssen. Am schnellsten und einfachsten erledigt dies ein Winkelschleifer.

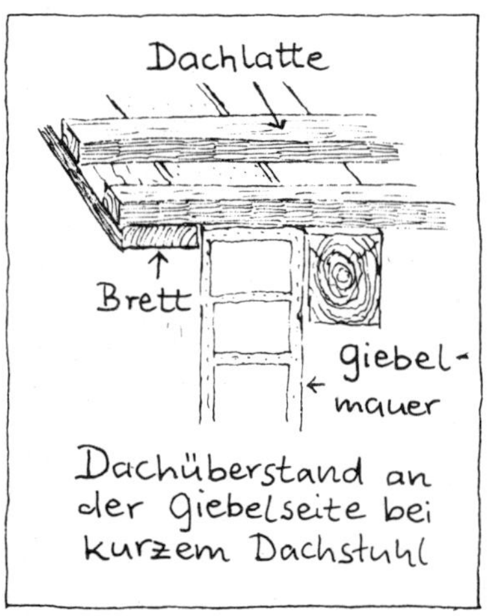

Dachüberstand an der Giebelseite bei kurzem Dachstuhl

Die Windbretter

Für den Dachhautabschluß an den Giebelseiten gibt es spezielle Steine, die die Unterkonstruktion überdecken. Wesentlich schöner wäre allerdings eine Verkleidung mit Windbrettern, wie sie zumindest im süddeutschen Raum lange Zeit Tradition waren. Die Konstruktion ist ganz einfach:

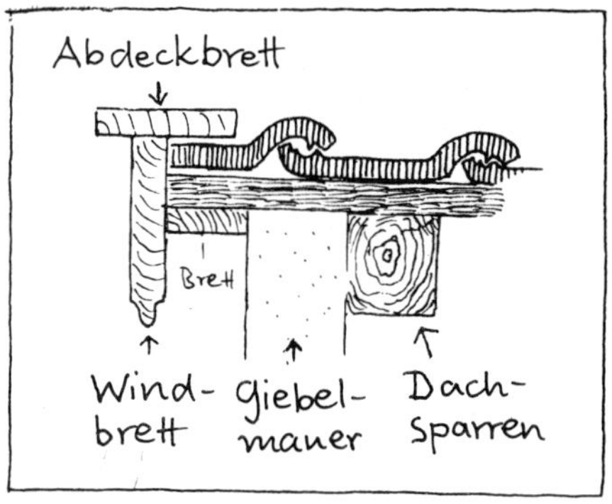

die Windbretter werden an der Stirnseite der Latten befestigt, auf die von unten sichtbare Seite der Latten werden ebenfalls Bretter genagelt. Und ebenso auf die Oberkante der Windbretter, als Schutz vor eindringendem Wasser. Verzinkte Nägel verwenden!

Die Dachreiter

Wenn Sie auf beiden Dachseiten die obersten Zeilen mit Platten verlegt haben, können Sie die Dachreiter setzen. Das sind jene halbzylindrischen Ziegel, die oben am First entlanglaufen. Den Vorschriften gemäß müßten die Steine in Kalkzementmörtel (Mischungsverhältnis 8:2:1/ Sand:hochhydraulischer Kalk: Zement) verlegt

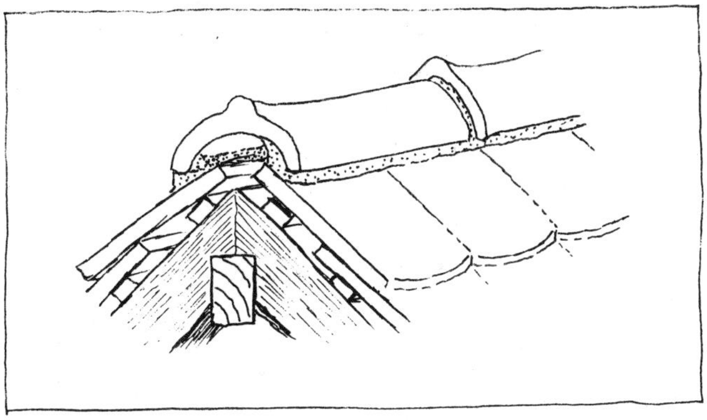

werden. Sie können dafür aber genauso gut eine Fertigmörtelmischung hernehmen; nur reiner Zementmörtel sollte es nicht gerade sein.
Steine gut vornässen, Mörtel sparsam verwenden, Fugen mit einer schmalen Kelle sauber verstreichen.
Für einige Arten von Dacheindeckung sind auch spezielle Firststeine erhältlich, die lediglich geklammert oder genagelt werden.
Jede Ziegeleindeckung ergibt ein bestimmtes Strukturbild, das von der jeweiligen Form der Dachziegel geprägt wird. Wo sich die Ziegel nicht durch entsprechende Falzen gegenseitig von selbst ausrichten, sollten Sie ab und zu eine Richtlatte an der senkrechten Fallinie ansetzen, um die Plattenstöße einheitlich auszurichten; sonst kann es vorkommen, daß die Reihen irgendwann einmal nicht mehr aufgehen (was viel Verschnitt gibt).
Beim Abschluß an der Traufe ist darauf zu achten, daß die Dachentwässerung über die Dachrinnen reibungslos ablaufen kann.

Die Dachentwässerung

Häufige Ursache für Putzschäden am Haus ist eine defekte Dachrinne. Sofern Sie ohnehin am Dach beschäftigt sind, können Sie auch gleich die Dachrinnen erneuern. Ohne Gerüst kann das freie Herumhantieren in schwindelnden Höhen allerdings gefährlich werden.

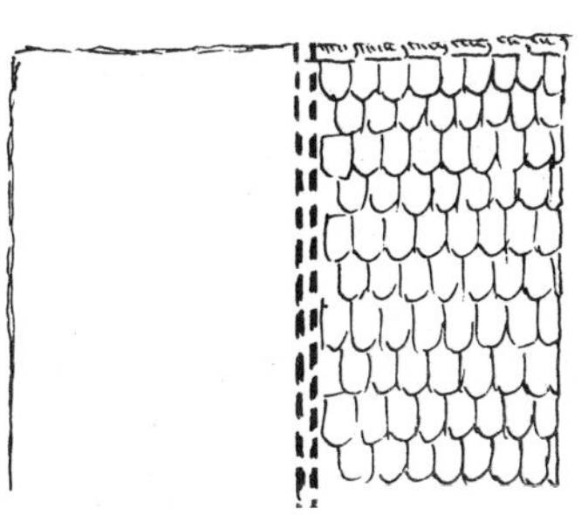

Ab und zu Richtlatte anlegen, um den senkrechten Verlauf der Fallinie zu überprüfen

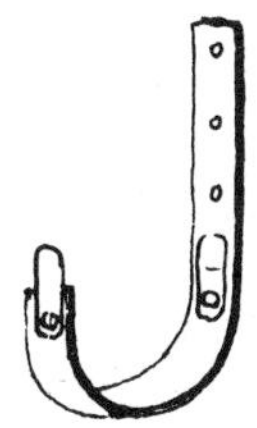

Rinneisen

Die Rinneisen

Dachrinnen werden normalerweise von Rinneisen gehalten, die an die Sparren geschraubt oder genagelt sind. Müssen die Rinneisen erneuert werden, ist darauf zu achten, daß die Dachrinne ein Gefälle zum Ablauf hin bekommt.

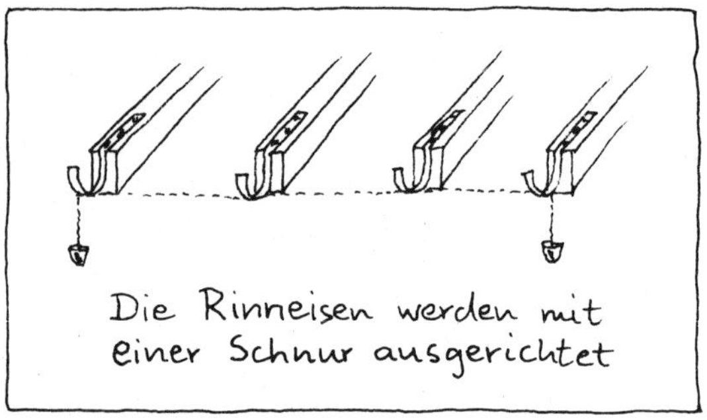

Am besten spannen Sie eine Schnur zwischen den beiden äußersten Gliedern, um das Gefälle festzulegen.

Die Dachrinnen

Für neue Dachrinnen stehen dem Selbermacher verschiedene Materialsorten zur Verfügung. An oberster Stelle wäre die Kupferdachrinne zu nennen; sie ist schön und dauerhaft, aber auch teuer. Am gebräuchlichsten dürften allerdings nach wie vor verzinkte Dachrinnen sein. Daneben gibt es noch komplette Bausätze aus grauem oder kupferbraunem PVC, die nur zusammengesteckt werden müssen und sich deshalb leichter verlegen lassen. Metallrinnen müssen dagegen an ihren Stößen vernietet werden, was die Sache verkompliziert. Nur wer die nötige Erfahrung und das Werkzeug dazu hat, sollte sich an diese Aufgabe wagen.

Mit der Eindeckung und Entwässerung des Daches sind die wichtigsten Vorkehrungen getroffen, um ein Haus gegen Witterungseinflüsse von oben zu schützen. Bei der einfachen Form der Dacheindeckung bleibt der Kälte- bzw. Wärmeschutz unberücksichtigt, weshalb die oberste Geschoßdecke in diesem Fall eine gute Wärmedämmung erhalten müßte.

Dacheindeckung für den nachträglichen Dachausbau

Sobald Sie planen, irgendwann einmal den Dachboden auszubauen, sollten Sie beim Dacheindecken gleich einen anderen Aufbau wählen, wie er heute auch bei Neubauten üblich ist. Dabei

wird zunächst einmal das ganze Dach mit Brettern, Spanplatten o.ä. verschalt. Die fertige Schale bildet dann eine geschlossene Hülle auf dem Haus. Auf die Bretter kommt eine Lage Dachpappe (auch sog. Unterspannbahnen aus Kunststoff sind hier zulässig), waagrecht verlegt und mit großzügiger Überlappung an den Stößen. Eigentlich könnten darauf dann gleich die Dach-

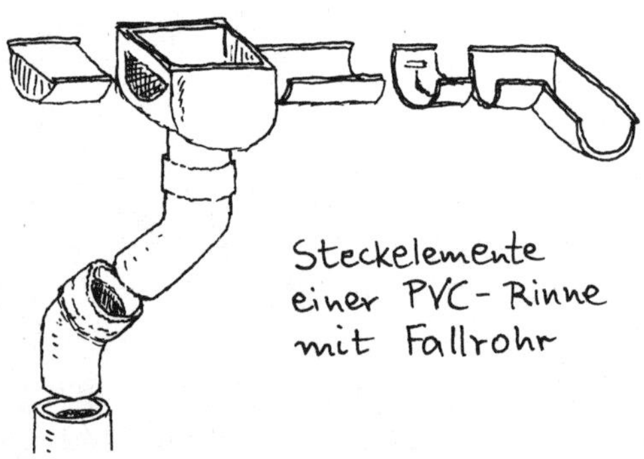

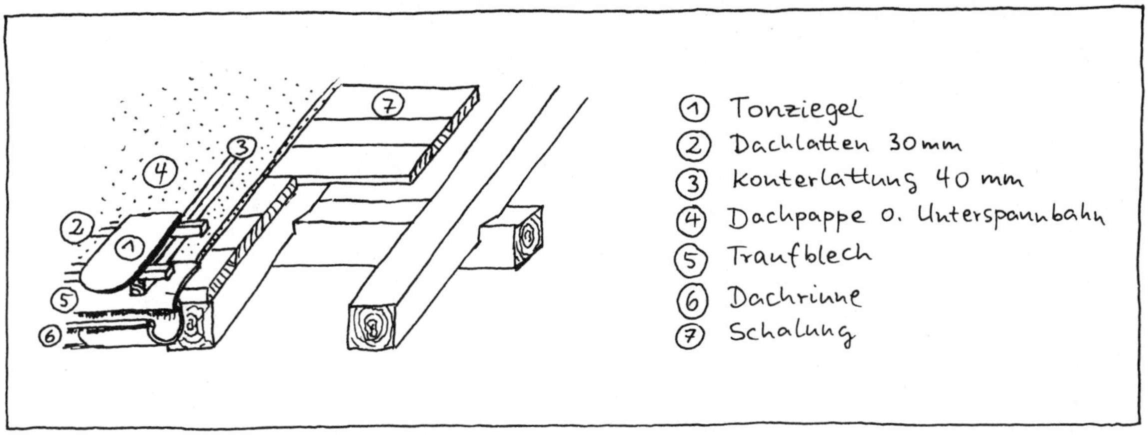

latten befestigt werden, wenn nicht eine Bestimmung bestehen würde, die fordert, daß die Dachhaut durch eine frei zirkulierende Luftschicht hinterlüftet sein muß (an Entlüftungsziegel für den Luftein- und Austritt denken). Deshalb ist auf der Dachpappe erst einmal eine Konterlattung anzubringen, und zwar im Verlauf der darunterliegenden Sparren. Der weitere Aufbau entspricht dann demjenigen des einfachen Ziegeldaches.

Wärmeschutz unterm Dach

Wichtigster Schritt beim ausgebauten Dach ist die verbesserte Wärmedämmung. Hierfür kommen hauptsächlich zwei Methoden infrage: Einmal die Dämmung *zwischen den Sparren* (sowie unter den Sparren, falls die Dämmstärke zwischen den Sparren nicht ausreicht) und die Dämmung *oberhalb der Sparren*. Für letztere Lösung werden häufig fertige Dämmsysteme eingesetzt: z. B. großformatige Polyurethandämmplatten (siehe dazu »Wärmedämmung«). Die Vorteile der Dämmung oberhalb der Sparren: durchgehend dichte Dämmhülle, sichtbare Sparren im Dachraum (auf chemischen Holzschutz kann hier wegen Kontrollierbarkeit der Balken verzichtet werden).

Die Dämmung *zwischen den Sparren* ist aber die gebräuchlichere Methode. Nicht zuletzt deshalb, weil sie sich für den Selbsteinbau sowie für Alt- und Neubau gleichermaßen bestens eignet. Die Arbeiten können vom Dachraum aus erfolgen, das Dach muß nicht abgedeckt werden.

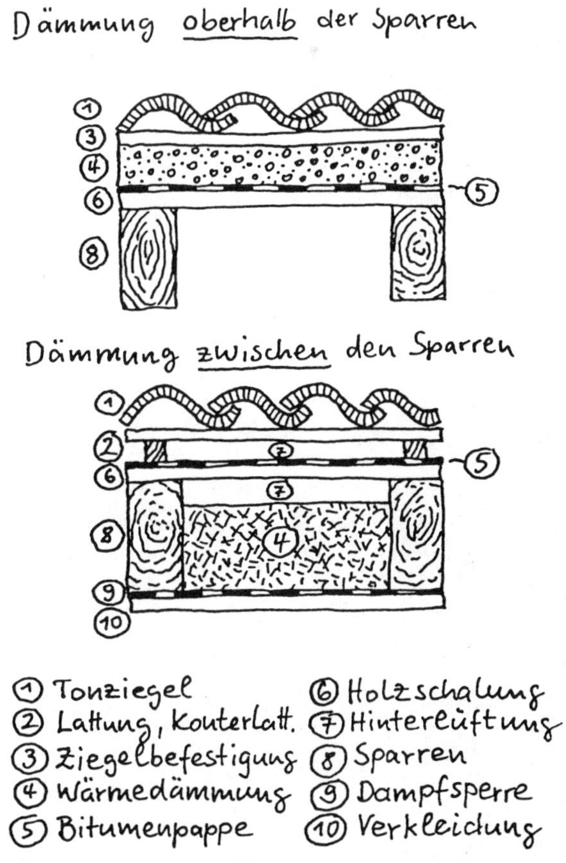

Gleichwie der Dachaufbau konstruiert ist – ob mit einer Gitterfolie als Unterspannbahn oder einer Dachschalung (überdeckt mit Dachpappe) – die im Folgenden dargestellte Dachdämmung ist die wohl am häufigsten praktizierte Lösung. Als Material für die Dämmung zwischen den Sparren wählen wir sog. Dämmkeile aus Mineralwolle. Die aus feinen Fasern gepreßten Platten sind keilförmig, um an den Stosskanten ein besseres Verfilzen untereinander zu erreichen. Rundum sollen die Platten dicht abschließen. Nur so kann die volle Dämmwirkung gewährleistet werden! Wo hingegen Zugluft durch Fugen und Ritzen pfeift, reduziert sich die Dämmleistung sofort drastisch. Außerdem lassen Bauschäden infolge von Tauwasserdurchnässung nicht lange auf sich warten.

Beim Einbau der Dämmkeile ist darauf zu achten, daß

- die Platten *dicht* an die Sparren und Plattenstösse anschließen,
- die Platten bei Anschlüssen an Wände und Böden, Dachfenster, Schornstein, Rohre etc. *dicht* angepreßt werden,
- zwischen Oberkante Dämmung und Dach bzw. Dachschalung oder Gitterfolie ein Durchlüftungsraum zum Dach von 4 cm bestehen bleibt.

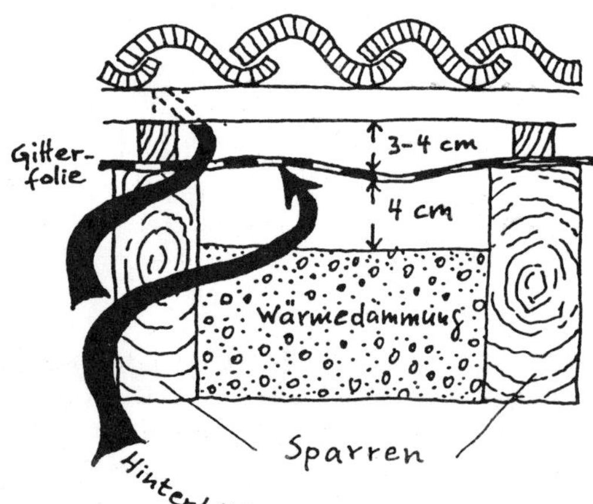

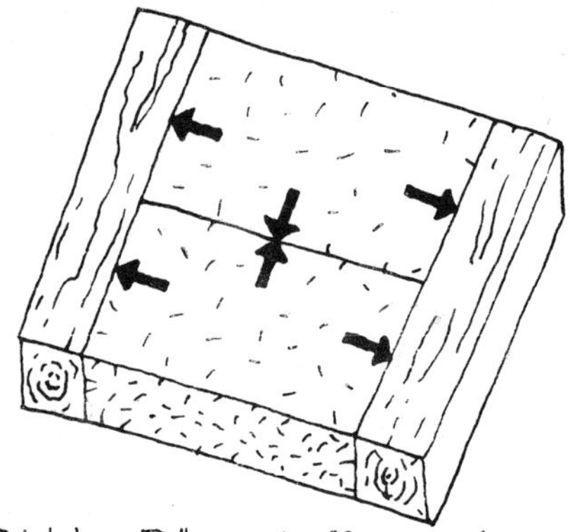

Dichte Dämmstoffanschlüsse

Dämmstoffdicke

Das Mindestmaß für die Dicke der Dämmschicht beträgt 12 cm. Damit genügt man der derzeit gültigen Wärmeschutzverordung. Besser sind 14 cm, doch erst ab 20 cm Dicke nähert man sich dem Standard von sog. Niedrigenergiehäusern. In Skandinavien sind 30 cm dick gedämmte Dächer schon keine Seltenheit mehr. Wer für die Zukunft baut, sollte Dämmstärken von mindestens 20 cm Dicke anstreben (»Schweden-Norm«).

Abhängig ist die Wahl der Dämmstoffstärke nicht zuletzt davon, wieviel Raum zwischen den Sparren zur Verfügung steht bzw. wie hoch die Sparren sind (zusätzlichen Raum für die Hinterlüftung nicht vergessen!). Mehr als 12–14 cm stehen meist nicht zur Verfügung.

Deshalb wird eine zweite Dämmebene nötig. Dazu müssen erst einmal Latten waagrecht zu den Sparren aufgeschraubt werden. Zwischen diesen sog. Distanzlatten wird dann die zweite Dämmstoffschicht eingepreßt, auch hier nach Möglichkeit Dämmkeile. Werden Latten z. B. mit Querschnitt 3/5 cm hochkant verwendet, passen dazwischen 5 cm starke Dämmplatten. Mit den Latten und unterlegten Keilen lassen sich auch windschiefe Sparren ausgleichen. Nur so ergibt sich eine exakt ausgefluchtete Ebene, auf die Sie später die Verkleidung montieren können.

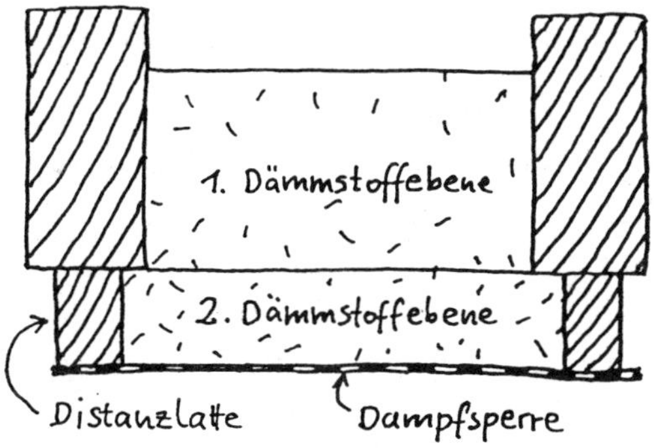

Dampfsperre
Über die gesamte Dämmebene wird nun eine Folie gespannt. Dazu eignen sich PE-Folien, wie sie auch zur Bauabdeckung (z. B. bei Malerarbeiten) verwendet werden. Wegen Rissegefahr nicht zu dünne Folien wählen. Die Folie hat hauptsächlich zwei Funktionen:

1. Sie soll das Eindringen von raumseitig anfallendem Wasserdampf in das Dämmaterial verhindern.
2. Sie soll die Konstruktion winddicht abschließen, um unnötige Wärmeverluste durch Ritzen und Löcher zu vermeiden.

An den Stössen die Folien mindestens 10 cm überlappen lassen und mit einem Kunststoff-Klebeband (Verpackungsbedarf) überkleben. Besondere Sorgfalt bei Anschlüssen zu Wand und Boden walten lassen. Folie über die Ränder stehen lassen. Randstreifen an Wand und Boden antackern oder bei glatten Flächen mit Klebstreifen anheften. Anschließend Verkleidung (Platten oder Bretter) dicht an den Rändern anstehen lassen, damit die Randstreifen der Folie eingequetscht werden. Eventuell überstehende Folie mit scharfem Teppichmesser abtrennen.
Man kann die Folie an den Rändern auch mit Leisten befestigen, muß dabei aber berücksichtigen, daß die Leisten nicht beim weiteren Ausbau stören. Ebenso sorgfältig wie die Wand- und Bodenanschlüsse sind auch die Anschlüsse an Dachfenstern, Schornsteinen, Leitungsrohren etc. auszuführen.

Verkleidung
Die gängigsten Verkleidungsmaterialien für den nachträglichen Dachausbau sind Gipskartonplatten und Profilbretter.
Gipskartonplatten haben den Vorteil, daß sie eine absolut geschlossene Wandfläche ergeben. Eine eventuelle Belastung der Raumluft mit Feinstfasern der Wärmedämmung ist somit ausgeschlossen. Für Dachschrägen sollte man die 2 cm dicken Platten statt der 12,5 mm starken Standard-Ausführung bevorzugen. Mehr Masse bedeutet sowohl besseren Schallschutz wie größere Wärmespeicherfähigkeit. Letztere Eigenschaft wirkt sich ingesamt auf das Wohnklima im Dachgeschoß ausgleichend aus. (Anleitung zum Verlegen der Gipskartonplatten siehe »Innenwände«).
Beim Verlegen von Profilbrettern sind bezüglich Unterkonstruktion weitere Ausbauschritte nötig: Damit die Profilbretter waagrecht verlegt werden können, muß auf die Unterlattung senkrecht eine weitere Lattung aufgeschraubt werden. Beim Aufbringen der Lattung bietet sich nochmals die Gelegenheit, unebene Untergründe mit verschieden starken Keilen auszugleichen. Genauso wichtig ist auch das Einmessen der Wandhöhe von der Boden- bis zur Deckenkante an mehreren Punkten. Werden hier Unregelmäßigkeiten nicht exakt ausgeglichen, muß später das Schlußbrett der Länge nach keilförmig zugeschnitten werden, was wenig professionell aussieht. Eine ebenso knifflige Stelle ist der Knickpunkt zwischen Kniestock und Wandschräge. Auch an dieser Stelle zeigt sich sofort, ob sorgfältig vorgeplant wurde oder nicht.
Die Profilbretter werden am einfachsten mit einem Tacker befestigt. Es gibt aber auch Befestigungssysteme mit Metallkrallen. Solche Verbindungen sind entschieden stabiler.
Falls eine Oberflächenbehandlung für die Bret-

ter gewünscht wird, müssen die Bretter noch *vor* den Verlegearbeiten gewachst, lasiert oder lakkiert werden (siehe dazu auch »Holzschutz«).

Baubiologischer Dachausbau

Der oben beschriebene Dachausbau ist baubiologisch gesehen sicher keine ideale Lösung, dafür aber bauphysikalisch und ökologisch (hoher Dämmwert = Umweltschutz!) einwandfrei. Statt PE-Folie bevorzugen Baubiologen Papierbahnen und statt Mineralfasern Kork-, Kokoswolle- oder Isofloc-(Zellulose)Dämmstoffe. Dampfbremsen (Folien) sind verzichtbar – wann aber dies möglich ist, kann nur der Fachmann aufgrund der bauphysikalischen Gegebenheiten entscheiden.

Zu den baubiologischen Dämmstoffen ist folgendes zu sagen: Korkplatten sind aufgrund ihrer relativen Starrheit schwierig einzubauen, Isofloc ist nicht selbstbaugeeignet (muß im »Einblasverfahren« eingebracht werden). Kork und insbesondere Kokosfasern haben ihren Preis, insbesondere wenn man einen Dämmwert erzielen will, der zeitgemäßem Umweltschutz entspricht.

Wer Mineralfasern selbst verlegt, sollte unbedingt die Verarbeitungshinweise im Kap. »Wärmedämmung« beherzigen. Bei Beachtung dieser Sicherheitsregeln können Mineralfasern als Dämmstoff empfohlen werden.

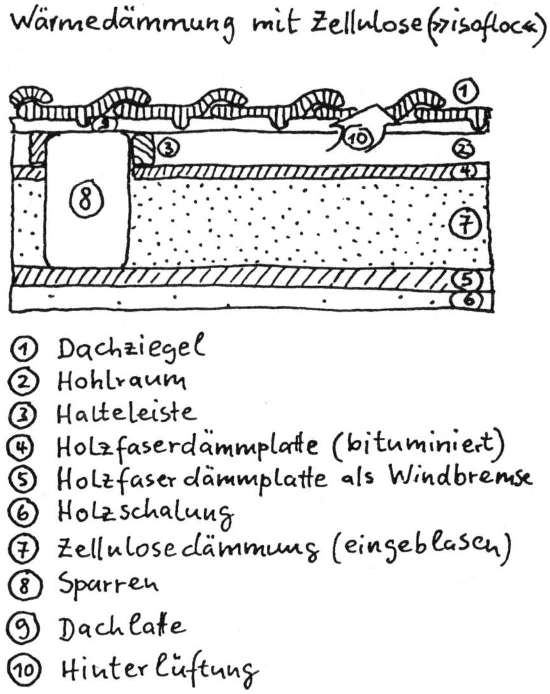

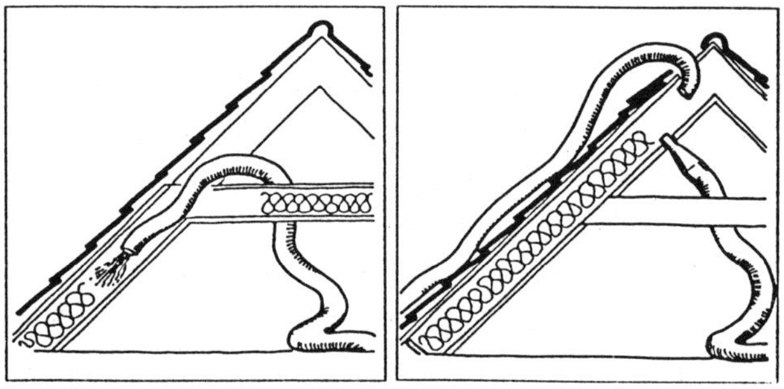

DAS
GERÜST

Der Gerüstbau gehört eigentlich nicht zum Themenkreis »natürliches Bauen«. Nachdem diese Arbeit aber bei der kompletten Haussanierung mit großer Wahrscheinlichkeit anfällt, sei sie der Vollständigkeit halber hier beschrieben.

Das Material

Gerüste werden heute vorwiegend mit Stahlrohrrahmen erstellt. Verschiedene Firmen haben sich auf solche Arbeiten spezialisiert. Von denselben Firmen wie auch von einigen Maurerunternehmern werden auch komplette Gerüstbausätze verliehen.

Wer sich ein Gerüst selber aufstellen will, sollte sicherheitshalber einen Fachmann hinzuziehen (Maurer oder Maler). Dies gilt auch für die Verwendung von Holzgerüsten, wie sie heute noch vorwiegend auf dem Land gebräuchlich sind. Hier besteht vielleicht die Möglichkeit, zu besonders günstigen Bedingungen an eines der oft abenteuerlich anmutenden Holzgerüste zu kommen, die im Frühjahr gewöhnlich von Baustelle zu Baustelle wandern.

Für den Bau eines Holzgerüstes benötigen Sie möglichst gerade gewachsene Stämme, die schon etwas abgelagert sein sollten. Dadurch reduziert sich das Holzgewicht, was das Aufstellen erleichtert.

Als Laufstege dienen Bretter; günstiger noch wären kräftige Bohlen, weil Sie dann die Abstände zwischen den einzelnen Stangen größer halten können. Auf diese Weise können Sie Rüstmaterial einsparen.

Das meiste Holz wird beim zweireihigen Gerüst benötigt, einem System, das sozusagen auf zwei Beinen steht und dadurch mehr Standsicherheit bietet. Möglich wäre auch das einreihige System, das sich an die Hauswand lehnt und dort auch verankert werden muß. Ich beschränke mich hier auf den Zweireiher, weil er im Aufbau etwas einfacher ist.

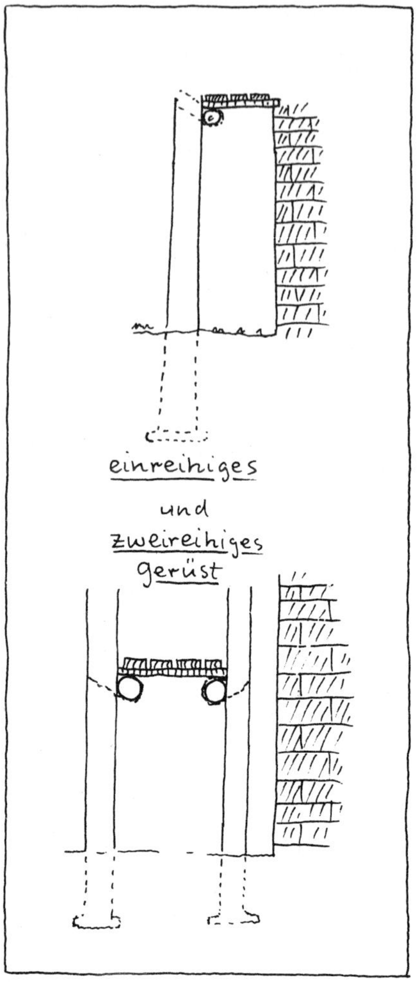

Gerüststangen

Als erstes müssen die senkrechten Stangen, vielerorts auch Säulen genannt, gesetzt werden. Am besten zeichnen Sie sich zunächst einmal die Standorte der Stangen am Boden an. Von den Mauern weg hat die erste Reihe einen Abstand von etwa 30 cm und die zweite einen von 130 - 180 cm (je nach Gerüsthöhe). Der Abstand in der Längsrichtung beträgt 250 - 400 cm.

Die Stangen müssen etwa einen Meter tief in der Erde vergraben werden. Zum Ausschachten der Löcher gibt es spezielle zangenförmige Schaufeln; modern ausgerüstete Bauern können eventuell sogar mit einem vom Traktor aus betriebenen Erdbohrer aufwarten. Der bescheidene

Selbermacher begnügt sich stattdessen mit einem einfachen Spaten.
Zum Aufstellen der Stangen sind mindestens zwei Leute nötig. Schneller und leichter geht dies z.B. mit Unterstützung eines Frontlader-Traktors. Die Stangen müssen gegenseitig ausgerichtet werden, mit leichter Neigung zum Haus hin, ohne jedoch das Mauerwerk zu berühren. Dann füllen Sie die Löcher jeweils zu und stampfen die Erde gut fest.

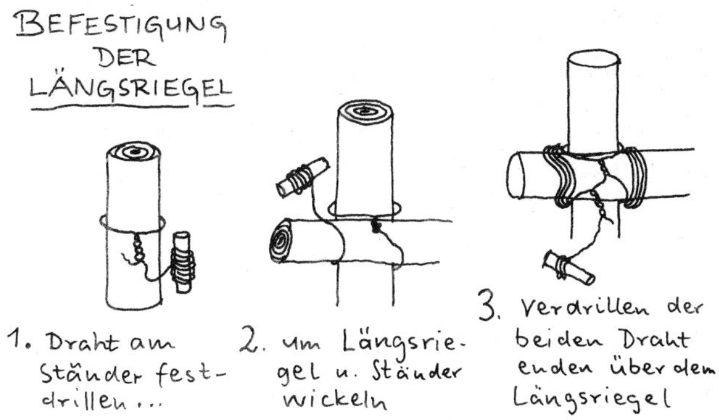

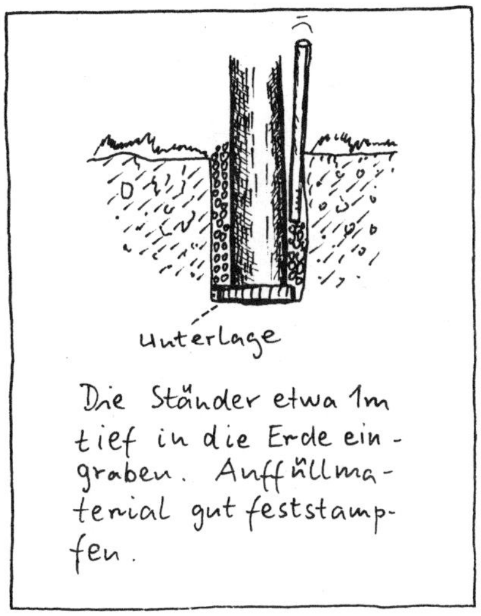

Gerüstketten

Jede Gerüstkette ist mit einer Platte versehen, deren Haken in den Ständer eingeschlagen wird. Die Kette von unten nach oben um den Längsriegel legen, zurück um den Ständer und wieder um den Längsriegel herumführen und dann straff am Schloß einhängen. Gebrauchte Ketten sollten Sie sich sehr genau ansehen, damit es nachher keine bösen Überraschungen gibt!
Wird ein Haus ringsum eingerüstet, müssen die einzelnen Gerüstfronten an den Ecken miteinander gekoppelt werden. Dadurch kann dann das Gerüst nach keiner Seite mehr ausbrechen.

Längsriegel

Als nächstes kommen die Längsriegel dran, welche die Ständer untereinander verbinden sollen. Befestigt werden sie entweder mit einem Rödeldraht (∅ 3 mm, keinen Zinkdraht verwenden, er wäre zu starr) oder – was die Arbeit wesentlich beschleunigt – mit speziellen Gerüstketten, die Sie sich beim Bauunternehmer ausleihen können. Die Höhe der einzelnen Gerüstetagen ist so auszulegen, daß Sie den gesamten Wandbereich eines Stockwerkes, notfalls noch mit einem Bierkasten als Podest unterstützt, mit der Hand erreichen können (wichtig vor allem beim Verputzen und Malen).

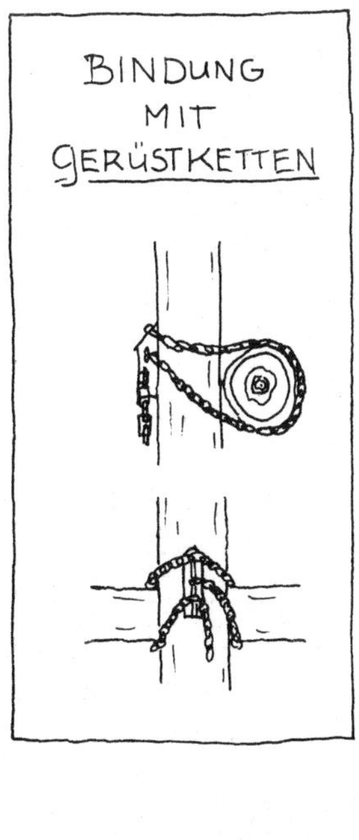

Querriegel

Über die Längsriegel legen Sie nun die kürzeren Querriegel, die mit etwas Rödeldraht oder ein paar Nägeln vor dem Verrutschen gesichert werden. Über den Querriegeln liegen dann die Laufbretter, die ebenfalls mit Nägeln befestigt werden sollen.
Achten Sie vor allem auch darauf, daß die Bretter an den Stößen unterlegt sind, damit sie nicht wippen können.

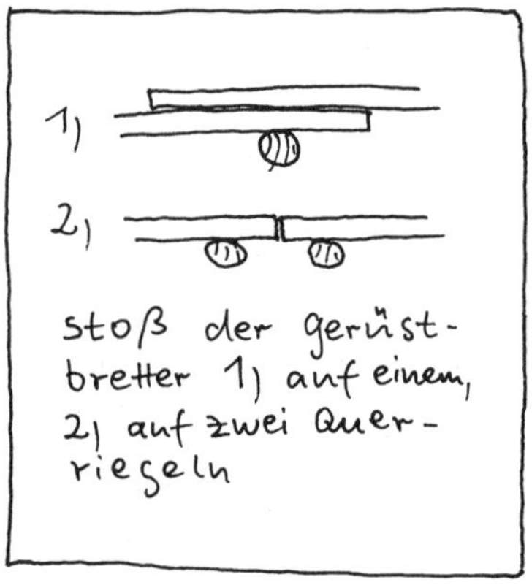

Ist die erste Etage fertig, geht's von dort aus ins darüberliegende Stockwerk. Je nach Gerüsthöhe benötigen Sie eine Anzahl Leitern als Aufstiegshilfe. Notfalls kann man diese selbst anfertigen; sie sollten dann aber zuverlässig funktionieren und zur Sicherheit am Gerüst befestigt werden.
Weitere Sicherheitsmaßnahmen:

1. Gegen ein seitliches Ausbrechen ist das Gerüst mit diagonal laufenden Brettern oder Stangen zu verstreben.

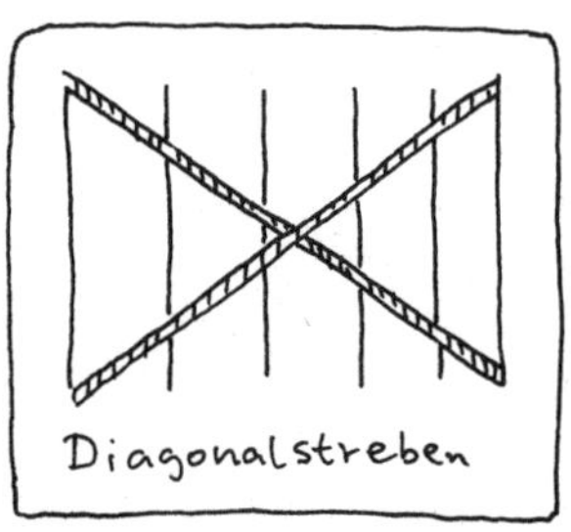

2. Gegen ein Wegkippen nach hinten ist es mit Schubstangen zu stützen. Diese werden in die Erde gestellt oder am Boden verkeilt und mit dem jeweiligen Eckständer verkettet. Dies gilt vor allem dann, wenn nur eine Hausseite eingerüstet wird.

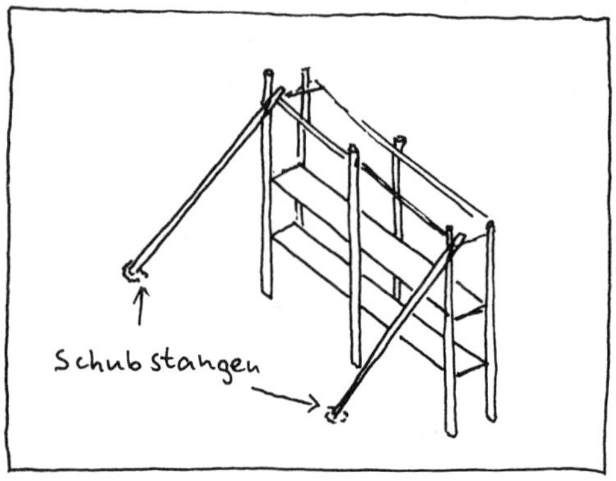

3. Seitlich an den Laufbohlen angebrachte Bretter sollen verhindern, daß Schutt oder Werkzeug übers Gerüst hinausfällt.
4. Sowohl für den seitlichen Abschluß an Leitern wie auch am Gerüst selbst sind Schutzgeländer aus Holmen oder Brettern zwingend vorgeschrieben.

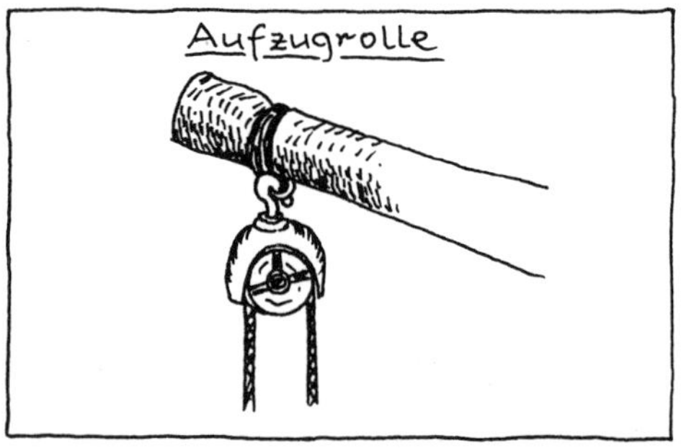

Für den Materialtransport genügt normalerweise ein kleiner Rollenaufzug, der an einem Querbalken mit Draht oder mit einer Kette befestigt wird.
Abgebaut wird das Gerüst in umgekehrter Reihenfolge, und zwar von oben nach unten. Die Stangen bekommen Sie am leichtesten aus der Erde (ohne daß aufgegraben werden muß), indem Sie die Stangen ein paar Mal hin- und herwippen und dann mit einem Riegel heraushebeln.

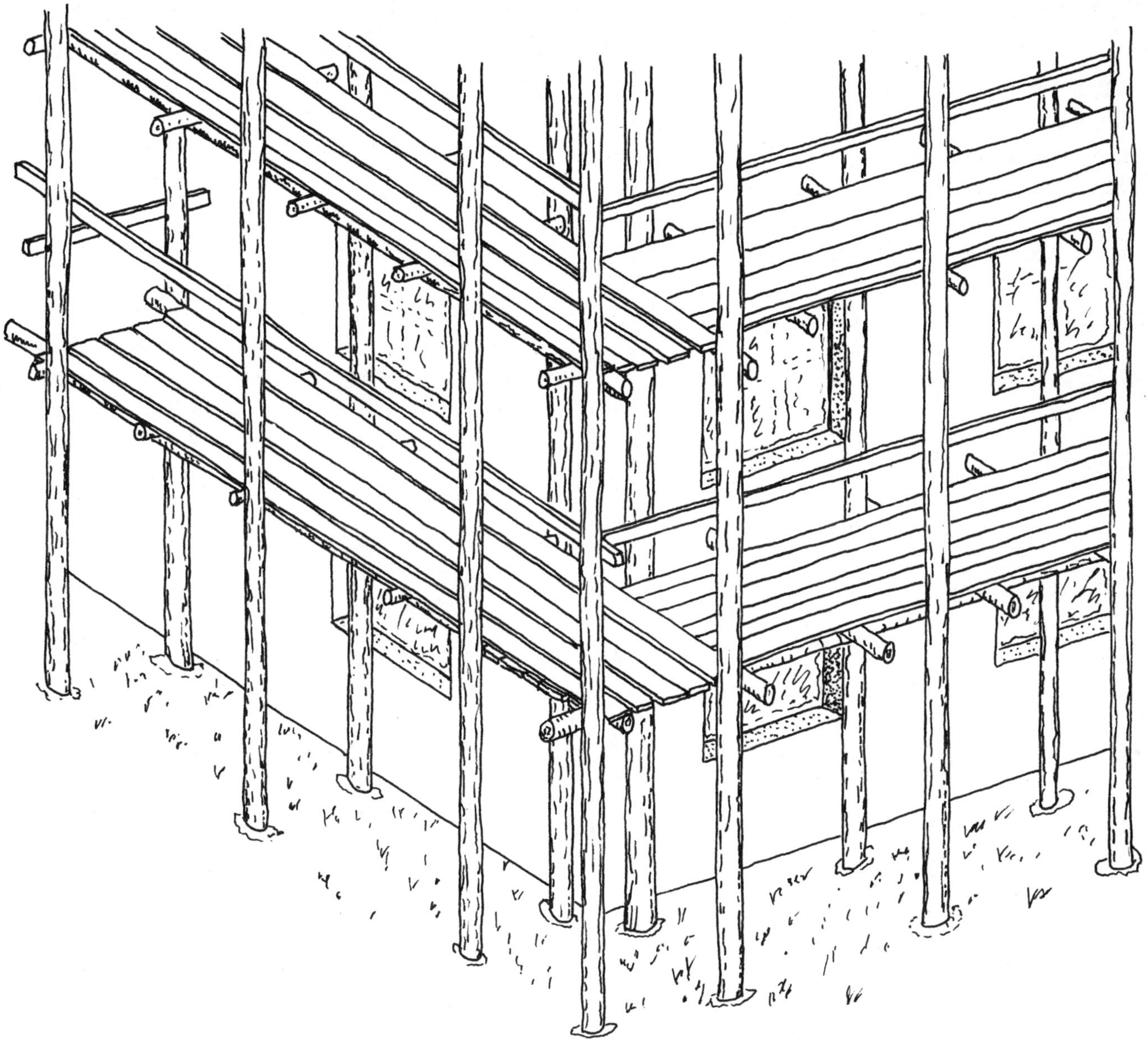

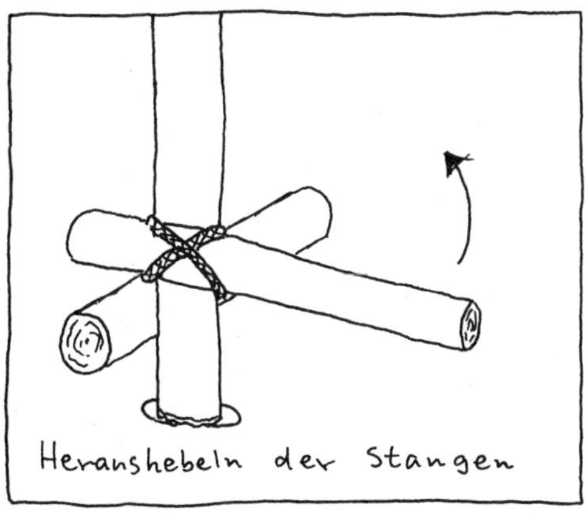

Ständer: an der obersten Verbindungsstelle mit dem Längsriegel min. 8 cm ∅

Längsriegel: Höhenabstand weniger als 4 m/Mindest∅ 11 cm

Querriegel: Abstand der Querriegel voneinander ca. 1 m/∅ ca. 10 cm

Kleines Montagegerüst

Manchmal ist ein stationäres Gerüst nicht unbedingt erforderlich, z.B. bei sehr niederen Häusern in Flachbauweise. In einigen Fällen kann die volle Einrüstung der Fassade sogar regelrecht hinderlich werden, z.B. wenn man die Wände mit sehr langen Brettern verkleiden will.

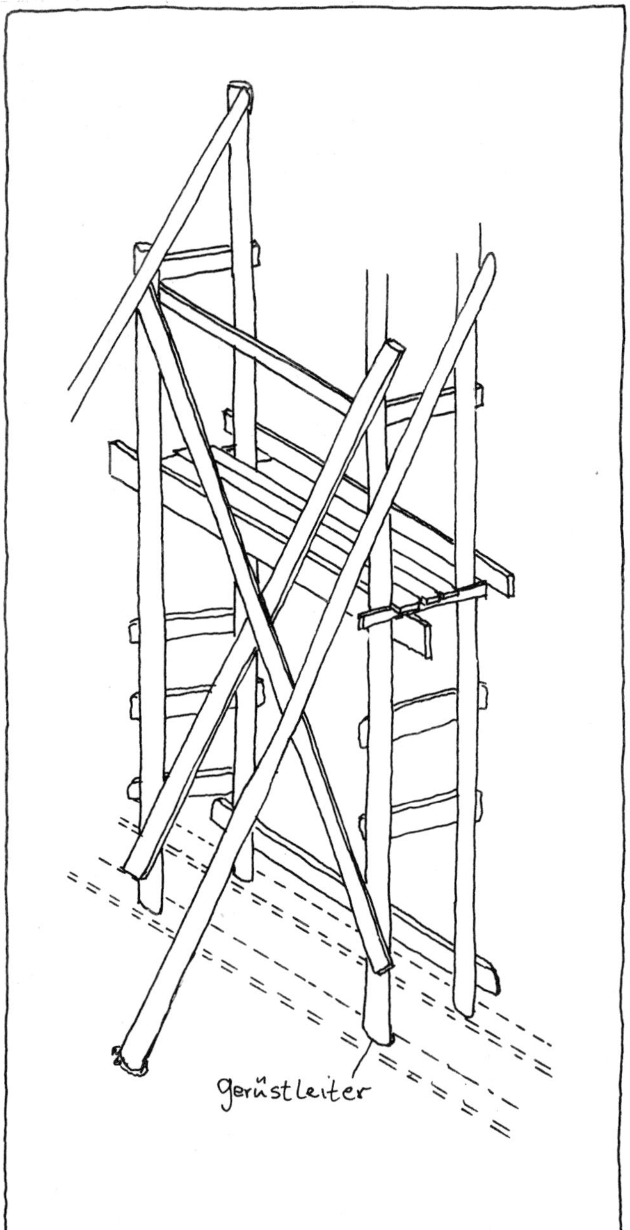

In solchen Situationen wäre es ungeschickt, mit Hilfe langer Leitern in höheren Regionen herumzuwerkeln. Akrobatische Experimente dieser Art sehen nicht nur gefährlich aus – sie können auch böse enden! Mit einem selbstgezimmerten Montagegerüst, das wie eine transportable Arbeitsbühne gehandhabt wird, kann man dagegen auf sicherem Stand Arbeitshöhen bis 4,5 m erreichen.

Solch ein Montagegerüst wird aus einigen Fichtenstämmchen, Brettern und Latten zusammengebaut (Geheimtip: Bei Besitz eines Bezugsscheines kann man sich Stangenholz bis 10 cm ∅ kostenlos aus jedem Staatswald organisieren). Daraus nageln Sie sich zunächst zwei Gerüstleitern zurecht. Die Leitern werden wiederum mit Brettern verbunden, sodaß eine Arbeitsplattform entsteht.

Schließlich sind noch Kreuzverstrebungen nötig, damit das Gerüst nicht plötzlich zusammenklappt. Und ein Geländer für die obere Plattform, damit Sie auch an einem Pechtag nicht herunterfallen können.

Hoffentlich ist das Gerüst jetzt noch leicht genug, damit es ohne fremde Hilfe aufgestellt werden kann. Wenn man kleine Bretter an die Füße der Ständer nagelt, läßt es sich auf ausgelegten Brettschienen wie ein Schlitten hin- und herschieben. Das Gerüst sollte immer mit kleiner Neigung zum Haus stehen. Falls Sie oben auf der Plattform ein wackeliges Gefühl in den Knien haben, ist noch eine zusätzliche Sicherung mit Schubstangen ratsam.

DER AUSSENPUTZ

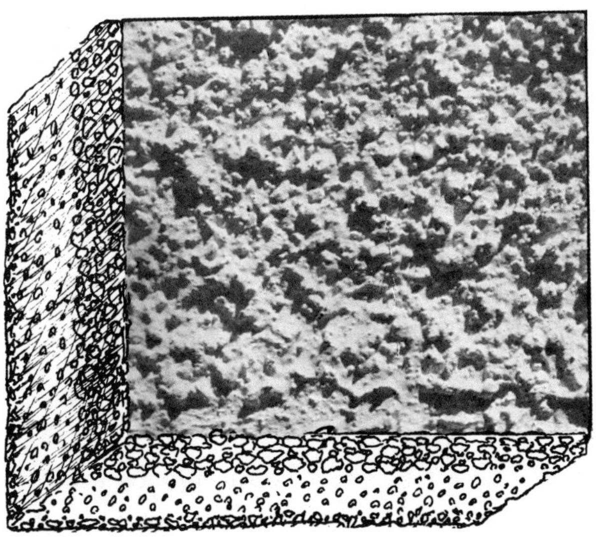

Die meisten Arten von Hauswänden würden, im Rohbau belassen, durch die wechselhaften klimatischen Bedingungen sehr schnell verschleißen. Deshalb benötigen sie eine Schutzhaut. In klimatisch ungünstigeren Lagen werden dafür Vorsatzschalen aus Klinkersteinen, Holz oder anderen regendichten Materialien bevorzugt.

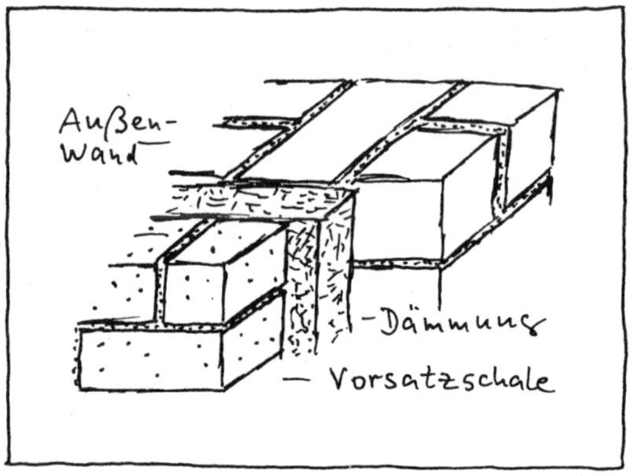

In gemäßigten Zonen ist dagegen der Putz die am meisten verbreitete Mauerverkleidung. Da alle Putzarbeiten eine dichte Hülle um die Mauern bilden, muß gerade der Außenputz hohe Anforderungen erfüllen:

1. Er soll vor Durchfeuchtung (vor allem bei Schlagregen) schützen
2. Hohe Kälte- und Wärmespannungen sind zu überbrücken (der Putz muß elastisch sein)
3. Die einzelnen Putzschichten müssen atmungsaktiv sein, damit Gase und Dämpfe aus den Wohnräumen ausdiffundieren können
4. Der Putz soll rasch Feuchtigkeit aufnehmen und abgeben können, damit die Feuchtigkeitsdifferenz zwischen Innen- und Außenluft jederzeit ausgeglichen wird
5. Putz und Mörtelfugen, durch die sich vorwiegend die Maueratmung vollzieht, sollen Verunreinigungen aus der Luft absorbieren können (Filterfunktion)

Nur eine gut aufeinander abgestimmte und wohl dosierte Putzmischung kann all diese Aufgaben erfüllen. Gerade bei der Wahl der Bindemittel sollten Sie deshalb sehr kritisch sein.

Vorbereitungen zum Verputzen

Zunächst muß erst einmal entschieden werden, ob der alte Putz erneuerungsbedürftig ist. Manchmal genügt es, bei einem sonst noch gesunden Kalkputz einige Stellen auszubessern.
Eine Totalerneuerung lohnt sich eigentlich nur, wenn der Putz schon mürbe und bröselig geworden ist, oder wenn er Blasen bildet (Klopfprobe machen) und sich in Platten von der Wand löst. Ein dauernd durchfeuchteter Putz könnte auch ein Zeichen für eine falsche Mörtelwahl sein, falls nicht andere Fehlerquellen am Gebäude dafür verantwortlich sind.
Wenn Sie sich für einen Neuputz entschieden haben, müssen die Wände zunächst gründlich von alten Putzschichten befreit werden. Verschiedene Methoden bieten sich hier an: am schnellsten läßt sich alter Putz gewöhnlich mit einem beilähnlichen Hammer (mit stumpfer Schneide) abklopfen. Ich habe auch schon Maurer mit Pickel, Schaufel oder mit dem Preßlufthammer herumhantieren sehen. Letztlich kommt es auf die Beschaffenheit des Putzes an, welche Methode am ehesten Erfolg hat.

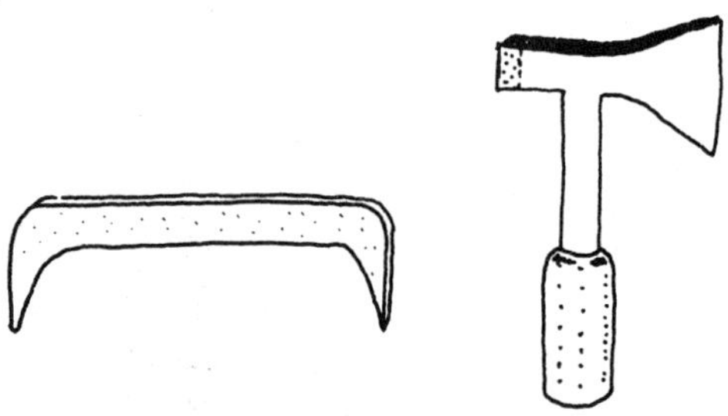

Dann müssen auch noch die Fugen mindestens einen Zentimeter tief sauber ausgekratzt werden, damit der neue Putz an der Wand »greifen« kann. Gut geeignet ist dazu eine einfache Bauklammer (gelegentlich liegen diese achtlos an Tiefbaustellen herum...) mit scharfen Spitzen; die Klammer läßt sich mit beiden Händen packen und kräftig durch die Fugen ziehen.
Freigelegten Mauern sollte man eine »Atem-

pause« gönnen, besonders dann, wenn sie feucht sind. Am besten lassen Sie die Mauern in einem solchen Fall einen ganzen Winter lang unverputzt, damit das Wasser herausgefrieren kann. Soviel Zeit werden aber die wenigsten zur Verfügung haben, vor allem auch des Gerüstes wegen…

Praxis »Außenputz«

Die günstigste Jahreszeit für's Verputzen ist das späte Frühjahr, wenn weder Frostwetter noch zu starke Sonnenstrahlung zu befürchten sind. Der frische Putz braucht zum Abbinden Ruhe, weshalb auch starke Regenfälle während dieser Phase nicht erwünscht sind.
Die Mauern müssen soweit vorbereitet sein, daß sie einen festen, sauberen und trockenen Untergrund bilden. Sanierungsmaßnahmen zur Trokkenlegung der Fundamente müssen abgeschlossen sein. Ebenso sind Mauerrisse vorher auszubessern, und alle Tür- und Fensterstöcke rechtzeitig einzusetzen.
Mauerausblühungen in Form von weißen Salzschleiern oder -flocken müssen trocken abgebürstet werden.

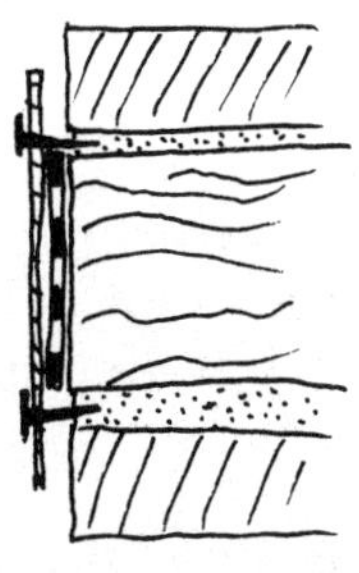

Holzteile im Mauerwerk mit Dachpappe abdecken und mit Drahtgewebe überspannen.

Wenn blanke Holzteile im Mauerwerk verputzt werden sollen, überspannen Sie diese mit einem Drahtgewebe (»Rabitz«). Bei kleinen Holzflächen genügt ein einfach oder besser doppelt gelegtes Hasenstallgitter. Das Gewebe muß am Mauerwerk befestigt werden, damit sich das Holz unter dem Putz weiter bewegen kann.

Der Arbeitsplatz

Wählen Sie einen zentral gelegenen Platz, an dem Sie die Mischmaschine aufstellen, nicht zu weit vom Haus entfernt, um lange Transportwege zu vermeiden, und nicht zu nahe am Haus, um sich nicht selbst in die Quere zu kommen. Unmittelbar neben der Mischmaschine befindet sich der Sandhaufen und auf der anderen Seite die Bindemittel (Kalk, Zement), am besten in Holz- oder Blechkästen abgefaßt.
Klären Sie auch rechtzeitig, wo Sie Wasser und Strom herbekommen. Eine Mischmaschine können Sie sich notfalls ausleihen, kalkulieren Sie aber erst einmal genau durch, ob sich nicht eine Neuanschaffung lohnt. Kleinere Mischmaschinen mit Elektroantrieb gibt es schon ab 250 DM. Für ein Leihgerät würde eventuell sprechen, wenn es über eine Motorwinde verfügt. Notfalls genügt für den Mörteltransport etc. aber auch eine einfache Aufzugrolle und ein langes, kräftiges Seil.
Decken Sie alles gut ab, was *nicht* verputzt werden soll, also Tür- und Fensterstöcke, Dach-

rinnen etc., denn Kalk greift Holz und Metalle an. Legen Sie auch auf dem Boden rings ums Haus Bretter oder Folien aus, damit der runtergefallene Mörtel wieder aufgenommen werden kann.

Arbeiten mit der Mischmaschine

Die Trommel wird in der Reihenfolge Wasser-Bindemittel- Sand beschickt. Bei Verwendung von Kalkteig (Sumpfkalk) sollte die Trommel zur besseren Durchmischung zuerst mit ein paar Schaufeln Sand gefüllt werden. Die Mischmaschine liefert bereits nach zwei- bis dreiminütiger Mischzeit einen fertigen, kellengerechten Mörtel. Falls eine *voll geladene* Mischmaschine eingeschaltet werden muß, ist die Trommel zur Entlastung des Motores vorher waagrecht mit der Öffnung nach oben zu stellen.

Kriterien für die richtige Konsistenz des Mörtels

Die Mischverhältnisse für die Herstellung von Putzmörtel sollten sorgfältig eingehalten werden, um eine gleichbleibende Qualität zu erreichen. Neben dem richtig bemessenen Anteil an Sand und Bindemitteln spielt auch die beigegebene Wassermenge eine wichtige Rolle. Es gibt genormte Maßzahlen für das Wasser-Sand-Bindemittelverhältnis; in der Praxis nützt dies allerdings wenig.
Die richtigen Erfahrungswerte stellen sich auch ganz von selbst ein, sobald Sie genügend Fehlversuche hinter sich haben.
Ein sicheres Zeichen für die richtige Mischung eines Kalkmörtels ist dann gegeben, wenn dieser nicht ganz waagrecht in der rotierenden Trommel stehenbleibt (bei höheren Motorgeschwindigkeiten kann sich dies allerdings ändern). Ein Spritzputz dagegen liegt vollkommen platt in der Trommel.
Guter Kalkmörtel muß immer »kellengerecht« angemischt sein, d.h. er verteilt sich beim Aufnehmen auf dem Kellenblatt in einer gleichmäßigen Schicht – ohne über den Rand davonzulaufen (zu dünnflüssiges Gemisch) und ohne an den Rändern abzubrechen (zu steifes Gemisch).

1. Der Spritzputz

Außenputz wird gewöhnlich in drei Schichten aufgebaut. Die erste davon ist der Spritzbewurf. Der Putzgrund muß dazu soweit vorbereitet sein, daß er eine saubere und tragfähige Unterlage schafft. Der Spritzbewurf bildet dann das Bindeglied zwischen glatten und schlecht saugenden Mauerflächen und den nachfolgenden Putzschichten.
Um eine gleichbleibende Qualität des Spritzputzes zu erreichen, sollte das Mischverhältnis einem der folgenden Rezepte entnommen werden:

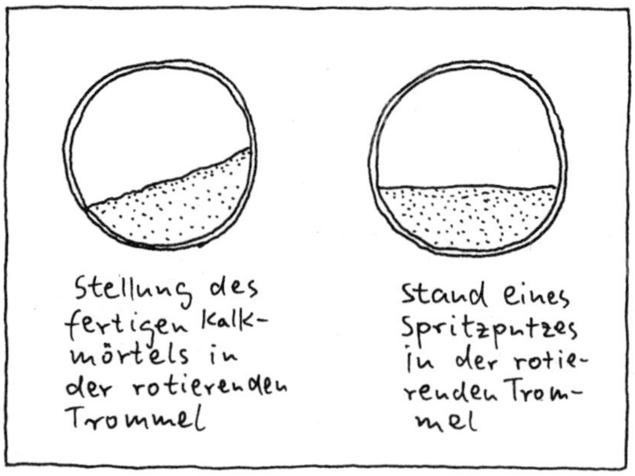

Kalkteig (eingesumpfter Kalk)	Kalkhydrat (Wasserkalk)	Trasskalk	hochhydr. Kalk	Zement	Sand 0-7 mm
			1		3
1,5				1	9
	2			1	9
		1		1	6
				1	3

Meiner Meinung nach verwirrt das Überangebot an verschiedenen Mischungen nur. Am besten notieren Sie sich deshalb anhand der Tabellen eine günstige Zusammenstellung für Spritz-, Unter- und Oberputz, um die Übersicht bei der Bestellung der Bindemittel zu behalten.

Wie der vorstehenden Tabelle zu entnehmen ist, kommt nur ein Gemisch ohne Zement aus. Dies sei deshalb erwähnt, weil von baubiologischer Seite gewisse Einwände gegen die Verwendung von Zement bestehen: so besitzt Hochofenschlackezement hohe radioaktive Eigenschaften; reine Zementputze sind außerdem wenig elastisch und gleichen Feuchtigkeitsdifferenzen nur langsam aus. Wer also konsequent baubiologisch bauen will, ist bei der Mischung für den Spritzputz bereits eindeutig festgelegt.

Bei der Sandkörnung wurde in der Tabelle – der Norm entsprechend – eine relativ grobe Mischung angegeben. Nach meinen Beoabachtungen auf der Baustelle verwenden weniger anspruchsvolle Maurer für alle Putzarbeiten einen Einheitssand (0-4 mm).

Der Spritzbewurf muß so angemischt werden, daß er in seiner Konsistenz einem dünnflüssigen Brei gleicht. Der Mörtel darf keine Klumpen auf der Mauerfläche bilden, er darf aber auch nicht so dünnflüssig sein, daß er von der Kelle läuft wie pures Wasser.

Richten Sie Ihren Arbeitsplatz so ein, daß sie immer aus dem Vollen schöpfen können und für den Kellenschwung nur kurze Wege überbrücken müssen. Beim Spritzbewurf arbeiten Sie deshalb am besten aus dem Schubkarren heraus. Dies gilt auch in höheren Gerüstetagen.

Ausführung des Spritzbewurfes

Ich halte eigentlich nicht viel davon, die Ausführung des Kellenwurfes detailliert zu beschreiben. Vielleicht hilft es aber, um die Erinnerung aufzufrischen, falls Sie dieses Handwerk schon einmal erlernt und wieder vergessen haben.

Die einzig wirklich erfolgversprechende Methode wäre eigentlich, sich von einem erfahrenen Maurer richtig anlernen zu lassen. An einem einzigen Wochenende haben Sie bereits die wichtigsten Handgriffe heraus. Maurer lassen sich am ehesten über eines der zahlreichen regionalen Anzeigenblätter anwerben. Eine weitere Möglichkeit wäre, den Maurern auf der Baustelle ein paar Stunden lang beim Verputzen zuzusehen.

Wenn Sie aber nicht zu knapp kalkulieren müssen, sollten Sie sich schon einen »Lehrer« leisten. Einen Helfer brauchen Sie ohnehin beim Verputzen. Dann werden die Rollen so verteilt, daß einer ständig frischen Mörtel anmischt und der andere anwirft.

Der Kellenschwung

Für Putzarbeiten eignen sich vor allem die großen Kellen, mit einem dreieckigen oder viereckigen Kellenblatt.

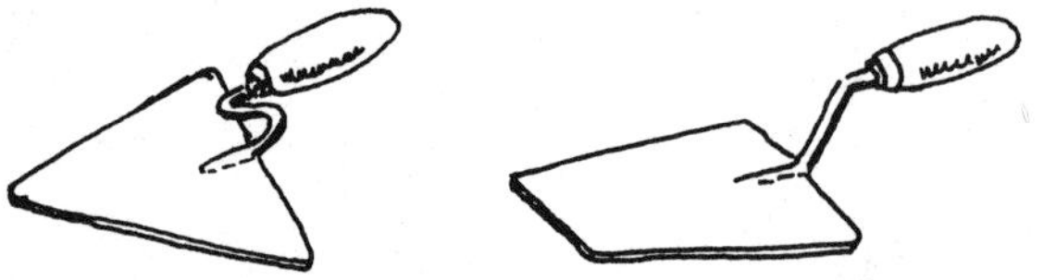

Der Kellenschwung muß locker aus dem Handgelenk heraus kommen. Etwa 20-30 cm vor der Mauer wird er abgestoppt, wodurch der Mörtel katapultartig von der Kelle schnellt. Je kräftiger der Schwung, desto besser haftet der Putz.
Der Wurf muß mit einer Aufwärtsbewegung gezogen werden. Möglichst ohne Unterbrechungen gleichmäßig rhythmisch arbeiten: Kelle eintauchen, anheben, schwingen, abstoppen – platsch! Plaziert Wurf an Wurf setzen, bis sich eine nahtlose Fläche ergibt. Falls eine Stelle zu viel Mörtel erwischt hat, muß der Überschuß sofort beseitigt werden, sonst gibt es später Schwierigkeiten beim Ausgleichen des Unterputzes.

Der Spritzbewurf ist eine gute Gelegenheit, die Anwerftechnik richtig zu erlernen. Nach einigen Vorübungen werden Sie selber so gut mit Mörtel eingedeckt sein, daß Sie sich kaum mehr von der Wand unterscheiden.
Kommentar des Maurer-Lehrbuches: »Der Spritzbewurf schafft eine rauhe Unterlage, auf der die folgende Putzschicht fest haften kann«.

2. Der Unterputz

Die nur millimeterdicke Schicht des Spritzbewurfes zieht sehr schnell an; es kann also ohne Unterbrechung mit der nächsten Putzlage begonnen werden. Das wichtigste Merkmal der folgenden Schichten ist, daß sie nach außen zu immer weicher werden müssen, vor allem um Spannungen auszugleichen. Der Unterputz sollte deshalb bereits zementfrei sein, weil Zement das härteste und am wenigsten elastische Bindemittel ist.
Der praktische Baubiologe wird für diese Lage einen reinen Kalkputz bevorzugen, der z.B. aus Sumpfkalk mit scharfem Sand (Körnung 0-5 mm) hergestellt werden kann. Um einen Sumpfkalk von hoher Qualität zu erzielen, müssen Sie allerdings rechtzeitig (etwa 6 Wochen vor dem Verputzen) einige Vorbereitungen treffen (vgl. dazu »kleines Kalkbrevier« und »Sumpfkalk«). Der mit Wasser eingesumpfte Kalk hat eine höhere Dichte als die pulverförmigen Bindemittel; er ist also beim Mischen sehr ergiebig. Auf 3 1/2 Schaufeln Sand kommt deshalb nur eine Schaufel Kalk. Beim Oberputz erhöhen Sie diese Mischung noch einmal um eine halbe bis ganze Schaufel Sand. Dadurch wird diese Schicht automatisch etwas weicher.
Reiner Kalkmörtel klebt gerne an den Innenwänden der Mischtrommel fest. Entweder attakkieren Sie dann die Trommel, bis sie wie ein verbeulter Hut aussieht oder sie füllen solange Sand nach, bis der Mörtel wieder mitgerissen wird.
Außerdem gilt: füllen Sie nach dem Entleeren der Maschine sofort Sand nach und lassen Sie die Trommel solange rotieren, bis die Wände wieder frei sind. Falls Ihnen kein Sumpfkalk zur Verfügung steht, müssen Sie sich anhand der nachfolgenden Tabelle für eine andere Mörtelmischung entscheiden.

Kalkhydrat (Wasserkalk)	hydraulischer Kalk	hochhydr. Kalk Romankalk	Sand 0-5 mm
1			3,5
	1		3
		1	3

Die Tabelle gilt auch gleichzeitig für die Mischverhältnisse des Oberputzes. Wie schon erwähnt, sollte der Sandanteil dann jeweils noch einmal um eine halbe bis ganze Schaufel Sand erhöht werden.
Dem Unterputz wird, zumindest an der Wetterseite und im Sockelbereich, ein Dichtungsmittel beigegeben (Ceresit, Lugato o.ä.). Dann muß allerdings der Oberputz baldigst aufgebracht werden (solange der Unterputz noch feucht ist), sonst entwickelt das Dichtungsmittel unerwünschterweise auch eine putzabstoßende Nebenwirkung. Anderenfalls müßte der Unterputz vor der Weiterverarbeitung gut angenäßt werden. Ein zu trockener Untergrund schwächt immer die Bindefähigkeit des Putzes, weil dadurch dem Mörtel zu schnell Wasser entzogen wird. Erkennbar ist das daran, wenn der frische Putz beim Glattstreichen bereits zu sanden anfängt. Ein zu naßer Untergrund hat dagegen den Nachteil, daß der Mörtel nicht schnell genug anziehen kann und deshalb schon beim Ausgleichen wieder abblättert. Feuchte Mauern (besonders im Fundamentbereich) sollten also nie vorgenäßt werden. Ein sicheres Zeichen für einen mit Wasser gesättigten Untergrund wäre es, wenn der frisch aufgebrachte Mörtel noch längere Zeit über glänzt.

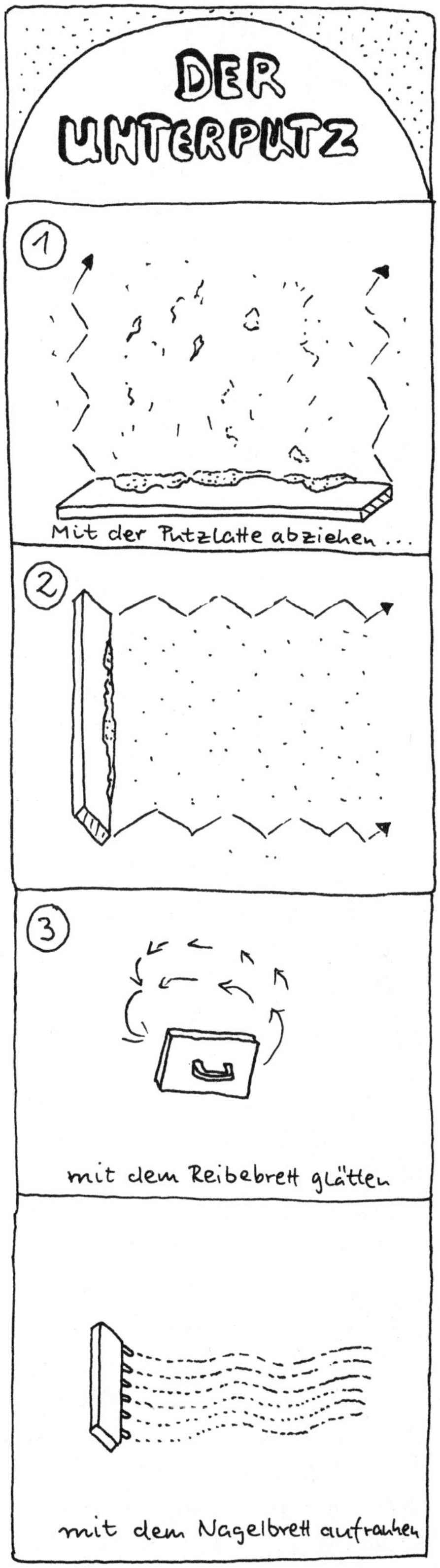

Der Glattstrich

Kein Maurer wird den Putz so anwerfen können, daß er bereits eine einheitlich glatte Oberfläche bildet. Deshalb muß der Unterputz erst einmal auf eine gleichmäßige Stärke von etwa 1 cm ge-

bracht werden. Gerade dem Anfänger gerät der Unterputz meistens zu dick, ganz davon abgesehen, daß sich der Mörtel in einer Berg- und Tallandschaft über die Fassade verteilt.
Zum Ausgleichen der Putzschicht genügt ein einfaches Brett, 1,50 m lang, 2-3 cm stark, mit geraden, glatt gehobelten Kanten. Nehmen Sie das Brett in beide Hände und bewegen Sie es auf der Putzfläche im Zick-Zack rhythmisch hin und her. Leichten Druck anwenden, damit sich die überstehenden Stellen ausgleichen bzw. verteilen können. Eventuelle Nester oder Vertiefungen werden mit Mörtel ergänzt.
Reste, die auf dem Brett zurückbleiben oder zu Boden fallen, wandern in den Eimer zurück und werden mit etwas Wasser frisch aufgerührt.
Das Abziehen mit dem Brett wird noch einmal wiederholt, nur halten Sie das Brett diesmal senkrecht. Vielleicht haben Sie beim Anwerfen schon so sauber gearbeitet, daß Sie das Brett jetzt lässig mit einer Hand führen können.
Gehen Sie abschnittsweise vor, d.h. werfen Sie immer 2-3 qm Putz an. Anschließend wird die Fläche ausgeglichen. Dann gehen Sie zum nächsten Abschnitt über. Während dieser Zeit kann die abgeglichene Putzfläche »schlafen«; diese Ruhepause braucht sie, um sich noch inniger mit dem Untergrund zu verbinden.
Sobald Sie mit dem nächsten Abschnitt fertig sind, nehmen Sie das Reibebrett zur Hand, feuchten es kurz an und kehren zum vorigen Teilstück zurück.
Die Putzfläche wird jetzt mit dem Reibebrett geglättet, und zwar in kreisenden Bewegungen von unten nach oben und mit sanftem Druck. Halten Sie sich nicht zu lange an einer Stelle auf, was zur Folge hätte, daß der Putz »totgerieben« wird und damit seine Festigkeit verliert.
Allzu glatt muß der Unterputz nicht werden, denn die nächste Schicht braucht wieder eine rauhe Unterlage, um genügend Halt zu finden. Korrekterweise sollte deshalb die Unterschicht nach ihrer Fertigstellung noch mit einem Nagelbrett (das Sie leicht selber anfertigen können) aufgekratzt werden.

Ecken, Kanten, Laibungen etc.

Gelernte Maurer haben genügend Übung, um eine gerade Kante jederzeit freihändig ziehen zu können. Der Anfänger benötigt zum Ziehen der Kanten dagegen eine »Putzlehre«. Dazu wird ein gerades Brett mit zwei Putzhaken ums Eck eingespannt, und zwar so, daß es etwa 1 cm (Putzschichtstärke) über der Kante hervorsteht. So erhalten Sie zugleich auch das Maß für eine einheitliche Putzstärke. Der Maurer fängt deshalb immer an den Ecken mit dem Verputzen an.

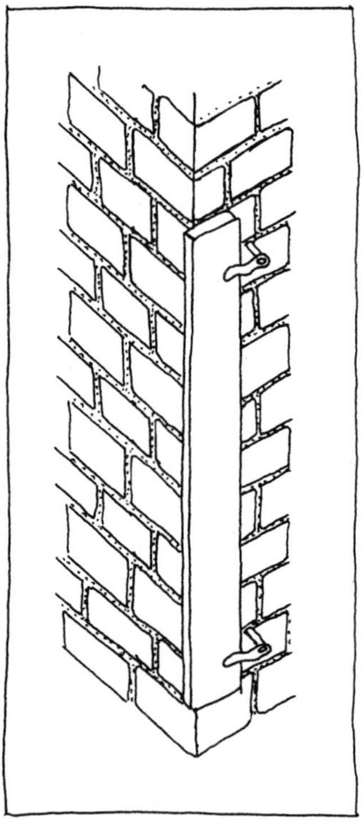

Die Putzlehren brauchen Sie auch für die Arbeit um die Maueröffnungen herum; vorausgesetzt, daß alle Türen und Fenster und auch die Fensterbretter bereits eingebaut sind. Etwas problematisch sind die Laibungen an den Fenster- und Türstürzen, weil man hier den Mörtel von unten her anwerfen muß. Falls Sie den richtigen

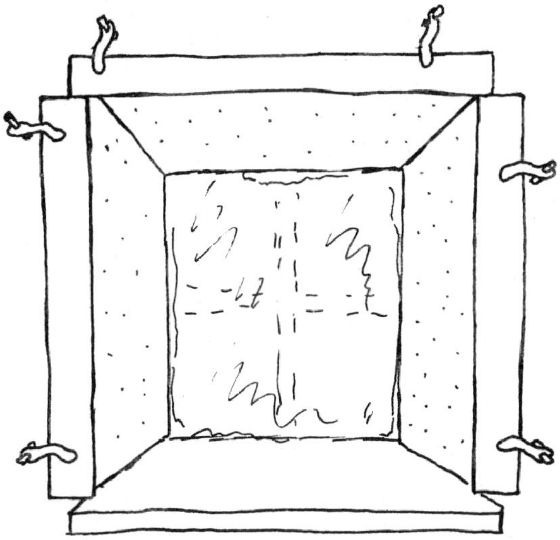

Schwung nicht gleich herauskriegen, drücken Sie den Mörtel am besten mit dem Kellenrücken an. Lassen Sie den Putz dann wieder eine zeitlang »schlafen«, bevor Sie ihn glätten und abreiben. Als Putzlehren genügen einfache Bretter mit einer sauberen, geraden Kante. Putzhaken erhalten Sie sowohl in Eisenwarengeschäften wie auch in Baumärkten. Sie sind ein echtes Allround-Hilfsmittel, um auf schnellem Weg Gegenstände am Mauerwerk zu befestigen. Deshalb sollten Sie immer ein halbes Dutzend davon bei sich haben. Meistens hält der Haken schon, wenn er nur wenige Zentimeter tief ins Mauerwerk getrieben wird. Mit einem leichten Klopfen auf den Spannhebel wird dann er jeweilige Gegenstand befestigt. Lösen Sie die Lehren nach dem Beiputzen sehr vorsichtig, damit der frische Putz nicht abblättert.

Durch den Trick mit den Putzlehren werden die Kanten messerscharf, was bei so mancher Altbaufassade regelrecht störend wirken kann. Wo weichere Formen ästhetisch sinnvoller sind, sollte man die Kanten mit dem Kellenrücken entschärfen. Dies gelingt am besten, wenn der Putz noch frisch ist.

3. Der Oberputz

Der Oberputz hat einen entscheidenden Einfluß auf die architektonische Gestaltung eines Hauses. Er soll zum jeweiligen Haustypus passen. Gerade beim Altbau lautet deshalb die Devise: Hände weg von allzu modischen Dekorputzen. Künstlerische Experimente sind hier meistens fehl am Platz.

Jahrhundertelang bewährt haben sich dagegen die einfachen Putzmuster. Der Spritzbewurf ist ein Beispiel dafür. Verarbeitet wird er genauso wie die bereits beschriebene unterste Putzschicht. Vom Material her empfiehlt sich für die letzte Putzlage dagegen am ehesten reiner Kalkmörtel

»Spritzputz« als oberste Putzschicht

(Mischverhältnis siehe bei »Unterputz«), der mit grobem Sand angemischt wird. Dies erzeugt grobe Strukturen auf der Wandoberfläche, was die Verdunstung und Trocknung fördert und die Maueratmung verstärkt.

Auf einer rauhen Oberfläche lagert sich natürlich mehr Staub und Ruß ab, doch die Schmutzteile bilden zugleich eine regenabweisende Schicht. Um eine rauhere Putzschicht zu erzielen, genügt es bereits, wenn einer Normalmischung – ohne den Sandanteil zu vergrößern – jeweils zwei bis drei Schaufeln Rieselkies (Körnung 4 - 8 mm) zugegeben werden. Die Körner sollten des besseren Oberflächenbildes wegen rund sein.

Eine weitere Gestaltungsmöglichkeit für die Struktur des Oberputzes wäre ein einfacher *Kellenputz,* mit der Hand frei aufgetragen, sodaß eine persönliche Handschrift erkennbar bleibt.

Das »rustikale« Element, ein heute beliebtes Stilmittel, darf dabei aber nicht überbetont werden, sonst wirkt es eher peinlich. Negative Beispiele gibt es hierfür genug, besonders im Bereich moderner Landhäuser.
Der Kellenputz muß kräftig angeworfen und mit der Kelle glattgestrichen werden. Teilen Sie Ihr Tagespensum jeweils so ein, daß noch genügend Zeit bleibt, um den Putz in frischem Zustand mit Kalkmilch zu tränken. So kann sich die Farbe innig mit der Unterlage verbinden; sie wird dadurch witterungsbeständiger.
Die Oberfläche selbst wird durch das Einschlämmen noch etwas geglättet, behält aber – solange sie nicht grob auf »alt« hingewischt wird – ihren natürlichen »handmade«-Charakter.
Wie schon erwähnt, ist *Sumpfkalkmörtel* das beste Material für den Oberputz. Er kristallisiert langsam an der Luft, verliert aber nie seine Elastizität.
Zementmörtel dagegen verträgt sich nicht mit weichem altem Mauerwerk, weil er mehr Spannung hat. Und das führt unweigerlich zu Rissen!

Putzstreifen

Putzstreifen haben die gleiche Funktion wie Zierstreifen am Auto: sie sollen gliedern und beleben. An Fassaden sind sie allerdings nur dann sinnvoll, wenn sich die glatten Putzstreifen deutlich gegen eine rauhe Fläche absetzen können. Am häufigsten findet man Putzstreifen deshalb an Spritzputzwänden. Die Technik ist sehr einfach: die Putzstreifen werden aus dem Oberputz herausgeschnitten, solange dieser noch feucht ist. Legen Sie dazu ein Brett in der Breite des Putzstreifens an und stechen Sie die Kante mit dem Kellenblatt ab. Dann muß nur noch der Oberputz ab Kante sauber abgeschabt werden. Sollte die Putzschicht darunter sehr rauh sein, können Sie diese noch mit einem feinen Schweißmörtel (Kalk: feiner Sand = 1:3) abreiben oder einfach mit dicker Kalkmilch einschlämmen.
An manchen alten Fassaden sieht man des öfteren um Fenster und Türen herum phantasievoll gestaltete Putzstreifen. Anstelle eines einfachen Brettes wurden hier vorgeschnittene Schablonen zum Ausstechen der Putzstreifen verwendet.

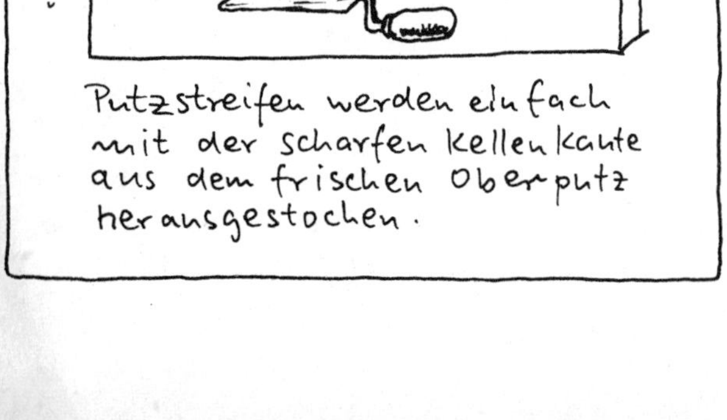

Holz-Verkleidung aussen

Holzverkleidete Fassaden sind in den letzten Jahren wieder in Mode gekommen. Manchmal scheinen sie allerdings nur dazu herhalten zu müssen, das ansonsten gesichtslose und öde Einerlei moderner Standardbauweise mit ein paar unmotiviert hingepappten Holzflecken aufzulockern. An ihrem zweckmäßigen Bestimmungsort findet man sie dagegen nur selten, nämlich dort, wo sie eine willkommene Abwechslung zu den düsteren Plastik- bzw. Asbestzementtafeln wären, mit denen die Fassaden vor der Witterung geschützt werden sollen.

Daß Verschalungen aus Holz eines höheren Pflegeaufwandes bedürfen, ist ein Trugschluß, solange man nicht den Ehrgeiz hat, sie mit einem dicken Lackfilm wie eine aufpolierte Autokarosserie erglänzen zu lassen. Den üblichen Holzschutz, den die Verschalungen hektoliterweise über sich ergehen lassen müssen, erledigt die Natur auf ihre Weise. Nach einigen Jahren nämlich ist er abgewaschen. Dann beginnt der Kampf von neuem. Dabei wird viel Geld und Arbeitskraft vergeudet. Die Farb- und Lackindustrie kann sich freuen – die Natur weniger. Denn die Holzschutzmittel lösen sich leider nicht im Nichts auf. Sie werden vom Regen abgeschwemmt, teilweise hochgiftige Substanzen gelangen so in den Boden, schädliche Lösungsmittel »bereichern« unsere Atemluft.

Am besten überlassen Sie deshalb das Holz sich selbst. An den Wetterseiten, vor allem im Westen, wird es sich allmählich mit einem silbergrauen Pilz überziehen, an den Sonnenseiten nimmt es dagegen eine rötliche Tönung an. Keine Angst vor dem Pilz, mit ihm liefert die Natur eine feine Schicht, die das Holz vor weiterer Verwitterung schützt. Ein weiterer natürlicher Holzschutz wird durch eine gute Hinterlüftung der Verschalung geschaffen.

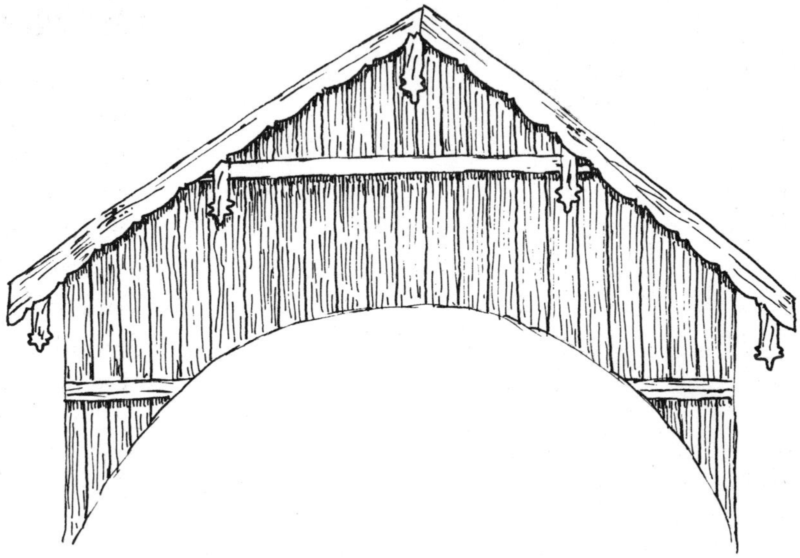

Brettersorten

Einfache Holzverschalungen bestehen aus Brettern, die gewöhnlich auf eine Lattung genagelt werden. Die billigste Bretterart sind zweifellos Schwartlinge, die wegen ihres »rustikalen« Aussehens gewöhnlich nur für Schuppen- und Stadelverkleidungen verwendet werden.

Eine Kategorie darüber stehen besäumte, sägerauhe Bretter in Breiten, wie sie aus dem Sägewerksgatter kommen. Vorwiegend preisgünstiges Fichten-, Tannen- oder Kiefernholz, bestens geeignet für Verschalungen an Bauern- und Landhäusern. Gehobenere Ansprüche erfüllen dann die gehobelten Bretter, in einheitlicher Breite zugeschnitten. Ob Uniformität allerdings schöner aussieht, ist Ansichtssache.

Glatte Bretter sind Profil- sowie Nut- und Federbrettern vorzuziehen. An vorspringenden Nasen und in Vertiefungen kann sich nämlich Wasser stauen. Dort fault dann das Holz auch am schnellsten. Regenwasser muß also jederzeit ungehindert ablaufen können. Deshalb sind auch senkrechte Schalungen waagrechten vorzuziehen.

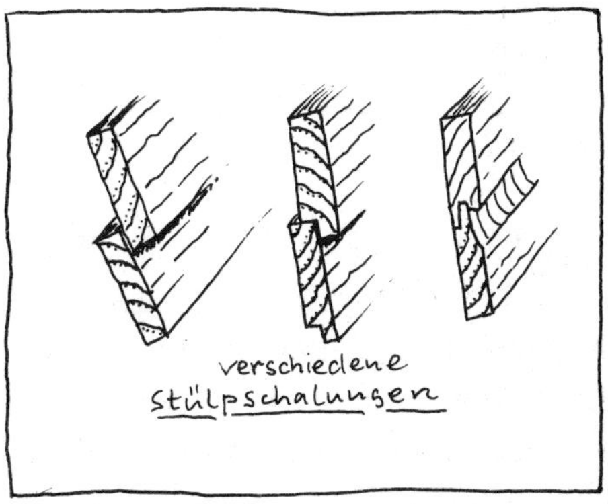

Nicht unwesentlich ist auch, mit welcher Seite die Bretter nach außen zeigen und wie sie genagelt werden.

1.

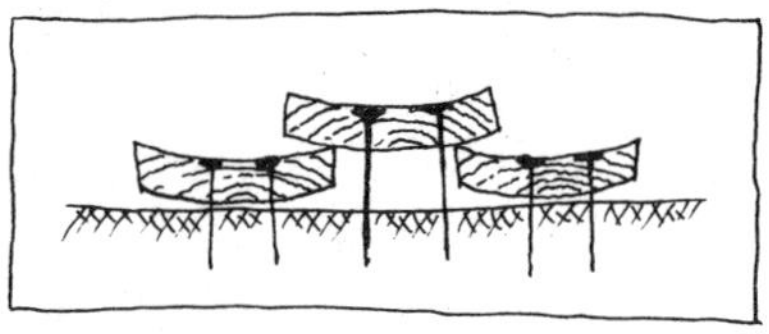

Alle Bretter mit der Waldseite nach außen. Holz aus der Mitte des Stammes ist besonders haltbar.

2.

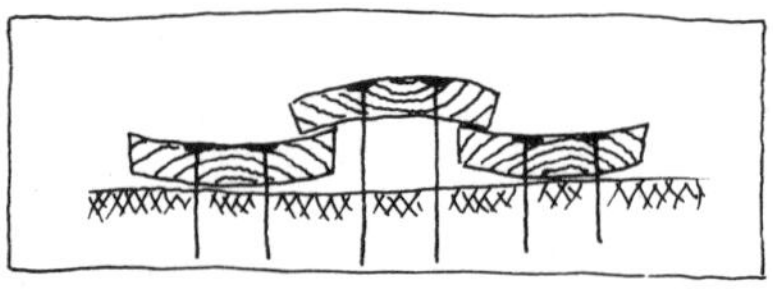

Sehr dichte Schalung, aber nicht so haltbar wie Nr. 1. Äußere Bretter verwittern schneller, weil die Kernseite eher Wasser zieht.

3.

Mit Leisten »überlukte« Schalung. Ergibt eine harmonisch gegliederte Fläche. Jede Leiste, jedes Brett muß gesondert genagelt werden.

4.

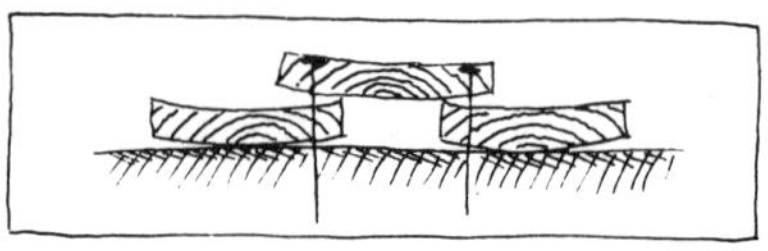

Falsch genagelte Schalung. Besonders an den Wetterseiten braucht das Holz viel Bewegungsfreiheit. Ein Nagel darf nie durch zwei übereinanderliegende Bretter geschlagen werden. Die Bretter würden sonst reißen.

Bei sehr großen Fassadenflächen, die nicht durch Fenster und Türen aufgelockert sind, sollte man die Verschalung nicht an einem Stück von unten nach oben durchziehen (was mangels der richtigen Brettlängen ohnehin meistens nicht möglich ist), sondern sie in kleinere Abschnitte gliedern. Auf diese Weise können Sie auch kürzere Bretter verwenden, die von den Sägewerken oft als Sonderposten abgegeben werden. Die einzelnen Abschnitte unterteilen Sie mit waagrecht laufenden Brettern.
20 und 24 mm sind für Verschalungen geeignete Brettstärken.

Die Montage

Soll die Holzverschalung auch in höheren Etagen angebracht werden, brauchen Sie ein Gerüst (vgl. »Gerüstbau«). Hier von einer Leiter aus zu arbeiten, wäre purer Leichtsinn.
Die Montage einer Holzverschalung ist denkbar einfach. Für diese Arbeit brauchen Sie keinerlei Vorkenntnisse und keinen Helfer. Nicht zuletzt deshalb sind Holzverschalungen derzeit so beliebt.
Die Bretter werden auf Latten genagelt. Lattenstärke 3/5 oder 4/6 cm. Wenn Sie sich irgendwo einen dieser praktischen Bolzenschußapparate ausleihen können, schießen Sie die Latten einfach an die Wand. Ansonsten müssen Dübelungen vorbereitet und die Latten verschraubt werden (vgl. »Holzvertäfelung«). Abstand der Latten voneinander etwa 50 cm. Dieses Richtmaß hat sich wohl vor allem deshalb eingebürgert, damit genormte Dämmstoffe genau zwischen die Latten passen. Eine Empfehlung ohne Gewähr: Wenn Sie kein Dämmaterial unter die Verkleidung packen, können Sie den Lattenabstand noch um zwanzig bis dreißig Zentimeter vergrößern. Über den Daumen gepeilt müßte dieses Maß noch genügend Stabilität bieten.

Lattengerüst an Fassade

Die Wand sollte so vorbereitet sein, daß die Latten in Steinen und nicht in bröckeligen Mauerfugen verankert werden, d.h. der alte Mauerputz muß vorher runter. Er könnte später ohnehin nur hinderlich werden, weil er beim Abrieseln allmählich die Hinterlüftungslöcher verstopft.

Bei Berührung mit feuchtem Mauerwerk hinterlegen Sie die Latten am besten mit Teerpappestreifen. In unmittelbarer Bodennähe, also im Spritzwasserbereich, darf keine Holzverschalung angebracht werden. Der rasch einsetzende Verfaulungsprozeß würde selbst durch die schärfsten Chemikalien nicht lange aufzuhalten sein. Die Verschalung sollte deshalb frühestens ab einer Höhe von 30 cm über dem Geländeniveau angesetzt werden.

Zum Befestigen der Bretter sollte man *rostfreie* Nägel verwenden. Wie an den Rostfahnen so mancher Verschalung zu sehen ist, genügen verzinkte Nägel nicht. Länge der Nägel (nach der Regel $^1/_2$ Länge für den Befestigungskörper, $^2/_3$ für den Untergrund): bei Brettstärken um 20 mm, 6 cm lange Nägel für die auf den Latten aufliegenden Bretter und 8 cm lange für die überlukenden.

Schlagen Sie die Nägel schräg nach unten zeigend ein, das gibt mehr Halt.

Durch die Überlukung ist die Verschalung automatisch hinterlüftet. Sollten Sie mit irgendeiner anderen Art von Verschalung arbeiten, müßten Sie eventuell die Latten durchbohren oder ein-

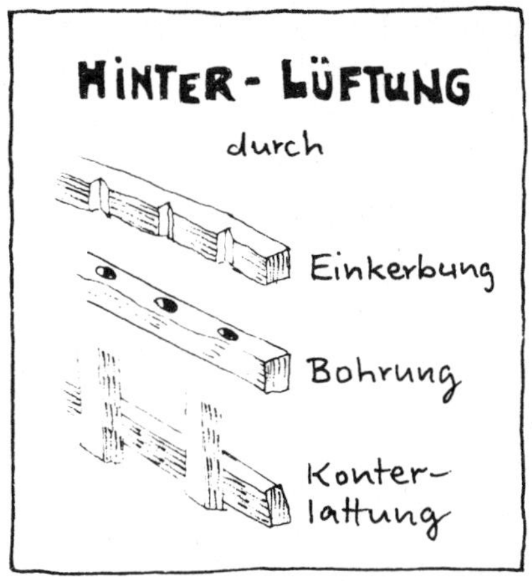

kerben. Die Überlukungsbretter überdecken die darunterliegenden Bretter an den Kanten jeweils um etwa 2 cm.

Wenn Sie alle Bretter maßgerecht vorschneiden, werden Sie mit der Arbeit rascher vorankommen. Falls das Holz schon vom Sägewerk her ungefähr auf Länge zugeschnitten ist, können Sie die Bretter auch ohne Vorarbeit annageln und anschließend mit einem durchlaufenden Schnitt mit der Kreissäge auf die exakte Länge bringen. Das ist die schnellste Methode.

Rein kostenmäßig sind Holzverkleidungen im Vergleich zu einem einfachen Außenputz teuer. Der Quadratmeterpreis für die 24 mm starken Bretter liegt derzeit ungefähr bei 15 DM. Für die gleiche Fläche Kalkputz zahlt man höchstens 5 DM (ohne Arbeitslohn).

Wärmedämmung

Verschalungen bieten eine gute Gelegenheit, schwächliche Außenmauern gegen Wärmeverluste zu dämmen (siehe auch unter »Wärmedämmung«), sofern die Verschalung mit Isoliermaterial hinterfüllt wird. In diesem Fall sollte die Lattenstärke der Dicke der Dämmplatten und der Lattenabstand jeweils der Plattenbreite entsprechen. Das Dämmaterial wird dann einfach zwischen die Latten gepresst und zusätzlich noch von der Konterlattung gehalten. Für die Außendämmung eignen sich am besten Mineralfaser- oder Korkplatten.

Noch deutlich besser ist die Dämmwirkung aber, wenn die Platten mit einem handelsüblichen Baukleber (Fliesenkleber) auf die Fassade geklebt werden. Die Platten liegen dann dicht an, Wärmeverluste durch Ritzen und Fugen sind damit ausgeschlossen. Der Kleber ist nicht nur punktförmig, sondern ringsum am Plattenrand aufzutragen.

Danach wird die gesamte Dämmfläche mit einem Baupapier (wasserdicht, aber dampfdurchlässig/z. B. »Perkalor«-Papier) überdeckt. Das Baupapier schützt während der Montagezeit vor Durchnässung der Wärmedämmung und später gegen Regenwasser und Flugschnee, die durch Ritzen und Fugen der Holzschalung dringen. Reine Kunststoffolien sollten nicht eingesetzt werden, weil sie an ungünstiger Stelle der Außenmauer eine dampfdichte Schicht bilden, somit Wasserdampf aus den Mauern nicht mehr an die Außenluft dringen kann. Im Winter kann sich dann Schwitzwasser innerhalb der Wärmedämmung stauen, was deren Dämmwert reduziert und Bauschäden nach sich zieht – gleich negative Folgen also wie bei einem dampfdichten Außenputz oder Außenanstrich.

Beim Anbringen der Holzverschalung darauf achten, daß Hinterlüftungsschlitze mit einem Gitter gegen das Eindringen von Kleintieren gesichert werden. Geeignete perforierte Bleche sind beim Baustoffhändler erhältlich.

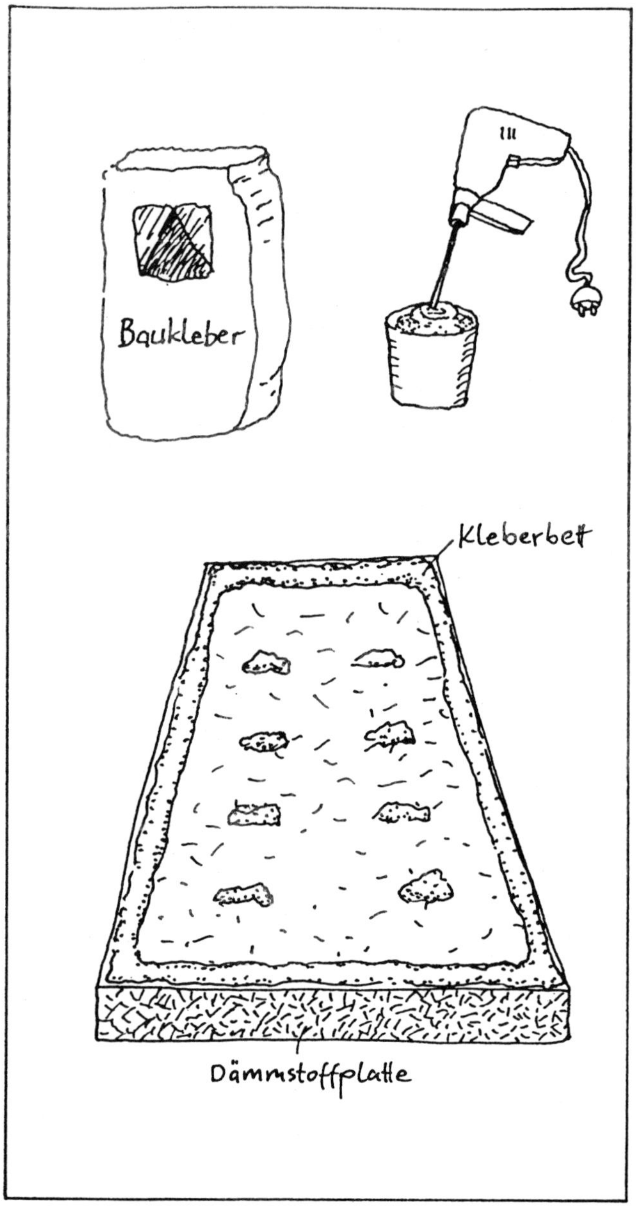

DER BODEN

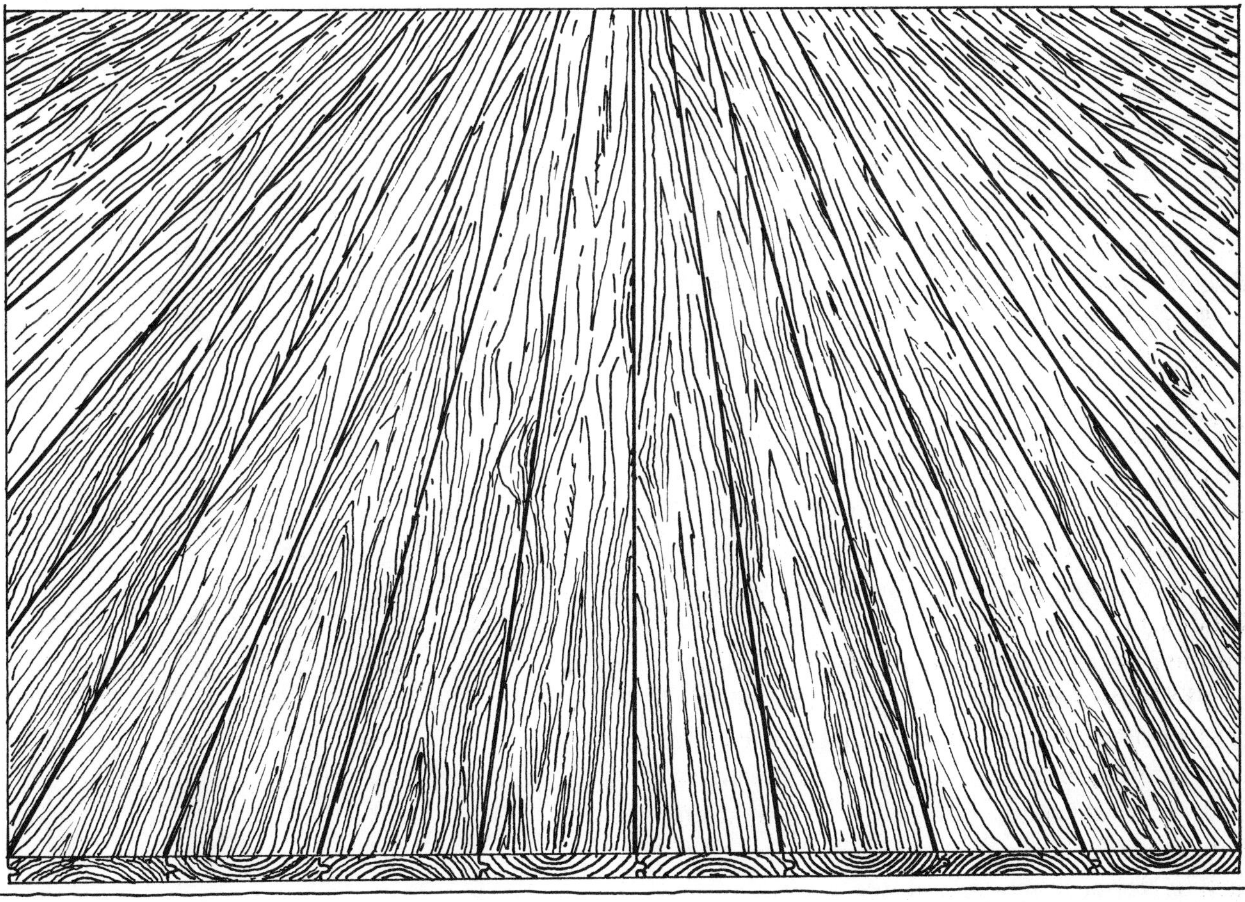

Schon früh hat man erkannt, daß feuchte und kalte Fußböden kein gesundes Raumklima ermöglichen. Erste Versuche, Böden gegen den Untergrund abzuschirmen, wurden der Überlieferung nach mit Rindenplatten gemacht. Rein vom Baubiologischen her sicher eine interessante Lösung, nur war die Haltbarkeit der Rinde sehr begrenzt.

Später ging man dazu über, die Häuser zu unterkellern, um für bewohnte Räume einen sicheren Abstand vom Erdreich zu gewinnen.

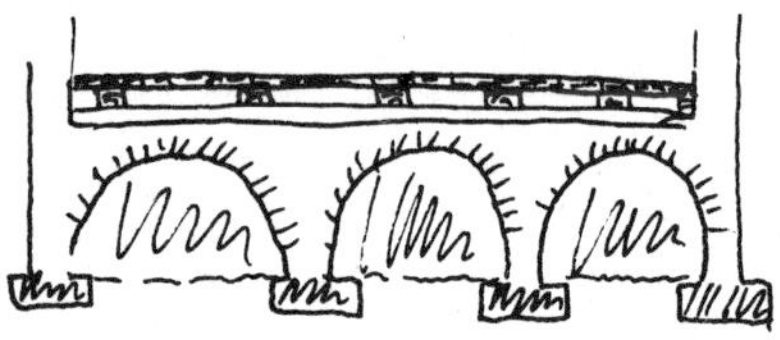

Trockener Fußboden über Kellergewölbe

Ein solcher Aufwand wäre im Zeitalter der hochentwickelten Isoliertechnik eigentlich unnötig. Trotzdem wird auch heute an der Vollunterkellerung festgehalten, selbst wenn der dadurch entstandene Raumgewinn selten wirtschaftlich ausgenutzt werden kann. Anscheinend hat sich in unserem Bewußtsein die Überzeugung festgesetzt, daß ein Haus ohne Keller einfach weniger wert ist.

Dabei wäre so mancher Keller heute regelrecht überflüssig. Die Heizung z.B. ließe sich meistens genauso gut im Erdgeschoß unterbringen. Hier würde auch die Heizenergie besser ausgenützt, denn was bringt ein ewig warmer Heizraum im Keller schon viel?

Für die Lagerung von Lebensmitteln würde auch eine Teilunterkellerung genügen oder einfach ein Erdschacht im Fußboden der Küche, wie er früher vor allem in Bauernhäusern üblich war.

Und die heute schon obligatorisch gewordenen Hobbyräume, Solarien, Saunen usw. ließen sich auch in Nebengebäuden unterbringen.

Wer ein Haus ohne Keller besitzt, braucht also nicht traurig sein. Im Gegenteil, der Reparaturaufwand am Haus reduziert sich dadurch wesentlich. Das wird vor allem derjenige zu schätzen wissen, der schon einmal versucht hat, feuchte Kellerräume bewohnbar zu machen und dabei schnell an die Grenzen seiner Möglichkeiten gestoßen ist. Wenn in einem solchen Fall die waagrechte Abdichtung nicht mehr funktioniert, kann man den Keller nur mit einem sehr hohen Aufwand an technischen und chemischen Mitteln trockenlegen. In nicht unterkellerten Räumen des Erdgeschoßes dagegen sind solche Abdichtungsprobleme leichter zu meistern (vgl. »Trokkenlegen der Fundamente«).

Bautechnisch gesehen hängt auch hier die Schaffung von trockenen Räumen in erster Linie von der einwandfreien Funktion der waagrechten Abdichtung ab. Und nicht minder wichtig ist eine fachgerecht ausgeführte Isolierung der Fußböden gegen das angrenzende Erdreich. An diesen Stellen sind gleich mehrere Sicherheitszonen bzw. Unterbrecherschichten nötig, um die Erdfeuchte am Aufsteigen zu hindern.

Sobald hier etwas nicht in Ordnung ist, macht sich das durch hohe Raumluftfeuchtigkeit bemerkbar oder durch den subtropischen Geruch, der einem beim Abheben der obersten Fußbodenschicht entgegenschlägt.

Gerade bei Altbauten sind in diesem Bereich

Mängel keine Seltenheit. Früher fehlten einfach die nötigen Sachkenntnisse und vor allem auch die richtigen Baustoffe. Wenn dagegen in Neubauten an nicht unterkellerten Fußböden Schäden auftreten (was ebenfalls keine Seltenheit ist), liegen die Ursachen höchstwahrscheinlich an einer unsachgemäßen Isolierung. Ein einziges Loch oder ein Riß in der Abdichtung kann die ganze Arbeit zunichte machen. Denn Wasser, bzw. Wasserdampf sucht sich immer den Weg des geringsten Widerstandes.

Der Fußboden-Unterbau
(bei nicht unterkellerten Räumen)

Bei Verdacht auf mangelhafte Ausführung muß zunächst der Untergrund des Bodens untersucht werden. Meistens wird der Fehler schnell offenkundig, denn nicht selten liegen in Altbauten Fußböden ohne jeden Schutz direkt auf dem Erdreich oder auf altem Bauschutt auf. Dann muß zunächst der Fußboden entfernt und das Erdreich etwa einen halben Meter tief abgetragen werden. Maschinen sind im Hausinnern kaum einsetzbar, weshalb von Hand ausgegraben werden muß. Dies kann zu einer regelrechten Strafarbeit ausarten, sobald der Boden bindig und schwer oder gar tonig ist.
Wenn Ihr Haus außerdem von aufsteigender Bodenfeuchtigkeit bedroht ist, müssen Sie soviel Erdreich von den Grundmauern abtragen wie nur möglich, denn der alte Mutterboden wäre höchstens für eine Pilzzucht geeignet, nicht aber für ein gesundes Raumklima.

Trockenlegen des Bodens

Damit die Feuchtigkeitsbrücke in Zukunft auf Dauer unterbrochen wird, ersetzen Sie den Aushub durch eine entsprechende Schichtenfolge: Auf den gewachsenen Mutterboden folgt eine 30 cm dicke Lage Grobkies. Vom Baubiologi-

schen her eignet sich dafür am besten Kalksteinschotter. Geradezu mustergültig wäre es, wenn Sie zunächst eine grobe Lage Kalksteine unterlegen und nach oben zu mit immer feinerer Kiesschüttung arbeiten.

Für den Praktiker mit Hang zu unkomplizierten Lösungen reicht aber Schotter oder Kies von einer Korngröße.
Wichtig ist nur, daß das Wasser keine röhrchenartigen Wege mehr findet, durch die es gemäß eines physikalischen Gesetzes unweigerlich nach oben steigt.
Für die nächste Lage, die eigentliche Bodensohle,

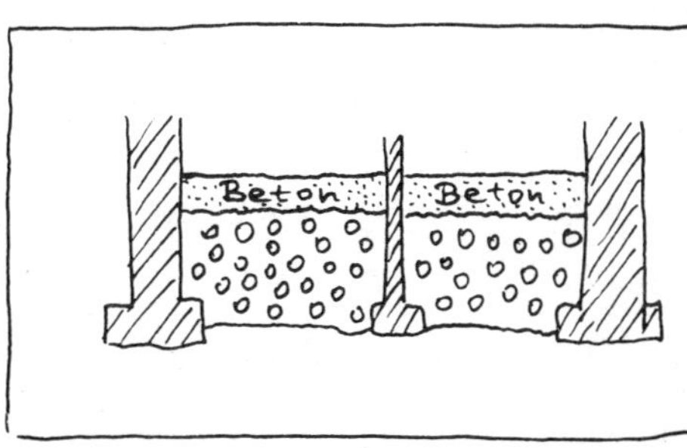

schreibt die konventionelle Bauweise eine Betonschicht in einer Stärke von mindestens 10 cm vor. Selbst bei baubiologischen Bodengründungen wird die Betonsohle erwähnt, akzeptiert werden dabei nur Materialmischungen aus Ziegelsplitt, Blähton oder ausgewählten Kiessorten und Trasskalk oder ähnlichen Kalkbindemitteln (»Biobeton«). Die Einwände gegen gewöhnlichen Beton von baubiologischer Seite:

- sehr langer Feuchtigkeitsrückhalt, und deshalb längere Trocknungszeiten und Wärmeverluste.
- Bei Verwendung von Hochofenschlacke als Zuschlagstoff und Hochofenzement als Bindemittel höhere Radioaktivität.

Diese Materialien werden allerdings nur sporadisch bei der Betonherstellung eingesetzt – zu welchem Zeitpunkt und in welchem Umfang ist nur schwer erfahrbar. Konsequenterweise müßte man also auf herkömmlichen Beton beim Hausbau verzichten, solange dessen Zusammensetzung nicht geklärt ist.

Trotz der Einwände: Auf der Baustelle entscheiden letztlich meistens die praktischen Überlegungen. Diese Erfahrung werden schon viele Selbstbauer und Bauherren gemacht haben. Vom Bautechnischen her läßt sich die Betonschicht als Fundamentplatte auch kaum umgehen. Die baubiologischen Alternativen hierzu erscheinen mir einfach nicht zuverlässig genug. Außerdem fehlen hier noch die Erfahrungen einer längeren Bewährungsprobe. Eine weitere Alternative, der »Biobeton«, steht in der Praxis so gut wie nirgends zur Verfügung.

Der Betonboden

Für den Untergrund des Betonbodens gelten ähnliche Regeln wie für Fundamentmauern: Der Untergrund sollte aus möglichst grobem Schotter oder Kies bestehen. Diese Schicht hat die Aufgabe, den kapillaren Feuchtigkeitstransport im Boden zu unterbrechen.

Bevor der Beton eingebracht wird, ist der Untergrund gut festzustampfen und auszufluchten. Das Ausfluchten geschieht mit mehreren Wasserwaagen oder besser noch mit der Schlauchwaage.

Bei Verwendung der Schlauchwaage zeichnen Sie zunächst ein gültiges Niveau an den beiden Längsseiten des Raumes an. Von den zwei Orientierungspunkten aus können dann mit Wasserwaage und Brett die Bodenlinien an den Längsseiten festgelegt werden.

An diesen Linien befestigen Sie mit Putzhaken Bretter oder kräftige Latten. Dadurch erhalten Sie zu beiden Seiten des Raumes Schienen, auf denen eine Lehre bewegt werden kann.
Dies ist, glaube ich, immer noch das einfachste Verfahren, um einen Boden auszufluchten. Die Lehre zeigt an, wo eventuell noch Kies hinzuzufügen oder wegzunehmen ist.

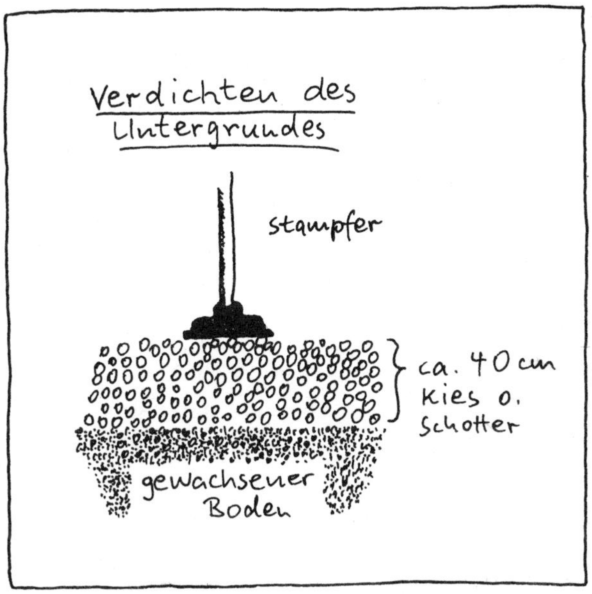

Für den Unterbeton sind ebenfalls Lehren nötig, damit er gleichmäßig und eben abgezogen werden kann. Hierfür eignen sich am besten sägerauhe Kanthölzer in der Stärke des Unterbetons. Die Lehren werden quer zur Längsseite des Raumes gelegt, im Abstand von 1,50 bis 2,00 m. Die richtige Höhenlage der Kanthölzer richten Sie an den Seitenlinien aus.
Nun können Sie den Beton auf der gut festgestampften und ausgefluchteten Unterlage in einer Stärke von mind. 10 cm einbringen. Für diese Zwecke eignet sich am besten Unterbeton der Festigkeitsklasse B 10 oder B 15. Die Vorteile von B 15 Beton liegen darin, daß er etwas fester ist und selbst bei Frosteinwirkung erstarrt.
Sofern eine freie Zufahrt zur Baustelle gewährleistet ist, würde ich für die Anlieferung von fertigem Transportbeton plädieren. Rein vom Anschaffungspreis her ist der Unterschied zwischen fertigem und selbst angemischtem Beton gerade bei kleineren Abgabemengen kaum erwähnenswert, zudem sparen Sie sich beim Fertigbeton die Plackerei des Anmischens und Transportierens.
Am günstigsten wäre es, wenn Sie sich den Beton über eine Schütte gleich in die Räume gießen

lassen. Solche Schütten gehören normalerweise zum Zubehör eines Betontransporters.
Wenn diese Methode nicht möglich ist, z.B. weil die Räume des Erdgeschoßes zu hoch liegen, kann man den Beton umpumpen lassen. Kalkulieren Sie aber erst einmal durch, ob Sie in einem solchen Fall den Beton nicht besser mit Schubkarren weiterbefördern. Eine Betonpumpe kann nämlich eventuell teurer werden als der ganze Beton samt Transport.

Der Beton sollte möglichst in erdfeuchtem Zustand geliefert werden, zuviel Anmachwasser setzt die Endfestigkeit herab. Die Masse ist dann zwar weniger geschmeidig, kann dafür aber besser verdichtet werden. Auf gewerblichen Baustellen setzt man für diese Arbeit maschinelle Rüttler ein, für unsere Zwecke genügt dagegen ein selbstgebastelter Stampfer aus einem schweren Rundling mit einem Brett am Fuß.

Zunächst muß der Beton aber erst einmal gleichmäßig verteilt und mit dem Schaufelrücken angeklopft sein. Dann stampfen Sie ihn fest und ziehen die Oberfläche mit einem Brett in Zick-Zackbewegungen ab. Die Lehren werden nach und nach entfernt, und die Fugen mit Beton ausgefüllt. Bei sehr großen Betonflächen (in Einfamilienhäusern selten der Fall) müßten etwa alle 6 Meter 1 cm breite Dehnungsstreifen gelassen werden, um Schwind- und Dehnungsrisse zu vermeiden. Die Fugen werden später mit Dichtungsmasse ausgefüllt.

Für unseren weiteren Aufbau wäre es von Vorteil, wenn der Beton eine möglichst glatte Oberfläche erhält. Am besten die Oberfläche mit einem Reibebrett abziehen. Bei sehr rauhem Beton kann als Zusatz zum Glätten eine Zementschlämme (Wasser und Zement) ganz hilfreich sein.

In den folgenden Tagen muß man dem Beton Ruhe gönnen. Je nach Stärke der Schicht ist mit drei bis vier Wochen zu rechnen, bis die Endfestigkeit erreicht ist. Vor allem zu rasches Austrocknen schadet dem Erhärtungsvorgang. Deshalb sollten Sie entweder die gesamte Betonfläche mit einer Plastikfolie abdecken oder regelmäßig mit Wasser übergießen.

Isolieren der Bodensohle

Ein fachgerecht ausgeführter Betonboden gilt eigentlich als wasserdicht. Dies ist allerdings noch keine Garantie für einen dauerhaft trockenen Fußboden, wenn die zusätzlichen Isoliermaßnahmen wie Kiesschüttung und Sperrpappe vernachlässigt werden. So ging einer meiner Versuche, nur mit einer Betonschicht auf nacktem Lehmboden auszukommen, gründlich daneben. Der schutzlos auf dem Beton aufliegende Holzboden fing schon nach einigen Monaten zu modern an. Das Holz mußte wieder entfernt und die Betonschicht vorschriftsmäßig abgedichtet werden.

Im allgemeinen handelt es sich hierbei um Absperrungen gegen Feuchtigkeit in dampfförmiger und flüssiger Form. Die gängigen Sperrmittel sind Schlämmen, Folien und Pappen. Im folgenden die einzelnen Abdichtungsmaßnahmen:

Zunächst wird auf den Beton eine Dichtungsschlämme in dreifacher Lage aufgebracht. Dieses Mittel wurde auch schon bei der senkrechten Isolierung der Grundmauern verwendet (vgl. »Trockenlegen der Fundamente«). Die möglichst dick aufgetragene Schlämme soll zugleich die rauhe Betonoberfläche glätten, damit keine spitzen Steine die nachfolgenden Sperrschichten

verletzen können. Statt der teuren Schlämme kann man sich aber auch mit Mörtel (Gemisch 3:1 aus feinem Sand und Zement) behelfen. Der Mörtel wird mit einer breiten Kelle aufgetragen und dient ausschließlich dazu, rauhe und unebene Stellen des Rohbetons auszugleichen. Er hat keine zusätzliche Dichtfunktion wie die Dichtschlämme.

Nun ist die Betonoberfläche soweit vorbereitet, daß wir mit den Abdichtungsmaßnahmen begin-

nen können. Diese dienen ausschließlich dazu, Feuchtigkeit aus dem Untergrund nicht nach oben dringen zu lassen. Ihre Wirksamkeit bleibt aber begrenzt. Keineswegs können Sie drückendem Grundwasser auf längere Dauer standhalten. Dazu wären wesentlich umfangreichere und in der Regel sehr komplizierte Maßnahmen nötig, die ausschließlich Spezialisten überlassen werden müssen.

Die gängigsten Abdichtungsmittel sind Teerpappen und Bitumen. Die Teerpappen sollten in mehreren Lagen (mindestens zwei besser drei) verklebt werden. Arbeitstechnisch am einfachsten ist das Verkleben mit Kaltbitumen (Flüssigbitumen). Die Alternative dazu wäre Heißbitumen. Hierzu müssen aber die harten Bitumenbrocken erst einmal mit einem Kocher geschmolzen werden.

Nachteil von Flüssigbitumen:
Zur Verflüssigung werden giftige Lösungsmittel eingesetzt, die bei der Verarbeitung verdunsten. Bei Anwendung des Flüssigklebers sollten Sie deshalb eine Schutzmaske tragen. Nach einigen Tagen ist das Lösungsmittel soweit verdunstet, daß keine Gesundheitsgefährdung mehr besteht. Keine Geruchsprobleme verursachen dagegen *Bitumen-Emulsionen* (z. B. »Deitermann Superflex 2000«).

Die erste Lage Teerpappe (333er) wird mit dem Kaltbitumen direkt auf die Betonsohle geklebt. Dabei abschnittweise vorgehen. Jeweils auf einige Quadratmeter Beton satt Bitumen auftragen; Teerpappe einlegen und andrücken. Mit versetzten Längsstössen die zweite Lage auf die erste Lage ebenfalls satt aufkleben, usw. Falls

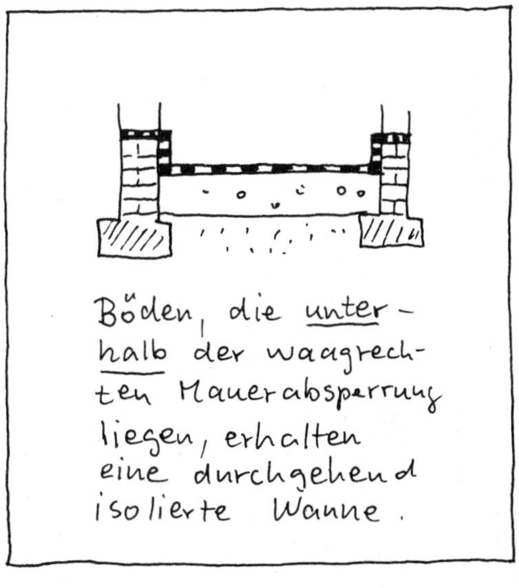

die *waagrechte Absperrung der Außenwand* greifbar in unmittelbarer Nähe des Bodens verläuft, werden die Bodenpappen mit der Mauerabsperrung verklebt. Auf diese Weise ergibt sich eine dichte Bodenwanne gegen aufsteigende Feuchtigkeit.

Noch mehr Sicherheit sowohl gegen Nässe wie gegen Risse bieten Spezial-Kunststoffolien. Im Handel sind seit kurzem perfekt abgestimmte Dichtungssysteme (z. B. von »Deitermann«) erhältlich.

Will man Bauschäden von vorneherein ausschalten, lassen sich die genannten Sperrmaßnahmen nicht umgehen. Baubiologische Lösungen gibt es zwar, sie bieten auf lange Sicht aber keine Sicherheit!

Falls der Boden lediglich für untergeordnete Zwecke dient, also z. B. für Wasch- oder Hobbyraum, werden weniger Absperrmaßnahmen benötigt. Dann genügt eine Lage Absperrfolie (Baubedarf), auf die dann der Estrich aufgebracht wird. Der glatte Estrichboden genügt als

Bodenabdichtung mit neu entwickeltem Abdichtungssystem

Bestandteile: Polymer-Bitumenmasse, Spezialfolie (z. B. System »Deitermann«)
Vorteile gegenüber der oben beschriebenen herkömmlichen Abdichtungsmethode: hohe Dichtigkeit, Überbrückung von Rissen bis 5mm, auf allen feuchten und trockenen Untergründen verarbeitbar, lösungsmittelfrei.

1. Voranstrich und 1. Auftrag der Spezial-Bitumenmasse.

2. Zweiter Auftrag des Spezialbitumenanstrichs.

3. Einlegen der Spezialfolie in den zweiten Bitumenanstrich.

4. Überarbeiten der Folie mit Spezial-Bitumenmasse.

5. Einlegen der folgenden Bahn mit Überlappung.

6. Andrücken der Bahn mit folgendem Bitumenanstrich.

Gehbelag für Lagerräume. Für Wasch- oder Hobbyraum sollte der Estrich verfliest werden. Fliesen sind hier der ideale Belag, weil sie zusätzlich feuchtigkeitssperrend wirken. Sie eignen sich wesentlich besser als Kunststoff- oder Teppichböden, unter denen sich im Laufe der Jahre Schimmel bilden kann.

Der biologische Kellerboden

Wenn der Keller als Vorratskammer für Obst, Gemüse und Wein genutzt wird, sollte dort ein möglichst naturgemäßes Klima herrschen. Verschiedene Versuche haben nämlich gezeigt, daß sich z.B. Wurzel- und Knollengemüse in Gemäuern traditioneller Bauart wesentlich besser halten als in betonierten und isolierten Bunkern. Bei den einfachen gemauerten Kellern übernimmt der Boden eine Art Schaltfunktion zwi-

schen Natur (Erde) und umbautem Raum. So wird auf natürliche Weise Temperatur und Feuchtigkeitsgehalt der Luft geregelt.
Optimal für den biologischen Haushalt eines Vorratskellers ist ein Boden aus Voll- oder Hochlochziegeln auf einer Kalkschotterunterlage. Die Fugen werden mit einem hochhydraulischen Kalkmörtel (1:3) gefüllt.

Wärmedämmung
Sofern die Räume *bewohnt* werden, sei es im Keller oder im nicht unterkellerten Erdgeschoß, muß der Boden auf die oben beschriebene Weise mit Folien und Bitumen sorgfältigst abgedichtet werden. Darauf folgt als nächste Schicht die Wärmedämmung. Sie ist unumgänglich, weil nicht unterkellerte Böden zum einen fußkalt, zum anderen durch Kondenswasserbildung (bei starkem Temperaturgefälle zwischen warmer Raumluft und kalter Bodenoberfläche) gefährdet sind.
Die Dämmschicht sollte mindestens 6, besser 10 cm dick und verrottungsfest sowie alterungsbeständig sein. Geeignet sind u.a. bituminierte Korkplatten und Schaumstoffplatten (Kennzeichen: »geeignet zur Trittschalldämmung«). Ebenso möglich sind Dämmungen mit Schüttgut wie »Bituperl« oder Blähton. Letzteres Material ist allerdings vermindert wärmedämmfähig, sodaß mindestens doppelte Schichtstärken nötig wären, um in etwa den Dämmwert der anderen genannten Dämmstoffe zu erreichen. Schüttdämmstoffe eignen sich auch zum Ausgleichen unebener Böden.

Estrich
Als (»schwimmender«) Estrich wird jene Schicht bezeichnet, die die eigentliche Trägerschicht für den Bodenbelag bildet. Unter »schwimmend« versteht man die Trennung des Estrichs durch Randstreifen von den Wänden und durch Dämmplatten bzw. Schüttung und Folie vom Untergrund. Streng genommen könnte man die Estrichplatte bei entsprechendem Kraftaufwand vom Boden abheben, da keine direkte Bindung zum Umfeld besteht. Der »schwimmende« Zustand der Estrichplatte verbessert vor allem die Schalldämmung. Schallwellen werden durch weiche Randstreifen und Bodendämmung an der Übertragung auf Wände und Untergrund gehindert.

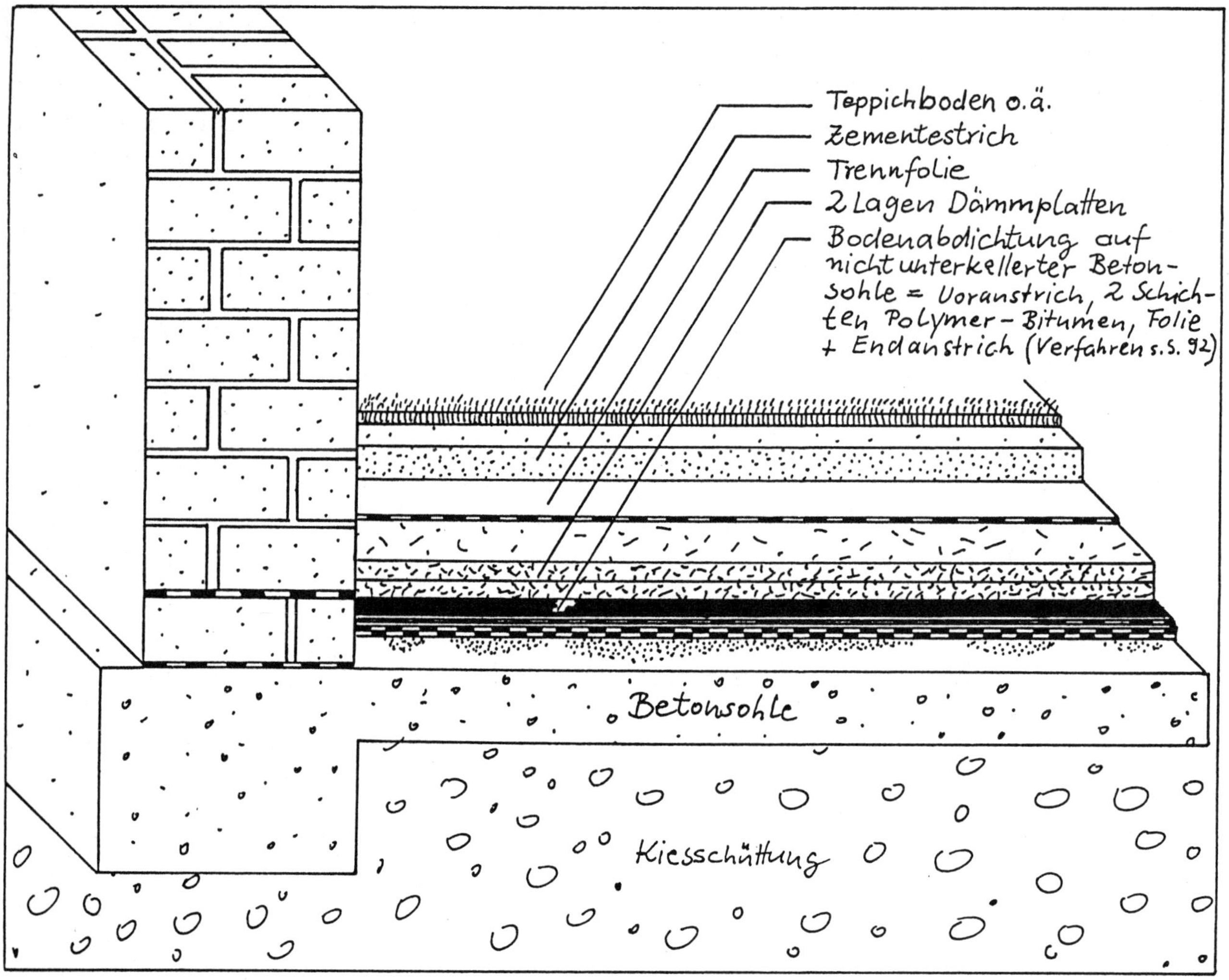

Naßestrich

Die am häufigsten angewandte Estrichart ist der Zementestrich, ein Gemisch aus Zement, Sand, Wasser und Fließzusätzen. Auf Baustellen wird er heutzutage nur noch fertig verarbeitet, d.h. maschinell angemischt und in die aus Folien und Randstreifen vorbereitete Bodenwanne gegossen bzw. gepumpt. Die Masse verteilt sich selbstständig und bildet eine glatte, nach dem Austrocknen begehbare Schicht. Nach der Austrocknungszeit von mindestens drei bis vier Wochen können Fliesenbeläge, Teppich- oder Kunststoffböden oder Parkettböden (Austrocknungszeit hier besser zwei bis drei Monate!) aufgeklebt werden.

Trockenestrich

Flüssigestriche werden heute fast ausschließlich von Spezialfirmen verarbeitet. Für den Selbstbau kommen sie daher nicht infrage. Für den Selbstbau eignen sich stattdessen *Trockenestriche*. Sie bestehen aus Fertigteilen in Plattenform. Am häufigsten angewendet werden Spanplatten, die im Nut- und Federsystem aneinandergestoßen werden (Materialpreis für zementgebundene Spanplatte, formaldehydfrei, ca. 22,– DM/m^2 Stärke 19 mm).

Ebenfalls geeignet sind Gips-Trocken-Unterböden (z. B. der Fa. KNAUF), die in Nut- und Federausführung an den Stößen miteinander verklebt werden (Materialpreis ca. 18,– DM/m^2).
Bei geringen Unebenheiten des Unterbodens genügt sowohl unter Span- wie Gipsplatten zum Ausgleichen eine Lage Wellpappe. Größere Unebenheiten gleicht man am besten durch eine Schüttlage »Bituperl« aus, wobei der Boden sorgfältig mit Hilfe von Latten ausnivelliert werden muß. Trockenestriche haben den Vorteil, daß Bodenbeläge sofort verlegt werden können.

Der Holzfußboden

Holzböden sind, was ihre biologische Qualität, Elastizität, Dauerhaftigkeit und Behaglichkeit betrifft, der ideale Bodenbelag. Auch bezüglich Pflegeleichtigkeit liegen sie ganz vorn.
Viele unserer heimischen Hölzer eignen sich für Holzböden (siehe auch »Kleine Holzkunde«). Neben den Harthölzern Esche, Buche, Eiche und Ahorn kommen auch Nadelhölzer (Fichte, Kiefer) zum Einsatz. Je härter das Holz, desto dauerhafter ist es. Holzböden werden in drei Kategorien angeboten:

1. Massivparkett: Vorwiegend Harthölzer in Stabform mit umlaufendem Nut- und Federsystem. Sie werden wie Fliesen auf glatte Unterböden (Spanplatten oder Zementestrich) geklebt, danach abgeschliffen und versiegelt.
2. Dielenboden: Massive Holzbretter mit Nut- und Feder, vorwiegend Fichte oder Kiefer. Auf Lagerhölzer genagelt, danach geschliffen und versiegelt. Geeignet zum Selbstverlegen.
3. Fertigparkett: Mehrschichtenplatten mit oftmals nur hauchdünner Nutzschicht, zum Teil bereits versiegelt. Platten werden auf Estrich

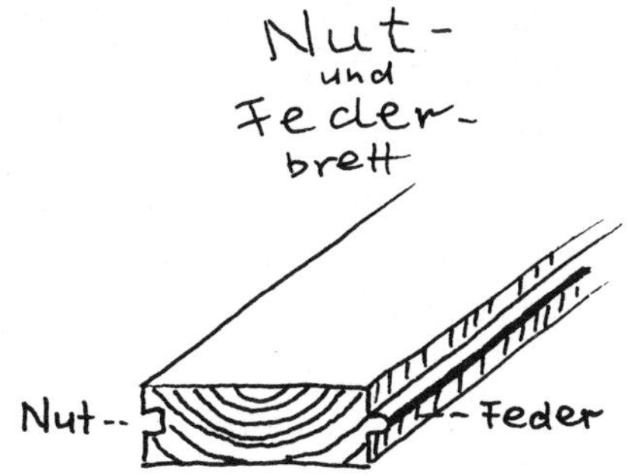

(Spanplatten oder Zementestrich) geklebt. Selbermacher-geeignet. Weniger dauerhaft als Massivholzböden!

Massivparkett und Dielenböden haben im Altbau eine lange Tradition. Dielenböden kommen vor allem in umgebauten Bauernhäusern wieder verstärkt zum Einsatz. Im Folgenden werden die Verlegearbeiten beschrieben.

Der Holzeinkauf

Dielenbretter sind an den Längskanten mit einem einfachen Nut- und Federsystem versehen, Brettstärken ab 40 mm haben gewöhnlich Doppelnut und -feder. An Holzsorten stehen in erster Linie Fichte und Kiefer zur Auswahl (Quadratmeterpreis je nach Qualität von 25 bis 30,– DM/Stand 1991).

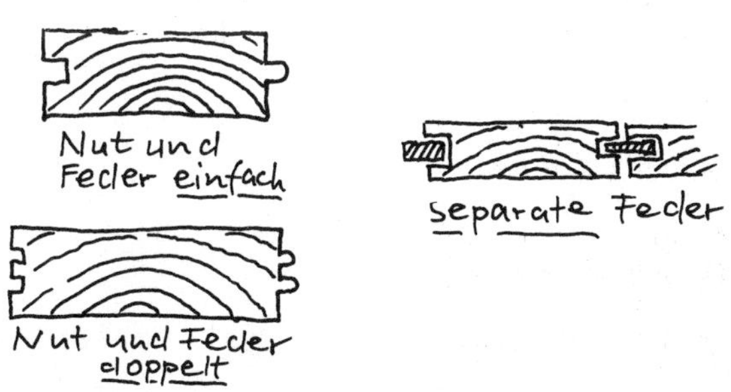

Günstige Bezugsquellen sind die kleineren Sägewerke auf dem Lande. In der Stadt zahlt man dagegen wegen der hohen Lagerhaltungskosten meistens drauf. Billige und gute Angebote lassen sich manchmal auch in Großmärkten entdecken. Bei jedem Holzeinkauf gilt: bei der Auswahl der Ware die Augen offen halten, sonst gerät man

schnell an Ausschuß, der – von kundigen Käufern aussortiert – in den Regalen darauf wartet, doch noch mitgenommen zu werden. Auch bei Abholung vom Sägewerk sollte man sich jedes Brett einzeln aussuchen, das Recht dazu besteht jedenfalls – auch wenn der Holzhändler ein verdrießliches Gesicht macht (genauere Hinweise zur Prüfung von Holz siehe »Kleine Holzkunde«). Bretter für Fußböden müssen zumindest einseitig gehobelt sein. Gute Hobelware erkennt man u.a. daran, daß sie auch um Aststellen herum glatt ist. Kaufen Sie sich am besten gleich auf einen Sitz die gesamte, für den Ausbau nötige Holzmenge. Der Vorteil: Bei größeren Abgabemengen läßt sich leichter ein günstiger Preis aushandeln. Außerdem wird dann von vorneherein das ewige Hin und Her von Kleintransporten vermieden. Und nicht zuletzt können Sie das Holz zu Hause noch eine Weile ablagern.
Solange das Holz nicht verbaut wird, sollte es an einem trockenen und luftigen Platz gestapelt werden. Fußbodenbretter muß man vor direkter Sonnenbestrahlung schützen, weil sie sich sonst unschön verfärben. Dielenbretter arbeiten im verbauten Zustand weniger, wenn sie sich bereits einige Zeit vorher dem jeweiligen Raumklima anpassen können. Wenn möglich, stapeln Sie das Holz also gleich am Einsatzort auf.

seliges Abbeilen allmählich in eine Ebene eingefluchtet werden. Der Selbermacher verschone sich vor solchen Strapazen.
Leichter läßt sich der Unterboden in diesem Falle mit an den Schenkelseiten der Balken geschraubten Bohlen oder Kanthölzern (Stärke mind. 45 mm) ausgleichen. Diese Verstärkungen stören allerdings, wenn die Balken aus architektonischen Erwägungen heraus von unten sichtbar bleiben sollen.
Zur Not könnten die Bohlen dann genau bis zur Unterkante der Balken gezogen und unschöne Fugen mit Holzkitt verfüllt werden. Wenn Sie diese plastische Chirurgie abschließend noch mit einer dunklen Farbe überpinseln, sehen die Balken dann wieder wie aus einem Stamm gewachsen aus.

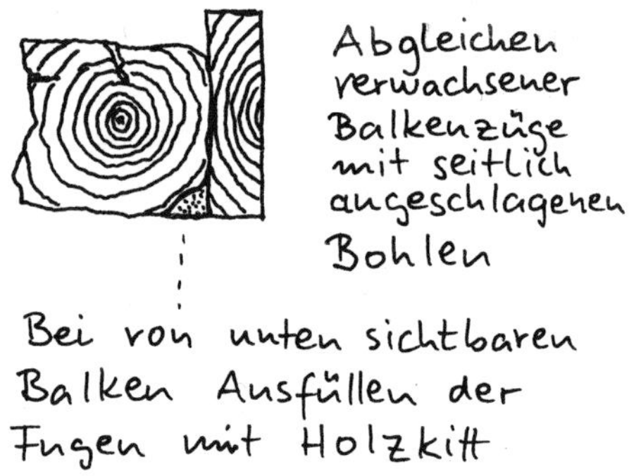

Vorbereiten des Untergrundes

A) Holzbalkendecken

Soll der Boden auf alten Holzbalkendecken verlegt werden, ist zunächst einmal der Untergrund auszufluchten. Nicht selten hängen alte Decken durch oder verlaufen in einer schiefen Ebene. Das Ausgleichen solcher Unterlagen kann selbst einen erfahrenen Zimmermann zum Schwitzen bringen, besonders wenn die alten Balken krumm gewachsen sind und sich nur wenige Anhaltspunkte für eine durchgehende Ebene ergeben. In diesem Fall müßten die Balken durch müh-

Zur Vermeidung der *Trittschallübertragung* darf der Boden nicht unmittelbar auf die alten Balken genagelt werden. Stattdessen ist er auf gesonderten Latten oder Kanthölzern anzubringen, die mit Kork- oder Filzstreifen zu unterlegen sind. Zu diesem Zweck können Sie z.B. eine Korktapete in Streifen schneiden und mehrlagig übereinanderlegen. Auch zur Trittschalldämmung geeignete Steinwollematten kommen hierfür in Frage. Wichtig ist nur, daß die unmittelbare Schallbrücke zwischen Boden und Trägern

unterbrochen wird, sonst kann der Schall über die Balken auf Decke und Wände übertragen werden.

Prüfen Sie auch, ob die alten Balken noch tragfähig genug sind. Bei Balkenabständen von einem Meter und mehr sollten Sie eventuell zusätzliche Träger einziehen oder wenigstens zu kräftigen N/F-Brettern (45 mm Stärke) mit dem Doppelnut- und Federsystem greifen.

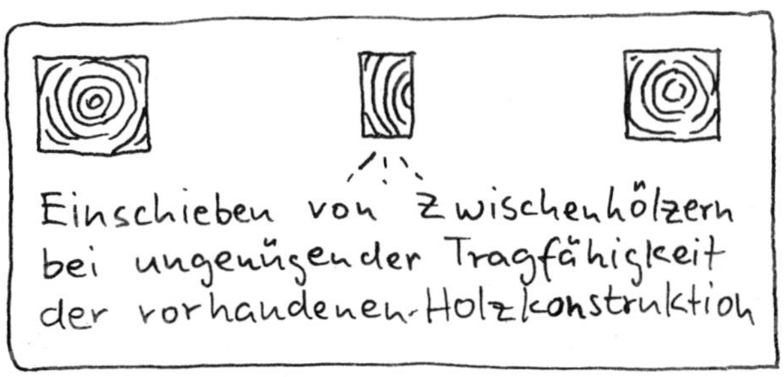

B) Unterbau auf neu verlegten Lagerhölzern

Wo statt der Holzbalkendecke ein harter Unterbau aus Beton, Stein etc. vorhanden ist, wird der Holzboden auf neuen Lagerhölzern (100/60 mm oder zur Not kräftige Latten 60/40 mm) verlegt. Der Untergrund muß trocken und tragfähig und vor allem exakt ausgefluchtet sein. Zur Vermei-

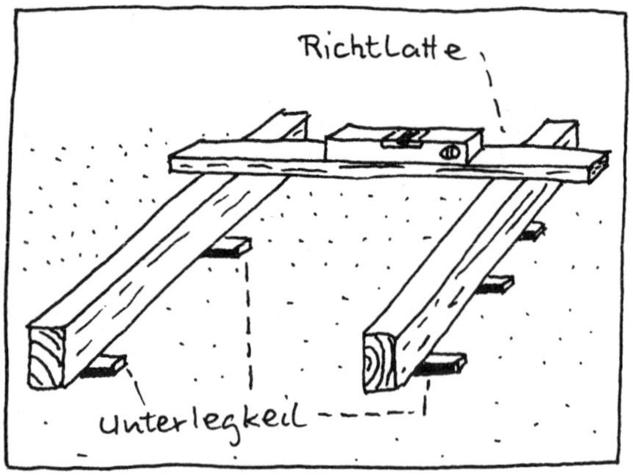

dung von *Trittschallübertragung* werden die Lagerhölzer mit Dämmstreifen unterlegt. Der durchschnittliche Abstand der Lagerhölzer sollte nicht mehr als 50 cm betragen. An vielbegangenen Stellen, wie z. B. vor Türen, und bei Belastung mit schweren Gegenständen (z. B. Kachelofen) sind die Abstände zu verringern. Ebenso verfährt man, wenn die Balken weit auseinanderliegen. Dann werden die Lagerhölzer *quer* verlegt. Normale Latten reichen dazu nicht mehr aus. Hier müssen tragfähige Kanthölzer eingesetzt werden.

Bei Lagerholzabständen bis 50 cm genügen Brettstärken von 24 mm, idealer sind 30 mm. Sie überdauern bestimmt mehrere Generationen.

Der Holzschutz

Für tragende Hölzer in Wohnräumen sind Holzschutzmaßnahmen gemäß DIN-Norm nicht erforderlich (siehe auch »Holzschutz«). Dennoch sollten Sie sich älteres Gebälk genau ansehen, insbesondere an den Kopfenden, die in Außenwänden stecken.

Zeigen Hölzer Spuren von Schädlingen, muß man sich zunächst vergewissern, ob die Insekten noch aktiv sind. Oft liegt der Befall schon viele Jahre zurück. Gerade bei Hölzern, die älter als 50 Jahre sind, ist frischer Befall bei üblichem Wohnklima unwahrscheinlich.

Befallene Hölzer müssen hinsichtlich Standsicherheit geprüft werden (Statiker oder Zimmermann). Ist auch das Kernholz in Mitleidenschaft gezogen, müssen die Balken rigoros ausgetauscht werden (siehe dazu auch Kap. »Holzbalkendecke«).

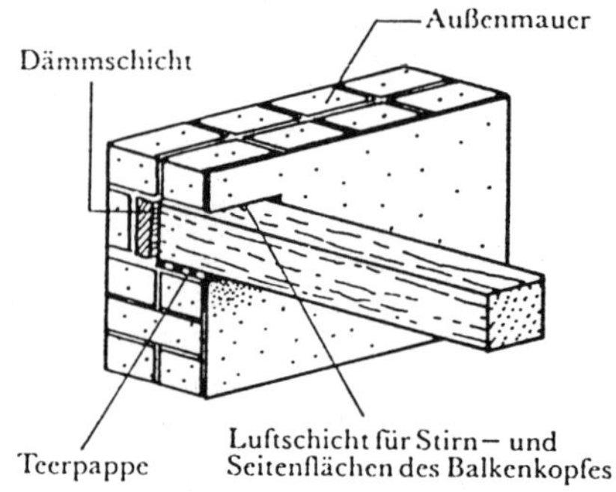

Verlegen der Dielenbretter

Sofern die Bretter zweiseitig gehobelt sind, sollten Sie darauf achten, daß beim Einbau jeweils die *rechte* Seite (*Kernseite*) oben liegt. So bleiben die Fugen besser geschlossen, außerdem ist die Kernseite etwas strapazierfähiger. Bei einseitig gehobelter Ware gibt es dagegen keine Wahlmöglichkeit.

Bei zweiseitig gehobelter Schnittware darauf achten, daß die Kernseite jeweils oben liegt. Bretter schließen dann besser dicht.

Bedenken Sie beim Zuschneiden der Bretter, daß Holz arbeitet. In der Länge sollten Sie deshalb zur Wand hin jeweils einen halben Zentimeter und für die gesamte Fläche an den Breitseiten jeweils einen ganzen Zentimeter Spielraum lassen. Diese Spielräume werden später von den Fußbodenleisten überdeckt.

Zur Befestigung der Bretter ist eine *verdeckte* Nagelung vorzuziehen. Nicht nur der Schönheit wegen. Die Bretter werden durch die verdeckte Nagelung auch fester zusammengetrieben. Ob besser von der Nut- oder der Federseite her genagelt wird, darüber streiten sich die Zimmer-

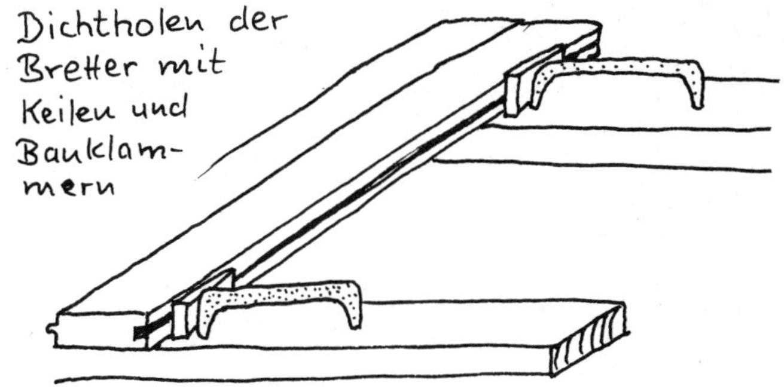

leute. Beim Nageln durch die Nutseite müssen Sie auf jeden Fall einen Versenker zu Hilfe nehmen.

Für die Bemessung der Nägel gilt die Regel: 1/3 der Länge für den zu befestigenden Gegenstand und 2/3 für den Untergrund. Für die 30 mm starken Bretter verwenden wir einfache Kistennägel mit einer Länge von 65 mm, die schräg im 45° Winkel zur Ebene eingetrieben werden.

Lose liegende Bretter holen Sie zunächst durch Hammerschläge dicht, bis sich Nut und Feder ineinandergeschoben haben und die von oben sichtbare Fuge geschlossen ist. Kürzere Bretter lassen sich meist sogar widerstandslos mit der Hand zusammenfügen. Wenn Sie mit dem Hammer nachhelfen, sollten Sie die Bretter mit Klötzchen (aus Abfallbeständen) vor Verletzungen schützen. Sehr lange Bretter sträuben sich gerne gegen das Dichtschließen. Dann muß man Zimmermannshaken (Bauklammern) an den Lagerhölzern einspannen und die Bretter mit Keilen zusammentreiben (siehe Zeichnung).

Wenn auch diese Methode nicht fruchtet, ist eines der Bretter krumm, oder Nut und Feder sind nicht sauber genug gefräst. Vielleicht blockieren auch nur irgendwelche Verunreinigungen den dichten Zusammenschluß.

Für sehr große Räume hat der Holzhändler nicht immer die richtigen Brettlängen parat. Dann kann es sein, daß Sie kürzere Bretter aneinanderstückeln müssen. Ein gestückelter Boden ist nichts Minderwertiges – im Gegenteil, er hat seinen eigenen optischen Reiz. Nebenbei kann man auf die Weise manchmal die günstigeren Preise für kürzere Holzware ausnützen.

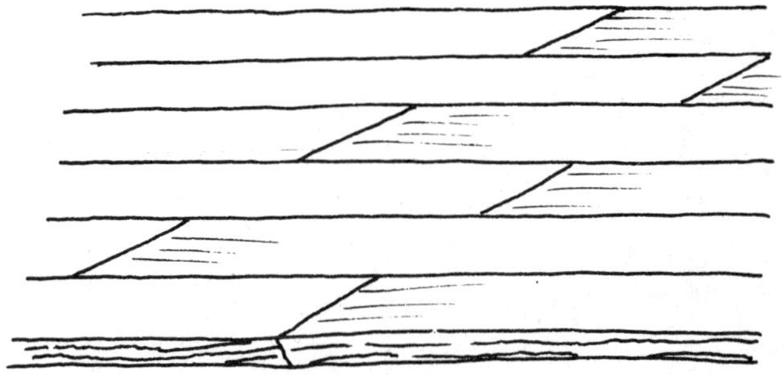

„gestückelter" Holzboden mit versetzt angeordneten Brettern

Damit die »gestückelten« Dielen einen festen Verband bekommen, sollten sie an den Stoßstellen versetzt angeordnet werden. Die Stöße schneiden Sie – soweit vorhanden – mit einer elektrischen Kreissäge auf Gehrung.

Sobald Sie sich einmal richtig eingearbeitet haben, wird das Bodenverlegen zum echten Vergnügen. Schwierigkeiten kann es dann eigentlich nur noch bei den letzten Brettern geben, wenn der Raum zum Nageln immer enger wird und das fugenlose Dichtschließen immer komplizierter. Vermutlich schließt auch das letzte Brett nicht unmittelbar mit dem Raum ab. Dann müssen Sie es mit der Kreis- oder Stichsäge der Länge nach zurechtschneiden.

Die beiden letzten Bretter werden zusammen verlegt, indem Sie Kante gegen Kante setzen und beide Bretter gleichzeitig langsam herunterdrücken. Die Abschlußbretter können nur von oben her genagelt werden. Am besten versenken Sie die Nägel im Holz und spachteln die Löcher anschließend mit Holzkitt aus.

Fußleisten

Jetzt fehlen nur noch die Randleisten. Ratsam ist es allerdings, diese erst nach dem Abschleifen des Bodens anzubringen. Passende Leisten in Fichte oder Kiefer finden Sie am ehesten in Baumärkten (der Meterpreis für solide Leisten liegt derzeit etwa bei 4 DM), geübte und mit entsprechendem Werkzeug ausgestattete Heimwerker fräsen sie sich selbst zurecht.

Die Leisten müssen an den Eckanschlüssen und Stößen auf Gehrung geschnitten werden. Saubere

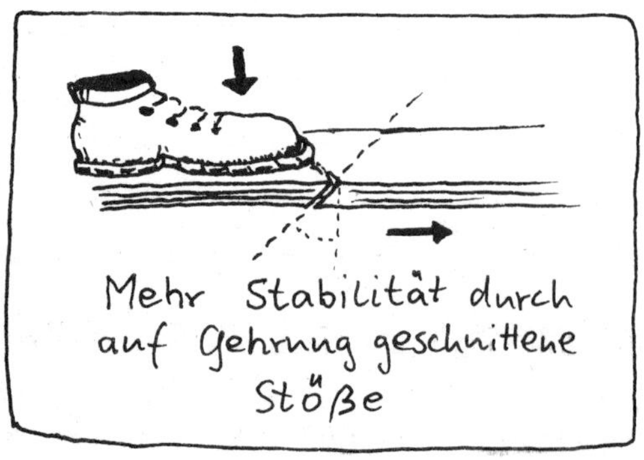

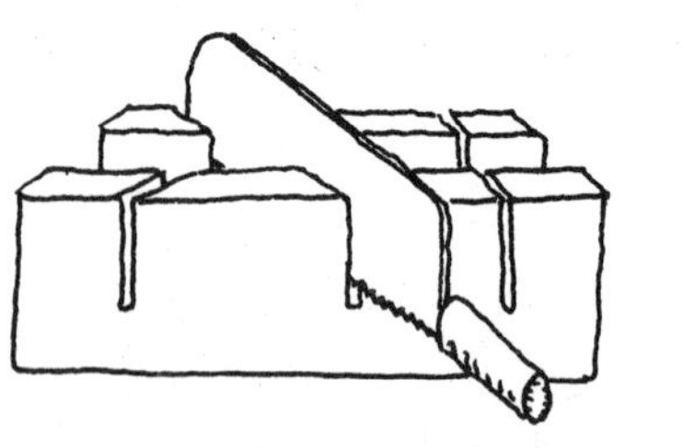

Schnitte gelingen nur, wenn die Feinsäge »ohne Spiel« in der Gehrungslade läuft.

Die Leisten werden mit dünnen Stiften (ohne

Kopf) *an der Wand* befestigt (und nicht am Boden, wo sie mit dem ständig arbeitenden Holz mitwandern würden).

Hoffentlich sind Sie mit ihrem Werk zufrieden. Wenn Sie den Boden unbehandelt lassen wollen, sind Sie jetzt fertig. Ein roher und blank gescheuerter Boden hat natürlich seinen Reiz, auch wenn er schneller vergraut und häufiger gereinigt werden muß als ein versiegelter Boden. Dafür kommen aber seine biologischen Eigenschaften so am besten zur Wirkung.

Der letzte Schliff

Wenn Sie das Holz dagegen lieber einlassen wollen, um sich länger an dessen hellem und frischem Zustand zu erfreuen, müssen Sie die Oberfläche zunächst sorgfältig abschleifen. Am schnellsten läßt sich dies mit einer professionellen Bodenschleifmaschine erledigen, die man sich bei Baumärkten oder Parkettlegern ausleihen kann. Der Umgang mit diesen Maschinen will aber gelernt sein. Es hat einiger Dutzend Quadratmeter Übungsfläche bedurft, bis mir eine wellenfreie Oberfläche gelang. Vielleicht nützen Ihnen deshalb folgende Hinweise etwas: 1. Maschine immer mit gleichmäßiger Geschwindigkeit fortbewegen. 2. Exakt Bahn neben Bahn setzen. 3. Maschine am Ende der Bahn sofort absetzen (sonst entsteht gleich eine Delle im Boden).

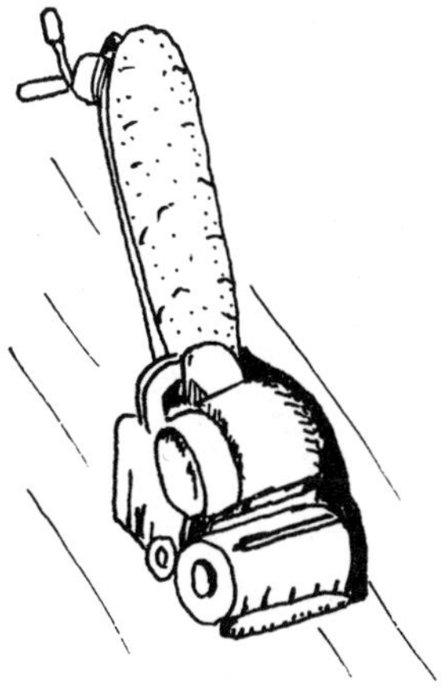

professionelle Fußboden - Schleifmaschine

Gute Ergebnisse lassen sich auch mit den kleinen Heimwerker-Bandschleifmaschinen erzielen (selbst erprobt und sehr empfehlenswert die preisgünstige DN 85 von Black & Decker mit 950 W Leistung). Die Arbeit geht zwar etwas langsamer voran und mehrere Stunden am Boden herumzukriechen, ist auch nicht jedermanns Sache. Die Oberfläche wird aber genauso schön glatt und Schleiffehler lassen sich mit den kleinen Maschinen besser korrigieren als mit den großen. Abzuraten ist dagegen von kleinen Vibrationsschleifern, außer die Oberfläche ist bereits sorgfältig vorgehobelt, was bei Dielenbrettern allerdings sehr selten vorkommt. Noch weniger eignen sich Bohrmaschinen mit vorgespanntem Schleifteller.

Die Fläche wird in der Regel in zwei Durchgängen abgezogen, und zwar zunächst mit göberem (50er) und dann mit feinerem Schleifpapier (100er oder 120er). Vor dem Schleifen alle Fehlstellen zukitten. Den teuren Holzkitt können Sie mit ein bißchen Schleifstaub strecken, dann paßt er sich farblich besser der jeweiligen Holzart an. Zum Schluß alle Staubreste mit einem Staubsauger entfernen.

Oberflächenbehandlung von Holzböden

Vom Wachsen bis zum Versiegeln stehen Ihnen hier verschiedene Möglichkeiten zur Verfügung. Die Wahl der Anwendung richtet sich nach der jeweiligen Belastung der Böden, wie auch der Bereitschaft zu höherem Pflegeaufwand. So müssen z.B. gewachste Böden relativ häufig gereinigt werden, versiegelte Böden sehen dagegen nach Jahren noch wie neu aus. Mitentscheidend bei der Wahl sollte auch die biologische Bewährung der jeweiligen Behandlungsmittel hinsichtlich ihrer Diffusionsfähigkeit und ihrer Gefährlichkeit für den Verarbeiter (bzw. Bewohner) sein.

Die zur Oberflächenbehandlung von Holzböden zur Verfügung stehenden Mittel werden im Kapitel »Holzschutz« eingehend behandelt. Hinzuzufügen wäre noch, daß es für den Schutz von harten Hölzern spezielle Hartwachse gibt, die, wenn sie mit einem Bügeleisen heiß ins Holz eingelassen sind, einen recht dauerhaften Belag bilden (Bezug von Hartwachsen siehe Herstellerverzeichnis).

Bodenpflege

Mit biologischen Mitteln behandelte Böden sollten nach Möglichkeit nicht »chemisch« gereinigt werden. Zur Pflege genügt gewöhnlich reines Wasser, dem etwas Schmierseife oder ein Spülmittel beigegeben wird. Stark verschmutzte *rohe* Holzböden werden mit Soda gereinigt.

DIE INNENWÄNDE

Sollen die Innenwände neu gestaltet werden, muß man zuvor den Zustand der Mauern prüfen. In Altbauten finden sich beispielsweise noch häufig Innenmauern, die schutzlos in feuchtem Erdreich ruhen. Zu einer gründlichen Sanierung gehört es dann, daß die Mauern vor jedem weiteren Ausbau erst einmal trockengelegt werden. Dies gilt vorwiegend für nicht unterkellerte Gebäude. In diesem Fall wären dann die Mauern bis zur Sohle durch eine Kies- oder Schotterschicht vom Erdreich zu trennen. Besonders bei bindigen und humushaltigen Böden müßten die Mauern zusätzlich mit einer horizontalen Sperrschicht (vgl. »Trockenlegung der Fundamente«) versehen werden.

Falls Sie »abschneiden« müssen: bleiben Sie mit der horizontalen Sperrschicht möglichst weit unten am Boden, auch wenn es sich dort nicht so bequem arbeiten läßt. Die Isolierschichten müssen außerdem an den Anschlußstellen mit der horizontalen Absperrung der Außenmauern einen geschlossenen Verband ergeben.

Wärme- und Schalldämmung

Innenwände müssen nur wärmegedämmt werden, wenn sie an kalte Räume oder Außenräume grenzen. Wie bereits im Kap. »Wärmedämmung« besprochen, sollte die Wärmedämmung immer auf der *kalten* Seite liegen. Falls aber aus bautechnischen Gründen nur die warme Seite in Frage kommt, sollte man zunächst das Urteil eines Architekten abwarten, bevor man Bauschäden riskiert.
Die Wärmedämmung kann aufgeklebt und anschließend verputzt werden. Oder man legt sie zwischen Latten und verkleidet die Wand anschließend mit Holz oder Gipskartonplatten. Wenn der Boden tragfähig genug ist (Stahlbetondecke), läßt sich auch eine zweite Wand aus Gasbetonsteinen einziehen.
Je schwerer die Wand, desto besser auch ihre Schalldämmung. Um bei Leichtbauwänden (Holzständerbauweise) eine zufriedenstellende Schalldämmung zu erreichen, müssen die Wände zweischalig aufgebaut werden, d.h. die Wandverkleidungen auf beiden Seiten der Wand werden jeweils von eigenen Tragsystemen gehalten, die keine Verbindungen (Schallbrücken) miteinander haben.

Wandverkleidungen

Wenn Ihr Haus dicke und trockene Ziegelmauern hat, können Sie sich beruhigt das Geld für teure Dämmaterialien sparen. Und damit auch viel Arbeit und Zeit. Die kalten Oberflächen von Massivbauten, die längere Aufheizzeiten bedingen, können durch eine geschickte Wandgestaltung gemildert werden, z.B. durch

Verkleidung mit Korktapeten oder durch Holzverschalungen; vor allem dort, wo man sich häufig aufhält, um den Eß- und Arbeitstisch herum, im Kinderzimmer, an den Schlafstätten.

Gipskartonplatten

Gipskartonplatten sind ein beliebtes Verkleidungselement. Gegenüber dem herkömmlichen Putz haben sie den Vorteil, daß sie sich leicht und vor allem trocken verarbeiten lassen.

Verschiedene Gründe könnten dazu führen, solche Bauplatten zu verwenden. Vielleicht sind Ihnen die alten Wände zu buckelig, oder die Oberflächen wirken sehr kalt, vielleicht hat auch der alte Putz seinen Dienst getan.

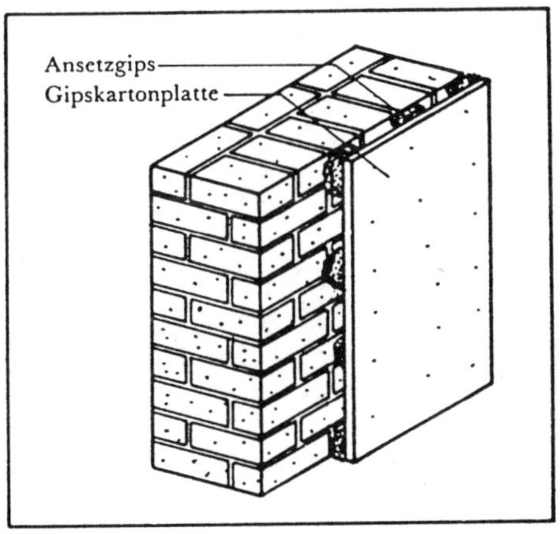

Gipskartonplatten sind aus einem Gipskern aufgebaut, der von einem Karton ummantelt wird. Sie gelten nach Baustoffklasse A 2 als nicht brennbar; für Heizräume, Dachgeschosse, Schornsteinverkleidungen usw., sollten Sie speziell imprägnierte *Feuerschutzplatten* verwenden, die nur unwesentlich teurer sind. Für Feuchträume gibt es ebenfalls spezielle Platten, deren äußeres Kennzeichen ein hellgrüner Kartonmantel ist.

Plattenstärken unter 12,5 mm kommen nur für die Decken in Frage. Wenn Sie ohne Helfer arbeiten, sind außerdem die kleineren, handlichen Formate empfehlenswert.

Normale Gipskartonplatten können nur bedingt als feuchtigkeitsresistent gelten. Aus dieser Tatsache mußte ich eine bittere Lehre ziehen. Ich hatte die Platten nämlich unvorsichtigerweise an eine nicht sanierte, dauerfeuchte Stallwand geklebt, mit dem Effekt, daß der Gips schon nach kurzer Zeit mit Wasser vollgesogen war. Die Platten ließen sich dann von der Wand abziehen wie nasser Pappkarton.

An trockenen Wänden können die Platten am leichtesten nach den Verfahren befestigt werden, wie sie in den Anleitungen der Hersteller beschrieben sind. Entweder werden die Platten also direkt mit Ansetzbinder an die Wand geklebt oder auf Gipskartonstreifen, mit denen man unebene Wände ausgleichen kann.

An feuchten Mauern, bei denen sich eine grundlegende Sanierung nicht lohnt, müssen die Gipskartonplatten auf Latten befestigt werden. Die Platten sollten dann gut hinterlüftet sein. Wo keine Raumenge herrscht, wäre deshalb eine Konterlattung wünschenswert. Dies ist eine zweite Lattenebene, die kreuzweise auf der Unterlattung aufgeschraubt oder genagelt wird.

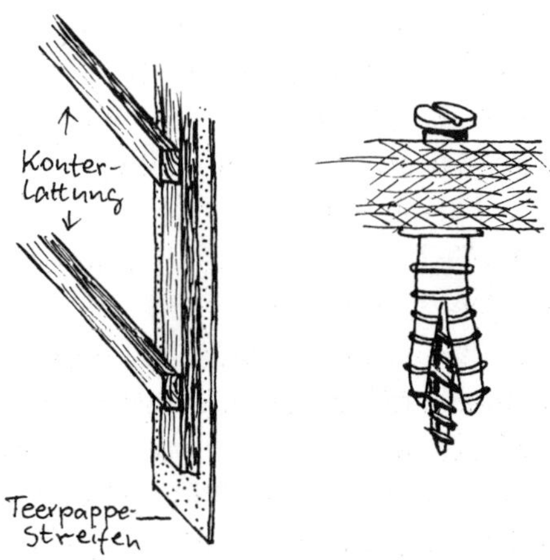

Bei sehr feuchtem Untergrund sollten Sie die Latten (Stärke 30/50 mm oder 40/60 mm) außerdem mit Teerpappestreifen schützen. Die Latten werden mit dem Mauerwerk verdübelt (z.B.

Fischer S 8) und verschraubt (Holzschrauben 80 mm Länge). Den Normen entsprechend müßten die Schrauben sogar länger sein: nach der Regel 1/3 für den Befestigungskörper und 2/3 für den Untergrund. Mit den angegebenen kürzeren Maßen gehen Sie aber kein Risiko ein. Der Lattenabstand: max. 62,5 cm bei der Wand – und 42 cm bei der Deckenbefestigung. Alle Plattenstöße müssen jeweils auf Latten liegen. Bei stärkeren Platten können die Lattenabstände entsprechend den Angaben des Herstellers erweitert werden.

Am bequemsten und schnellsten lassen sich die Latten mit dem Bolzenschußapparat befestigen. Einige Baumärkte leihen inzwischen solche Geräte aus. Relativ schnell kommen Sie aber auch mit zwei Bohrmaschinen voran. Mit der einen wird gebohrt und mit der anderen geschraubt. Die Schraubermaschine sollte mit stufenloser Elektronik und Rechts- und Linkslauf ausgerüstet sein.

Die Schrauben werden in einem Abstand von max. 85 cm eingedreht. Wenn Sie keinen Helfer zur Verfügung haben, fixieren Sie die Latten provisorisch mit Putzhaken. Bei unebenem Grund müssen die Latten mit unterlegten Keilen oder Brettchen ausgefluchtet werden.

Der größte Vorteil der Gipskartonplatten liegt darin, daß sie sich mühelos mit einem ganz ordinären (aber scharfen) Universalmesser zuschneiden lassen. Das in den Anleitungen angegebene Verfahren erscheint mir noch zu umständlich. Am schnellsten kommen Sie voran, wenn das Klingenmesser an der vorgezeichneten Schnittlinie mehrmals kräftig durchgezogen, entlang der Linie eine Latte unterlegt, die Kante leicht angebrochen und dann ganz durchgeschnitten wird. Der Schnitt wird vielleicht nicht so exakt wie beim anderen Verfahren, wo von beiden Seiten her gearbeitet wird. Dafür brauchen Sie aber die Platten nicht umzudrehen, was besonders bei großen Plattenformaten auf Dauer ganz schön in die Arme gehen kann.

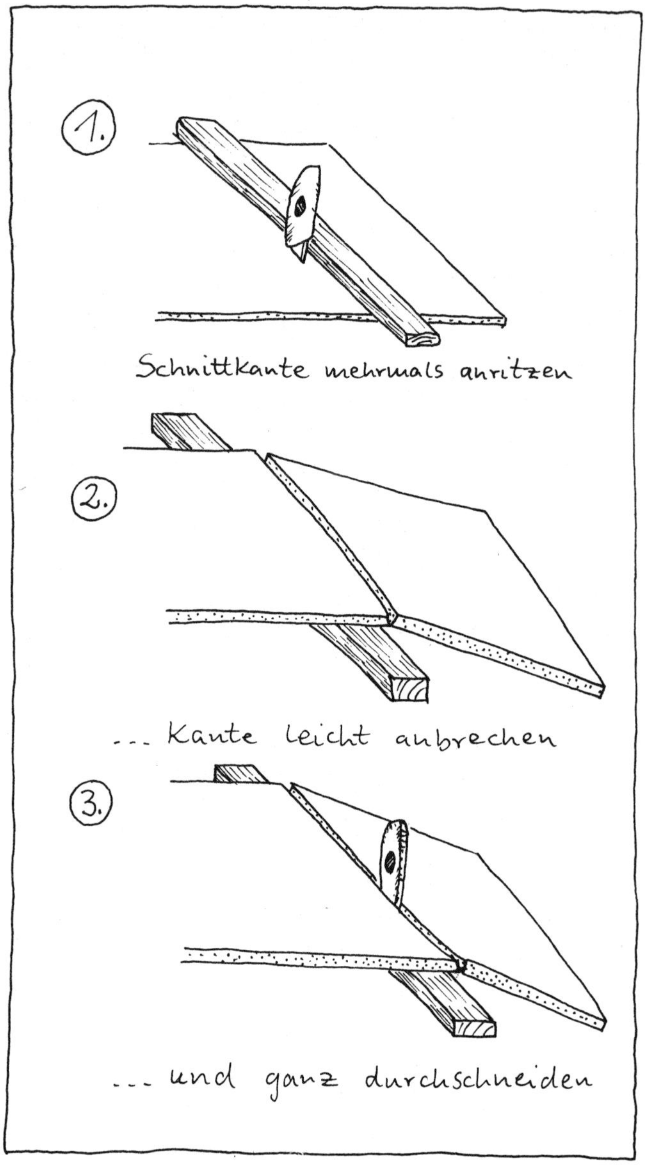

Die Platten werden mit *verzinkten* Nägeln auf den Latten befestigt, und zwar mit gefühlvollen Hammerschlägen, sonst sind schnell Dellen in den Platten. An Dachschrägen und Decken werden die Platten besser verschraubt. Hierfür eignet sich wieder eine elektronische Bohrmaschine mit Schraubvorsatz.

Abschließend verspachteln Sie alle Fugen und sonstigen Unebenheiten. Sehr sorgfältig nach Anleitung muß man hier nur dann arbeiten, wenn die Wände später gestrichen oder mit dünnem

Papier tapeziert werden. Wenn dagegen grob strukturierte Tapeten oder ein Dekorputz aufgebracht werden, fallen kleine Unregelmäßigkeiten im Untergrund kaum auf.

Wandverkleidung mit Holzwolle – Leichtbauplatten

Speziell für untergeordnete Räume und für dünne Wände mit geringem Wärmeschutz eignen sich Holzwolle-Leichtbauplatten als Wandverkleidung. Sie werden entweder mit Ansetzbinder

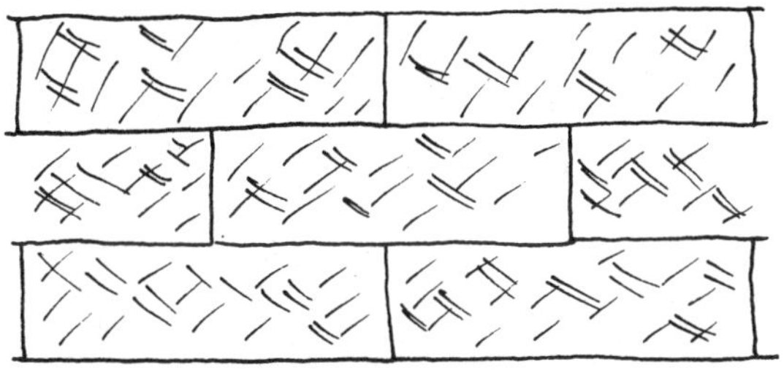

an die Wand geklebt oder mit speziellen Breitkopfnägeln angenagelt. Die Fugen sind mit Jute- oder Drahtgewebestreifen zu überdecken.

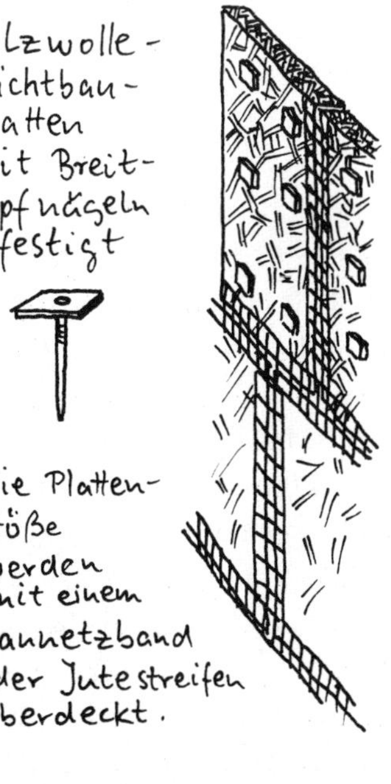

Holzwolleleichtbauplatten bilden einen idealen Untergrund für jeden Innen- und Außenputz. Innenputzarbeiten kommen allerdings für den Laien nicht in Frage, weil für Ecken und Kanten und besonders für Decken sehr viel Übung und Erfahrung nötig ist.

Für jedermann ausführbar ist dagegen ein einfacher *Schlämmanstrich,* der sich wegen seiner geringen Putzstärke vor allem für untergeordnete Räume (Garage, Hobbyraum, Vorratskammer u.ä.) eignet. Hergestellt wird dieser aus je 14 Teilen feinstkörnigem Sand und 5 Teilen fettem

Weiß-Feinkalk (s. »Sumpfkalk«). Der Schlämmanstrich läßt sich wie ein dicker Farbbrei mit der Malerbürste auf den gut vorgenäßten Untergrund auftragen. Nach zwei- bis dreimaligem, sattem Auftrag ist die grobe Strukturoberfläche der Leichtbauplatten geschlossen.

Schlämmanstriche eignen sich auch als dünne Putzschicht auf Backsteinmauerwerk, was zusammen mit der leicht durchscheinenden Struktur des Mauerwerkes eine reizvolle Wirkung ergibt. Diese Putzart wird heute noch vorwiegend bei Kirchen, Parkumfriedungen u.ä. angewendet.

Holzwolle-Leichtbauplatten sind außerordentlich widerstandsfähig gegen Fäulnis, verputzt gelten sie außerdem als feuerhemmend. Bei der Herstellung der Platten werden verschiedene Bindemittel angewendet. Baubiologisch empfohlen sind vor allem die *magnesitgebundenen* Platten (siehe auch unter »Wärmedämmung«). Die Magnesitbindung ergibt einen kalkähnlichen Mörtel mit der gewünschten Sorptionsfähigkeit, die auch dem Holz eigen ist. Vor allem die Elastizität des Holzes wird auf Dauer bewahrt, die Holzfaser versprödet nicht.
Leichtbauplatten können auch mit Zement- oder Gipsbindung hergestellt sein (im Anschaffungspreis liegen sie etwas günstiger). Die Gipsbindung wird in der Hauptsache für Platten im Innenausbau verwendet.

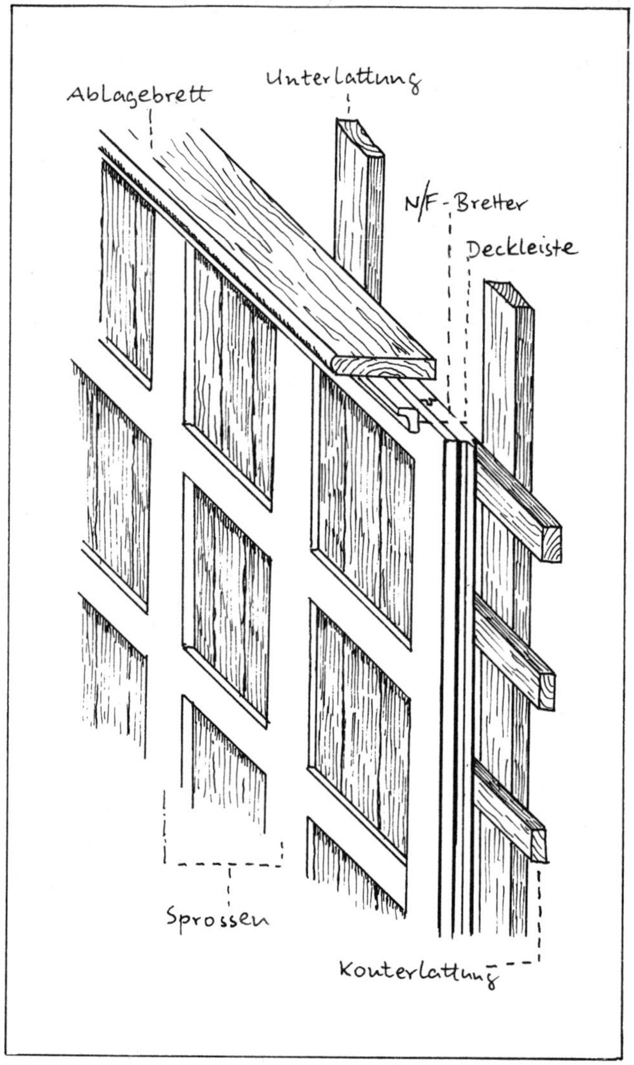

Holzvertäfelungen

Ein klassisches Beispiel für Holzvertäfelungen sind immer noch die kunstvoll gezimmerten Wandverkleidungen in alten Bauernstuben. Sie erfüllten einstmals nicht nur rein dekorative Zwecke, sondern dienten auch als zusätzlicher Wärmeschutz und bewahrten die ansonsten gekalkten Wände vor allzu schneller Abnutzung.

Aus letzterem Grund zog man die Vertäfelung nur bis in Schulterhöhe hoch, was auch optische Vorteile mit sich bringt. Denn zimmerhohe Verkleidungen wirken meistens zu üppig, vor allem, wenn auch noch Decken und Böden ganz aus Holz bestehen. Holz kommt besser zur Geltung, wenn es mit glatten, weiß gekalkten Wänden kontrastiert. Diese Gestaltungskriterien haben sich über Jahrhunderte hinweg bewährt.
Holzverkleidungen sind bei uns wieder aktuell geworden, seit es die in Massen importierten, preisgünstigen Profilbretter gibt. Besonders

interessante Gestaltungsvarianten läßt dieses Material allerdings kaum zu, weil der Profilcharakter der Bretter zu stark dominiert. Besser eignen sich die neutralen Nut- und Federbretter, wie wir sie auch schon für den Bau von Holzböden verwendet haben. Sie sollen die Unterlage der hier beschriebenen Holzvertäfelung bilden.

Montage der Holzvertäfelung

Gewöhnlich werden die Nut- und Federbretter in 20, 24 und 30 mm Stärke gefertigt. Ihre Wahl hängt letztlich davon ab, ob Sie die Holzvertäfelung zugleich als Wärmeschutz einsetzen wollen. Überlegen Sie auch, bis zu welcher Höhe die Verkleidung an der Wand reichen soll, damit sie in einem harmonischen Verhältnis zum Raum steht. Hier kann eine Planskizze ganz nützlich sein, an der man auch verschiedene Arten der Sprosseneinteilung durchspielt. Die Proportionen, in denen Sie die Sprossen verteilen, geben der Vertäfelung dann ihr endgültiges Gesicht.

Die praktische Arbeit beginnt damit, daß zunächst eine Grundlattung auf die Wände geschraubt wird. Die Latten sind in einem kurzen Abstand von max. 30 cm nebeneinander zu setzen, weil sie sonst beim Annageln der Bretter zu stark federn.

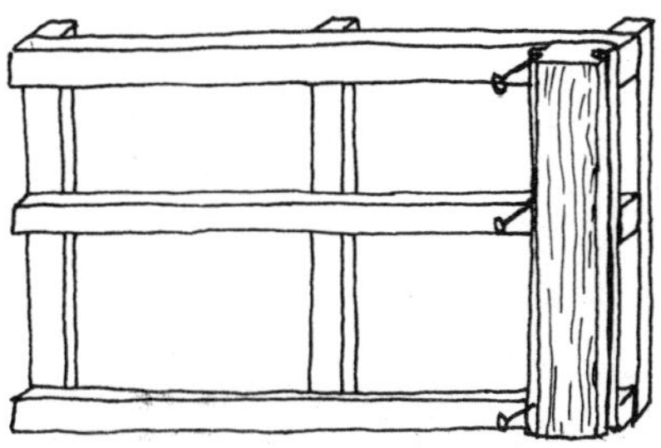

Bretter verdeckt durch Nut oder Feder nageln

Die Lattung muß kreuzweise zur Lage der Bretter verlaufen – oder parallel dazu, falls Sie noch eine Konterlattung darübersetzen. Eine Konterlattung kann nie schaden, weil sich die Vertäfelung dann besser von der Wand abhebt und plastischer wirkt. Falls das darunterliegende Mauerwerk noch feucht ist, wäre das Holz damit auch besser hinterlüftet. Und für Feuchträume wie Bad und Waschküche ist eine Konterlattung ohnehin unerläßlich.

Die zusammengefügten Bretter bilden die Grundplatte der Vertäfelung; sie werden nach dem Beispiel des Holzfußbodens direkt auf die Lattung aufgenagelt.

Recht rationell läßt es sich arbeiten, wenn Sie die

Massenabfertigung beim Ablängen: Bretter sorgfältig aufstapeln und Schnittlänge mit Winkelmaß anzeichnen.

Bretter sorgfältig zu einem Stapel aufschlichten und die Zuschnittmaße an der Breitseite des Stapels anzeichnen. Die Bretter werden dann mit der Kreissäge zugeschnitten; fast genauso schnell geht's aber auch mit einer guten schwedischen Handsäge (Bügelsäge).

Mit Ausnahme des ersten Brettes befestigen wir alle anderen – genau wie beim Fußboden – mit verdeckter Nagelung. Damit das Holz nicht beschädigt wird, sollte ein Senkstift beim Nageln zu Hilfe genommen werden.

Mit der Zeit werden zwischen den Brettern deutliche Fugen entstehen, besonders wenn Sie recht

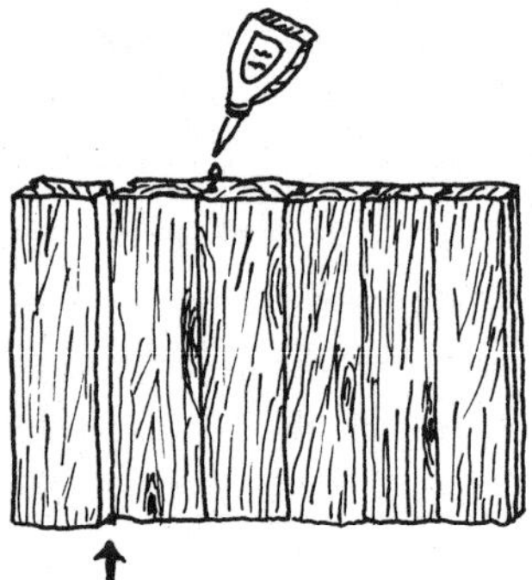

alle fünf bis sechs Bretter trockene Verbindung einlegen, damit das Holz arbeiten kann.

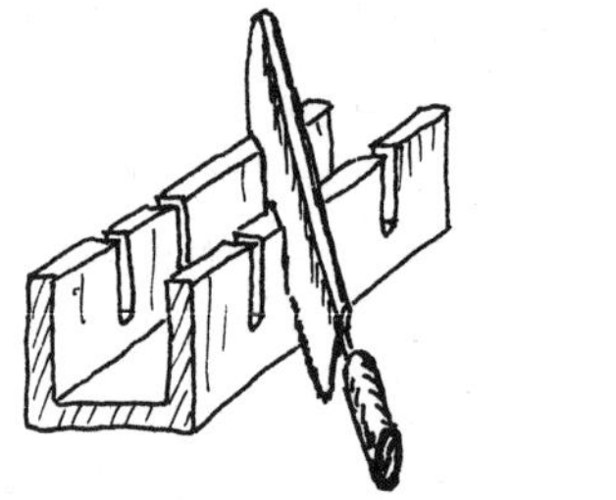

Exakte Winkelschnitte sind nur mit einer Gehrungseinrichtung möglich

frisches Holz verwendet haben. Die Fugen bleiben geschlossen, wenn die Bretter miteinander verklebt werden. Spätestens alle fünf bis sechs Bretter sollte man jedoch eine trockene Verbindung eingelegen, an diesen Stellen kann das Holz dann nach Belieben arbeiten. Die »trockenen« Fugen sind so einzuteilen, daß sie vom Sprossenrahmen überdeckt werden.

Die rohe Bretterwand ist nun fertig. Zur Vertäfelung wird sie, wenn sie mit Sprossen unterteilt wird. Leisten aller Art bekommt man meines Wissens am ehesten im Baumarkt. Achten Sie vor allem darauf, daß die Holzsorten einigermaßen zusammenpassen.

Für die im Buch abgebildete Vertäfelung habe ich 5 cm breite Leisten als Sprossen verwendet.

Für den Holzzuschnitt brauchen wir eine Gehrungslade und eine gute Feinsäge, die genau in die Führung der Lade paßt, ohne darin herumzuwackeln. Zum Maßnehmen reißt man das Holz mit einer spitzen Ahle oder einer Stricknadel an, ein Anzeichnen mit dem Bleistift wäre jetzt zu ungenau.

Am besten bringen Sie erst einmal die durchlaufenden Leisten am oberen und unteren Rand der Vertäfelung an, und dann alle senkrechten Verstrebungen. Dieses Grundmuster ist natürlich nur ein Vorschlag, mit denselben bescheidenen Mitteln bietet sich eine Vielzahl von weiteren Gestaltungsmöglichkeiten an.

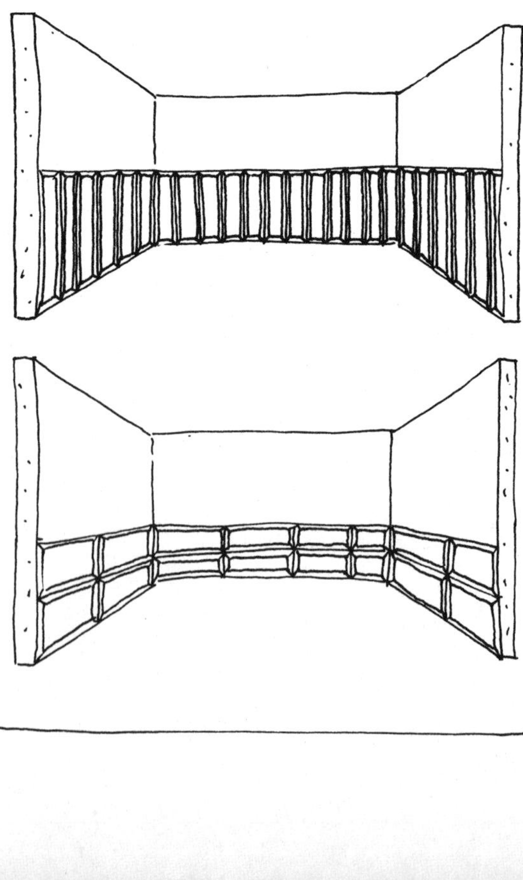

Die länglichen Rechtecke habe ich jeweils nochmals mit einer waagrechten Leiste unterteilt. Mit der Form der Rechtecke wird übrigens auch das optische Raumempfinden beeinflußt. Schmale senkrecht stehende Rechtecke lassen einen Raum höher erscheinen, in die Breite gezogene täuschen dagegen einen weiten Raum vor.
Die Leisten werden mit feinen Stiften ohne Kopf angenagelt. Der gut ausgerüstete Heimwerker wird sie mit einem elektrischen Tacker anschießen.
Richtig zur Geltung kommt die Holzvertäfelung erst dann, wenn die Rechtecke wie Bilder von Profilleisten umrahmt werden. Dadurch gewinnen die »Tafeln« an Plastizität und Tiefe. Die Leisten sollten gerade so dick sein, daß sie nicht über den Rand der Sprossen herausstehen. Geeignet sind hierfür wieder Hohlkehlleisten, wie wir sie auch schon zur Randabdeckung von Fußböden verwendet haben. Interessanter sehen natürlich abwechslungsreichere Profile aus.
Die Leisten müssen in der Gehrungslade zugeschnitten werden. Sehr sorgfältig haben Sie dann gearbeitet, wenn die Leisten von selbst im Rahmen halten.
Das Zuschneiden von Hohlkehlleisten kann zu einem echten Verwirrspiel werden, ich war überrascht, wieviele falsche Winkel man aus einer Gehrungslade herausbekommen kann. Ein Tip zur Orientierung: Stellen Sie sich die Lade selbst als Rechteck vor und legen Sie die Leisten genau in der Lage ein, wie sie später im Rahmen sitzen. Alle Leisten müssen wieder ausreichend mit Nägeln befestigt werden.
Wenn die Holzverkleidung aus der übrigen Wandebene heraussteht, kann ihr oberer Rand mit einem Brett abgedeckt werden, das später als Ablagefläche dient.

Holzschutz

Holzverkleidungen sind nicht nur ein Gestaltungselement, sondern auch ein biologischer Körper, der zur Verbesserung des Raumklimas beiträgt. Es wäre also Unsinn, die Oberfläche des Holzes mit einem dichten Lackfilm zu verschließen.
Da Wandverkleidungen gewöhnlich nur geringfügig strapaziert werden, genügt als Oberflächenschutz die Behandlung mit einem Bienenwachspräparat (siehe unter »Holzschutz»).

Oben:
Treppenwangen aus alten Fichtenbalken; Trittstufen Nut- und Feder-Bretter, 30 mm stark, gefirnist und gewachst. Neigungswinkel der Treppe ca. 55°. Handläufe aus geschälten, geschliffenen und gewachsten Fichtenstangen.

Unten:
Grundplatte der Holzvertäfelung aus 30 mm starken N/F-Brettern; Sprossen ca. 12 mm dick. Oberflächenbehandlung mit verdünntem Leinölfirnis. Fußboden ebenfalls aus 30 mm starken N/F-Brettern auf Lagerhölzern verlegt. Oberfläche mit Schellack und Bienenwachs behandelt.
Holzbalkendecke zwischen den Sparren eingezogen.

DIE HOLZBALKEN-DECKE

Bei Häusern, die vor dem zweiten Weltkrieg entstanden sind, kann man davon ausgehen, daß als tragende Teile für die Geschoßdecken Holzbalken verwendet wurden. Was für die damalige Bauweise selbstverständlich war, bedarf heute einer Ausnahmegenehmigung. Holzbalkendekken gelten gegenüber den heute üblichen Stahlbetondecken nicht mehr als genügend brandsicher. Auf bestehende Holzbalkendecken können die Bestimmungen allerdings keinen Einfluß nehmen. Und somit haben Sie beim Innenausbau freie Hand, solange Sie die Haus-Statik nicht grundlegend verändern wollen.

Die Holzbalken

Beim Altbau verbergen sich die Balkendecken meistens unter einer Putzschicht auf Rohrgeflecht. Die Balken selbst liegen eingebettet zwischen Dämmaterial aus Sand, Lehm oder gar Bauschutt. Lehm und Sand sind ein altbewährter Wärme- und Schallschutz. Sie können die Fül-

lungen also guten Gewissens zwischen den Balken liegen lassen. Wenn Sie die Balken allerdings von unten sichtbar machen wollen, müßten Sie den Fehlboden, auf dem die Füllungen liegen, mit Packpapier abdichten, damit die losen Bestandteile nicht durch die Decke rieseln können. Fehlböden haben den Nachteil, daß sie die obere Hälfte der Balken verdecken. Am besten legen Sie deshalb die Decken auf die

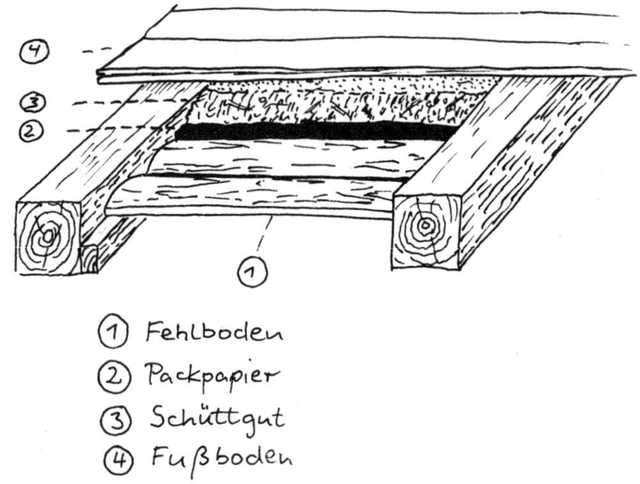

Balken.

Dann sind zunächst die alten Decken- und Fußbodenschichten abzutragen; was den Vorzug hat, daß dadurch die Balken vollständig freigelegt und ungehindert überholt werden können. Da gibt es gewöhnlich einiges zu tun, denn die Balken sind meistens mit Hunderten von Nägeln gespickt und reichlich verdreckt. Am besten schrubben Sie den Schmutz mit *heißer Sodalauge* ab. (Soda

in Wasser gelöst im Verhältnis 1:10). Helfen aber einmal weder Wurzel- oder Drahtbürste, müßten die Balken mit einem Sandstrahlgebläse gereinigt werden. Solche Arbeiten sollte man aus Sicherheitsgründen dem Fachmann überlassen.

Da die Deckenbalken gewöhnlich tragende Funktionen übernehmen, unterziehen wir sie einer eingehenderen Kontrolle. Gefährdet sind vor allem die Balkenköpfe, die, wenn sie in

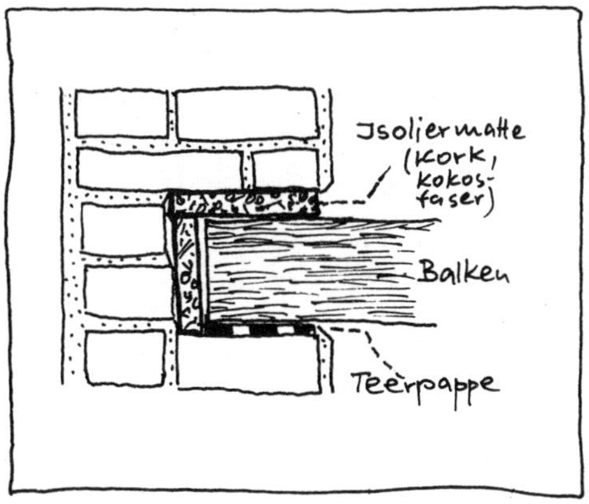

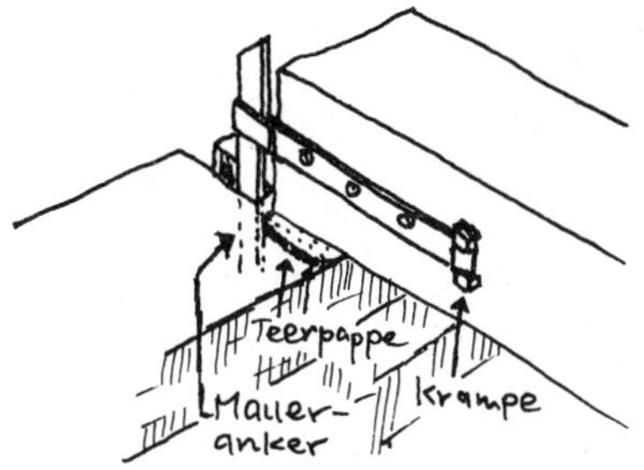

Der Anker soll den Balken wirksam mit dem Mauerwerk verbinden. Je nach Abstand der Balken werden an jedem 3. bis 5. Balken Anker gesetzt.

feuchten Mauern stecken, leicht anfaulen können. Sorgen Sie dafür, daß die Köpfe auf einer Isolierschicht aus Teerpappe ruhen und alle anderen Seiten freien Luftzutritt haben. Auf keinen Fall darf man die Balkenköpfe voll in Außenwände einmauern, weil sich an solchen Stellen Kondenswasser bilden kann.

Durchgefaulte Balken mit Stahleinlagen oder durch Ausschäumen mit Kunststoffen noch retten zu wollen, ist ein teures und arbeitsintensives Unterfangen. Wenn es sich nicht um sehr wertvolle antike Stücke handelt, wechselt man die Balken besser aus.

Unser nächster Kontrollblick gilt dem Schädlingsbefall. Durch die hysterische Holzschutzmittelwerbung verschreckt, scheinen manche Leute durch ein paar millimetergroße Einstiche im Holz so verunsichert zu sein, daß sie den bedingungslosen Einsatz chemischer Waffen wagen. Vernünftiger wäre es, erst einmal abzuwarten, ob die Holzwürmer überhaupt noch aktiv sind. Das läßt sich an frischen Holzmehlspuren in unmittelbarer Umgebung der Einstiegslöcher erkennen. Wenn tatsächlich Lebenszeichen vorhanden sind, spritzen Sie die umliegenden Bohrgänge mit Holzwurmtod aus. Dann werden die Löcher mit Wachs verschlossen, damit die Tiere nicht flüchten und an anderer Stelle ihr Unwesen treiben können.

Anders verhält es sich mit dem Hausbock, dessen Anwesenheit die etwas größeren eiförmigen Löcher verraten. Er arbeitet im Verborgenen und kann einen Balken ganz schön zurichten, ehe man es recht wahrgenommen hat. Um die Ausmaße der Schäden zu erkennen, beilen Sie das Splintholz ab. Ist der Holzbock noch nicht bis ins Kernholz vorgedrungen, kann der Balken eventuell gerettet werden, solange seine tragende Funktion noch gewährleistet ist. Anschließend lassen Sie das Holz mit heißer Boraxlösung ein (vgl. »Holzschutz«). Möglichst mehrmals streichen. Eine weitere ungiftige Methode, die sich vorwiegend bei einer größeren Menge von befallenen Hölzern lohnt, wäre die Schädlingsbekämpfung mit Heißluft (siehe Herstellerverzeichnis).

Auf manche Bewohner wirken die dunklen schweren Holzmassen von Balkendecken eher bedrohlich. In diesem Falle sollten die Balken mit hellen, leuchtenden Farben gestrichen werden.

Als farblose Oberflächenbehandlung, welche die Holzstruktur hervorhebt und ihr einen matten Glanz verleiht, empfiehlt sich wieder ein Bienenwachspräparat (siehe »Holzschutz«). Das Wachs wird mit einer mittelharten Bürste eingerieben und nach geraumer Trocknungszeit wiederum mit einer Bürste nachpoliert.

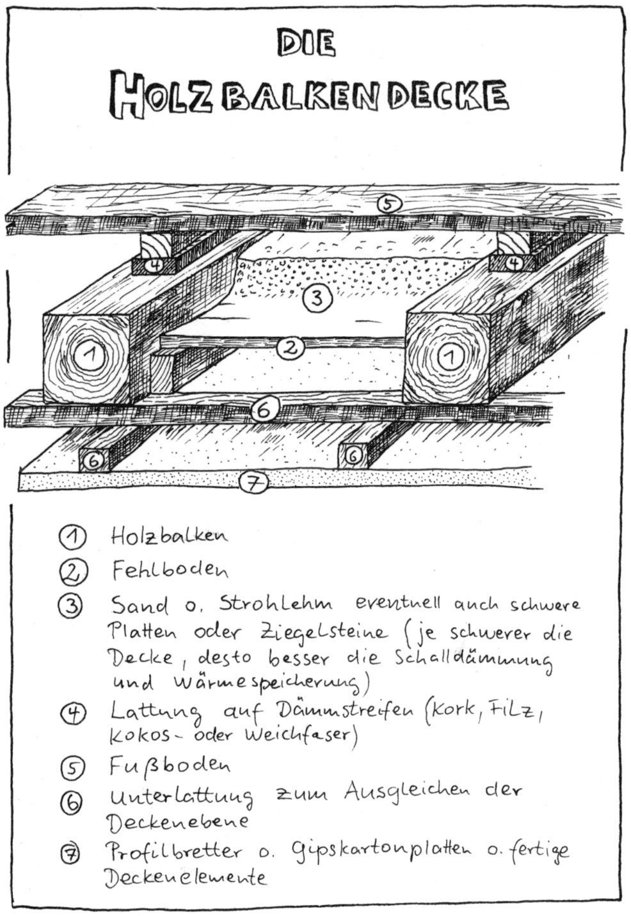

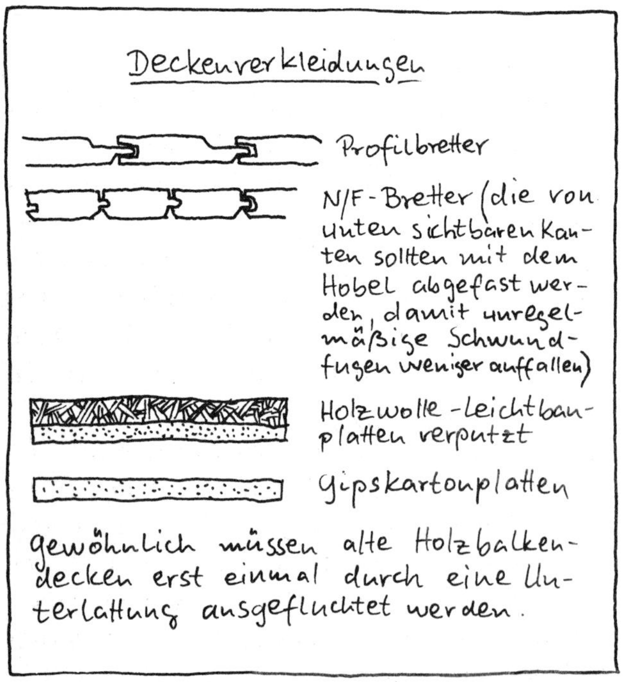

Montage der Holzdecke

Für die Konstruktion von Holzbalkendecken gibt es eine Anzahl verschiedener Variationsmöglichkeiten. Eine recht aufwendige, aber schöne Lösung wäre es, die Balken in der Art des schon beschriebenen Holzfußbodens ganzflächig mit Nut- und Federbrettern zu überdecken. Die gehobelte Sichtseite der Bretter zeigt dabei nach unten, der weitere Decken- bzw. Fußbodenaufbau erfolgt nach Skizze 1. Nur zum Teil bleiben die Deckenbalken sichtbar, wenn Sie seitlich an die Schenkel Einschublatten nageln und darauf N/F- oder Profilbretter legen. Bei dieser Einschubdecke (2) bestünde die Möglichkeit, den noch verbleibenden Hohlraum mit Dämmaterial aufzufüllen. Dabei könnten die Balken zugleich als Auflager für den Fußboden dienen. Insgesamt eine recht primitive Lösung, die insbesondere den geltenden Schallschutzbestimmungen nicht mehr gerecht wird. Im allgemeinen werden heute Decken- und darüberliegende Fußbodenschichten durch jeweils separate Konstruktionsteile voneinander getrennt. Damit Schallbrücken vermieden werden, legt man die Lagerhölzer der Fußböden auf Kork- oder Filzstreifen (Skizze 3). Als Schallschutz für untergehängte Decken gelten ähnliche Maßnahmen (Skizze 4).

Ein weiteres Kriterium für wirksamen Schallschutz ist das Gewicht der Decke. Schwere Decken schützen besser gegen Schallübertragungen als leichte. Zur Beschwerung können Ziegel, Betonplatten (Gehwegplatten), Sand oder auch ein Zementestrich dienen. Bei Verwendung von Ziegelsteinen oder Betonplatten müssen die Fugen mit feinem Sand ausgefüllt werden, um Schallbrücken zu vermeiden. Lösungen für schwere Holzbalkendecken finden Sie auf S. 118. Bei nachträglicher Beschwerung der Decke muß ein statischer Nachweis über die Tragfähigkeit der Konstruktionshölzer erbracht werden (Architekt, Ingenieur).

(1)

1 = Balken
2 = N/F Bretter Unterseite gehobelt
3 – 4 = Weichfaser-, Holzwolleleichtbauplatte o. ä.
5 = Balkenlage
6 = Dielenboden

(3) Konstruktive Maßnahmen zur Vermeidung von Schallbrücken

a)

b)

a) Fußbodenbretter werden auf Latten genagelt, die durch Filz- oder Korkstreifen von den Balken getrennt sind.

b) Dämmstreifen zwischen Fußboden und tragender Konstruktion, Nagelung der Fußbodenbretter auf separaten Latten, die auf der Fehlbodenschüttung aufliegen.

(2)

1 = Fußboden
2 = Balken
3 = Einschublatte
4 = N/F - Bretter
5 = Rieselschutz (Papier, Pappe)
6 = Schüttgut (Strohlehm, Sand)

(4) Vermeidung der Schallübertragung bei Holzbalkendecken

a)

b)

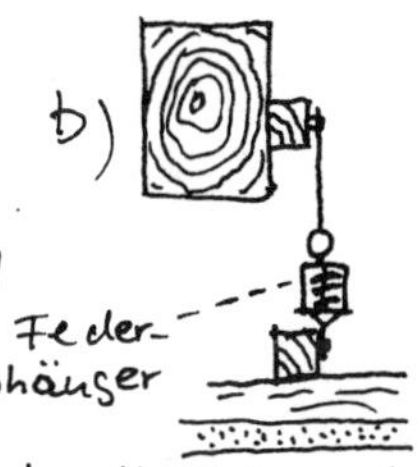

a) Latten werden nicht direkt auf die Balken genagelt (Schallbrücke!), sondern durch Dämmstreifen getrennt an die Balken angehängt (mithilfe von Federbügeln).

b) Bei abgehängten Decken verhindern spezielle Federabhänger die Schallübertragung.

Für mittlere Ansprüche bei der Schalldämmung von Holzbalkendecken genügt in der Regel entweder Fußboden- oder Deckendämmung.

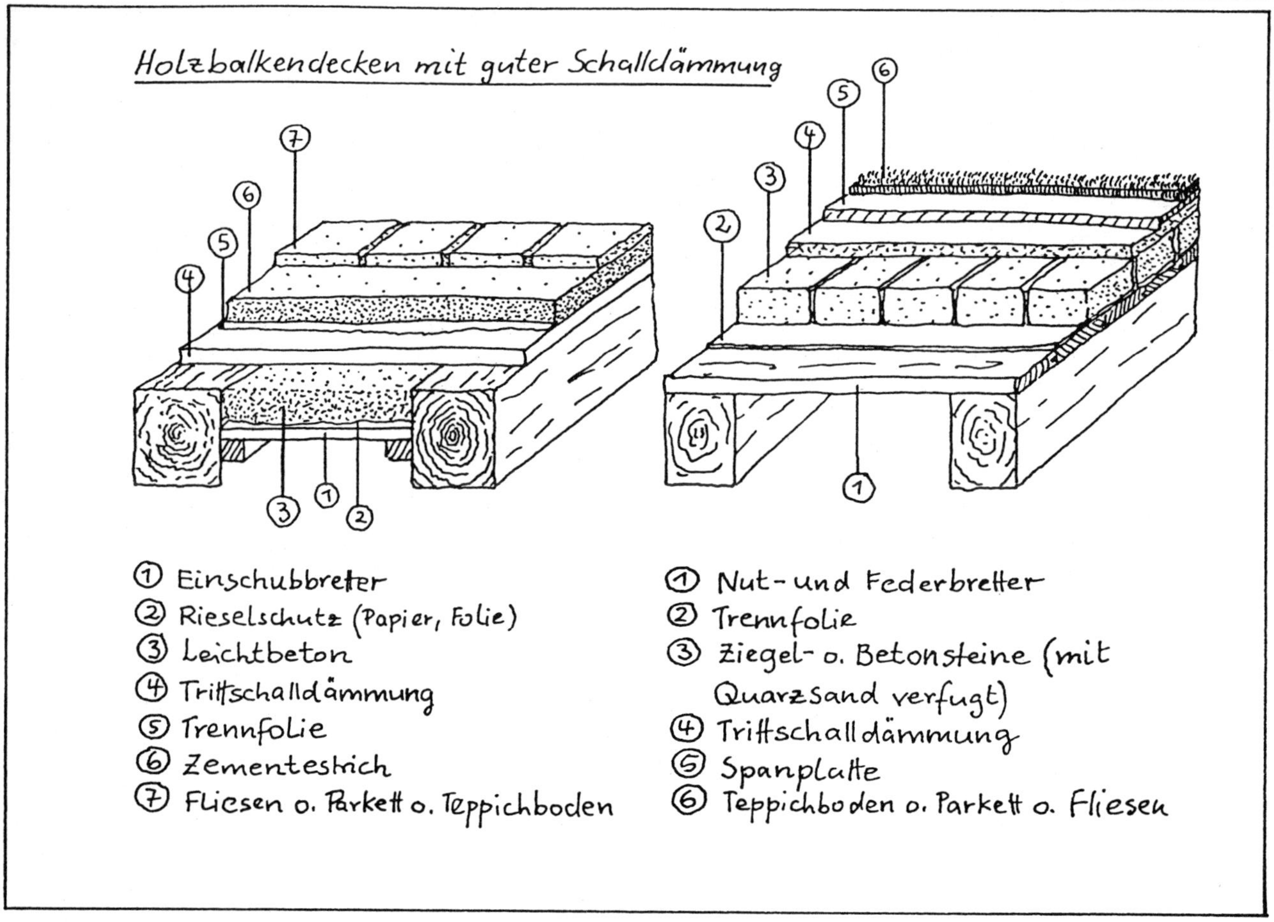

Farbbilder nach Seite 120:

Oben:
Altes Fenster, gründlich überholt und vom Wohnteil in die Werkstatt versetzt.

Unten:
Fensterrahmen aus Fichte, innen geölt und gewachst, außen mit Naturharzlack eingelassen. Fensterbretter aus Aluminium, zweimal mit wasserlöslichem Aquacryllack gestrichen.
Fensterläden aus 30 mm starken N/F-Fichtenbrettern. Ursprünglich mehrmals mit verdünntem Leinölfirnis eingelassen, nach Fleckenbildung mit scharfer Sodalauge abgewaschen und seitdem naturbelassen.

Fenster

Durch unsere veränderten Umweltbedingungen kommt den Fenstern heute eine vielfältige Bedeutung zu. Neben der Lichtdurchlässigkeit sollen sie wärme- und schalldämmend sein. Städteplaner und Denkmalschützer wünschen sich zum architektonischen Gesamtbild passende Fenster, Baubiologen strahlendurchlässige Gläser und eine regulierbare Frischluftversorgung. Wollte man all diesen Forderungen gerecht werden, würden Fenster zum reinen Luxusartikel. Wie leicht hatten es da doch unsere Vorfahren, die ehedem einfach ein Holzbrett vor die Fensterluke schoben...

Erneuerung alter Fenster

Auf Grund baubehördlicher Bestimmungen ist der Althausbesitzer bei der Fenstermodernisierung heute in manchen Gegenden zur Beibehaltung der alten Formate verpflichtet. In jedem Fall ist eine Baugenehmigung erforderlich, wenn sich am äußeren Bild der Fassade etwas ändern soll. Vor jedem Umbau sollte man einen erfahrenen Architekten zu Rate ziehen, denn einschneidende Umgestaltungen erfordern sehr viel Fingerspitzengefühl. Daß eine Fassade durch ein paar neue, willkürlich gesetzte Fenster schnell ihr Gesicht verlieren kann, beweisen die zahlreichen mißglückten »Modernisierungsversuche« an ehemals wohlproportionierten Gebäuden.

Das Fenster als Lichtquelle

Beobachtet man den Architekturtrend der Gegenwart, so scheint die Ära der Totalverglasung mit einem Wohnflächenanteil von 40% und mehr – wohl vorwiegend aufgrund der Energiekrise – allmählich beendet zu sein. Bevorzugt werden jetzt wieder kleinere Fenster mit einem Wohnflächenanteil von 20-25%. Selbst dieses Maß ist fast noch einmal um die Hälfte reduzierbar, wenn die Wohnräume durch geschickte farbliche Gestaltung, Stellung der Möbel, Auswahl von hellen Vorhängen, Polsterbezügen, Teppichen etc. auf kleine Tageslichtquellen hin konzipiert werden.

Am besten nützt man das Licht durch viele und große Fenster auf der Sonnenseite aus. Andererseits bedeuten große Glasflächen in der kalten Jahreszeit Energieverlust – auch wenn sie noch so gut isoliert sind. Deshalb die Regel: Auf den Schattenseiten möglichst kleine Fenster.

Außerdem leidet das architektonische Bild der

Fassade fast immer unter den großen schwarzen Löchern, daran können dann auch die häufig nachträglich aufgeklebten Pseudosprossen nichts mehr ändern.
Wer viel Licht braucht, sollte lieber mehrere kleine Fenster neben- oder übereinander gruppieren. Es bieten sich da vielerlei Lösungsmöglichkeiten an, die man am besten erst einmal am Planungstisch ausprobiert.

Stockfenster mit Gitterstäben. Der Mittelpfosten ist abgefast und mit Kerben geschmückt.

Schallschutz

Besonders in verkehrsreichen Zonen und in Industriegebieten sind heute Schallschutz-Fenster unabdingbar geworden. In manchen Gegenden ist die Lärmbelästigung bereits soweit angestiegen, daß die Fenster weder am Tag noch bei Nacht geöffnet werden können. Einfachfenster aus dünnem Glas bieten da kaum mehr einen Schutz. Auch isolierverglaste Doppelfenster schützen nur dann wirksam, wenn die Rahmen mittels Randdämpfungsstreifen von Wänden und Decken getrennt eingesetzt werden und dicht genug schließen.
Ein guter Kompromiß ist immer noch das altbewährte Kastenfenster, außen isolier- und innen einfach verglast. Je größer die von den beiden Fensterpartien umschlossene Luftschicht ist, desto besser werden Schall- wie auch Wärmeschutz.
Die Rahmen sollten aus Holz oder Kunststoff sein, was die Schallschwingungen weiter reduziert. Metallrahmen wirken dagegen wie Resonanzkörper.

Frischluft-Versorgung

Von einschlägiger Seite der Industrie wurde in den letzten Jahren ein regelrechter Isolier- und Abdichtungswahn entfacht. Nicht nur Bauunternehmer, sondern auch Heimwerker und Hausfrauen sind inzwischen von diesem Fieber ergriffen. Daß übertriebene Isoliermaßnahmen auch lebensgefährliche Folgen haben können, zeigt die sprunghafte Zunahme von tödlichen Kohlenmonoxyd-Vergiftungen im Badezimmer seit Beginn der Energieeinschränkungen. Durch Sauerstoffmangel funktionieren Badeöfen nicht mehr richtig. Die modernen Energiesparfenster, womöglich mit Gummidichtung, führen aber auch in den übrigen Räumen zu ungesunder dicker Luft.

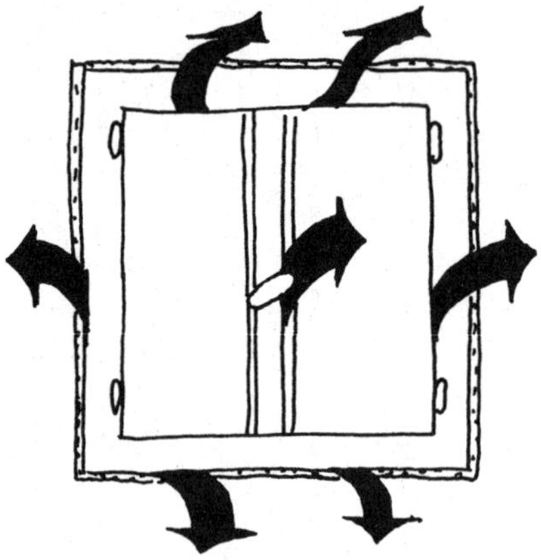

Eine ausreichende Versorgung mit Frischluft muß also oberste Forderung für ein gesundes Raumklima sein. Von Baubiologen wird deshalb für geschlossene Räume ein zwei- bis dreimaliger Luftwechsel pro Stunde gefordert. Am einfachsten wäre dies durch schlecht abgedichtete Fenster zu erreichen. Hier kommt es allerdings ganz auf das rechte Maß an. Die Frischluftzufuhr sollte sich so regulieren lassen, daß weder Zugluft noch hohe Wärmeverluste die Folge sind.
Die richtige Lüftung ist eigentlich ein komplexes Thema, das sich nicht nur aus der Konstruktionsweise der Fenster, sondern aus der gesamten Bauweise eines Hauses ergibt.
Auch die empfohlenen Luftwechselzahlen hängen von mehreren Faktoren ab: von der Größe des Raumes, von der Anzahl der Personen und deren Betätigung, sowie von der Heizungsart.
Das alles läßt sich anhand umfangreicher Unterlagen errechnen und in Zahlen ausdrücken, aus denen sich wiederum konkrete Forderungen zur Frischluftversorgung ableiten lassen.
Was aber nützt dies, wenn in bestimmten Lärmzonen die Fenster nicht einmal mehr geöffnet werden können, bzw. wenn die »Frischluft« bereits verbraucht und mit Abgasen und Staub angereichert ist?
Am wenigsten muß sich dazu derjenige Gedanken machen, der in einer idyllischen Gegend wohnt und es sich leisten kann, einfach ab und zu kurz durchzulüften.

Der Einbau neuer Fenster

Bevor man einem blinden Renovierungseifer verfällt, sollte man sich erst einmal sehr genau überlegen, ob die alten Fenster nicht doch noch ihren Dienst tun. Denn neue Fenster sind teuer – und nicht unbedingt gleich besser. Alte Kastenfenster z.B. haben ihren Wert, auch wenn sie schon etwas verwittert sind. Mit ein bißchen Hingabe lassen sie sich vielleicht wieder ganz passabel herrichten. Außerdem findet sich heute nur noch schwer ein Schreiner, der einem ähnlich gute Qualität liefert, denn das aus dem Schnellbaukasten zusammengesetzte Isolierglasfenster hat sich leider auch in der Schreinerwerkstätte längst durchgesetzt.
Unpraktisch ist auch der komplizierte Dreh-, Schwenk-, Kipp- und Sturzmechanismus für die einarmige Bedienung moderner Fenster, bei der man ständig befürchten muß, daß einem die Scheibe entgegenkommt. Wie einfach dagegen der Drehknauf an zweiflügeligen Fenstern, der genügend dicht schließt und weniger reparaturanfällig ist.
Falls Sie sich dennoch für neue Fenster entschieden haben: es lohnt sich, erst einmal von verschiedenen Firmen Angebote einzuholen. Wichtig ist auch, ob der Hersteller auf persönliche

Vorstellungen bezüglich Machart und Aussehen der Fenster eingeht. Ich mußte meinen Schreiner z.B. erst zu einer Sprossenkonstruktion überreden. Hernach hat ihm die Arbeit Spaß gemacht. Natürlich sind Fenster mit einer Holzrahmung immer noch am schönsten, sie passen auch vom Architektonischen her nahezu zu jeder Altbaufassade. Gegenüber Kunststoff- und Metallfenstern ist der Pflegeaufwand allerdings höher.

Einbau – Praxis

Holzfenster sollten bereits *vor dem Einbau* mit einer Ölgrundierung vorbehandelt sein, damit Mörtelspritzer u.ä. keine unangenehmen Spuren auf dem rohen Holz hinterlassen können. Vor Maurerarbeiten wird der Rahmen außerdem zweckmäßigerweise noch mit Klebeband abgedeckt.

Die Fenster bleiben ausgehängt, während der Rahmen eingebaut wird.

Vor jedem Einbau muß geklärt sein, wie tief die Fenster in der Ummauerung sitzen sollen. Dieses Maß ist dann für alle Fenster und eventuell auch für die Außentüren verbindlich. Sitzen die Fenster zu tief in der Mauer, wird die Lichtausbeute geringer, schließen sie direkt mit der Außenkante ab, wirkt die Fassade flach und weniger plastisch. Üblich sind Laibungstiefen zwischen 10 und 15 cm. Früher wurden Fenster und Türen mit stabilen Eisenbändern im Mauerwerk verankert. Dies ist wohl immer noch die solideste Einbaumethode.

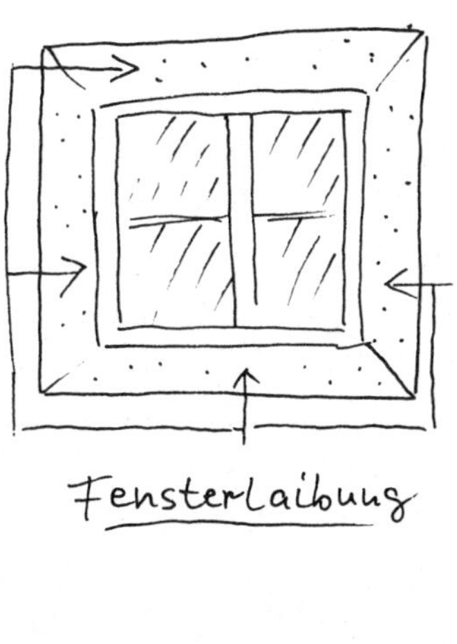

Zunächst muß dazu der Rahmen winkel- und fluchtrecht in die Ummauerung eingepaßt werden. Und auch das Laibungsmaß soll stimmen. Am besten wird der Rahmen erst einmal mit Keilen festgeklemmt. Keile möglichst nur an den Ecken eintreiben, sonst verzieht sich der Rahmen eventuell. Festen Halt bekommt der Rahmen durch Anker, die mit dem einen Ende am Rahmen und mit dem anderen in ausgestemmten Mauernischen befestigt werden. Für sehr kleine und leichte Fenster genügen statt der Anker eventuell auch Blechstreifen, die Sie sich aus Abfallmaterial zurechtschneiden können. In Ziegelmauerwerk und selbst in Massivbeton lassen sich die Anker am schnellsten mit *Stahlstiften* befestigen.

Die ausgestemmten Nischen werden nun noch mit Montagezement (auch »Blitz«- oder »Schnellzement» genannt) zugemauert. Eigentlich müßte der Rahmen dann bombenfest sitzen.

Die Fugen rings um den Rahmen dichten Sie mit Steinwolle- oder Filzstreifen ab. Sind die Fugen sehr breit, müssen sie mit einem einfachen Kalkmörtel verputzt werden. Praktischerweise arbeitet man hier wieder mit einer schmalen Fugenkelle.

Der Einbau von Fenster- und Türstürzen

Bei der Altbausanierung kommt es nicht selten vor: Kaum hat man die alten Tür- oder Fensterstöcke herausgerissen, bricht von oben lawinenartig mürbes Mauerwerk nach. So etwas kann gefährlich werden, vor allem wenn man unvorsichtigerweise direkt darunter steht und keinen Schutzhelm trägt.
Prüfen Sie deshalb die alten Mauerstürze vor Abbrucharbeiten sehr genau. Risse oder lockere Steine deuten darauf hin, daß die Mauerlasten neu abgefaßt werden müssen.
Wenn es sich nicht gerade um Sichtmauerwerk handelt, fängt man heutzutage die Wände über Türen und Fenstern durch vorgefertigte Stürze ab. Solche Fertigteile gibt es bei jedem Baustoffhändler in den Breiten von 11,5 und 14,5 cm und in Längen ab 1 m (1,25 m, 1,50 m...).

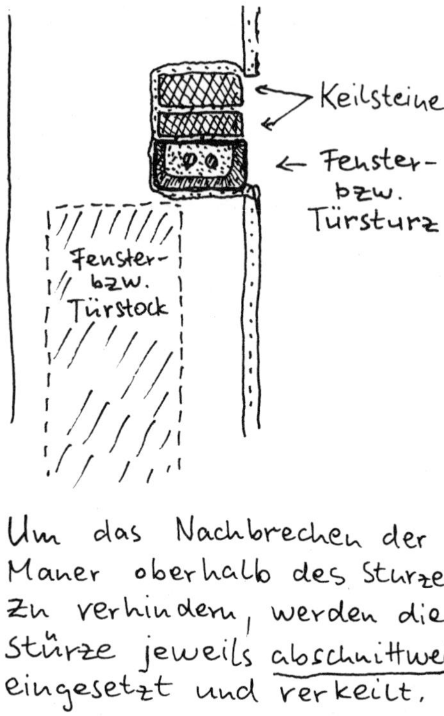

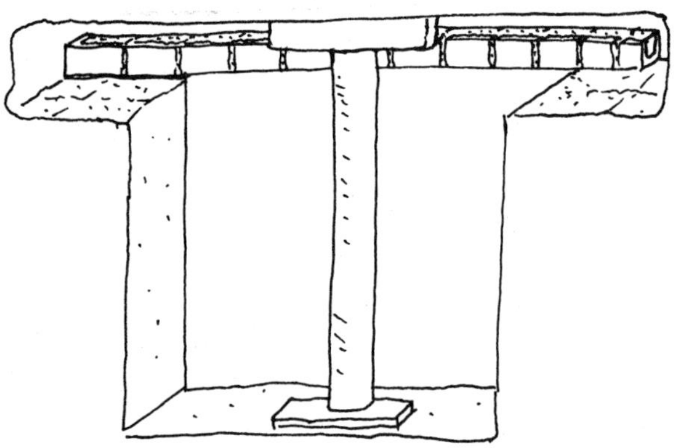

Wählen Sie die Länge der Stürze so, daß sie beiderseits der Maueröffnung noch etwa 20 cm weit aufliegen. Breite Mauern erfordern wahrscheinlich mehrere nebeneinanderliegende Stürze.
Bevor Sie mit der Arbeit beginnen, noch einige Hinweise zu Ihrer eigenen Sicherheit:

1. Bei Abbrucharbeiten immer einen Schutzhelm tragen.
2. Vor dem Einsetzen der Stürze muß die Mauerlast über den Fenstern bzw. Türen mit Kanthölzern oder Rundlingen abgefangen werden.
3. Besonders bei brüchigem Mauerwerk muß beim Einsetzen der neuen Stürze schrittweise vorgegangen werden. Dabei darf die Mauer von einer Seite nur soweit aufgebrochen werden, daß gerade ein Mauersturz Platz hat. Sobald dieser eingemörtelt ist, gibt er der darüberliegenden Wand genügend Halt. Dann erst können Sie die restliche Mauer aufbrechen und die nächsten Stürze einsetzen.
4. Falls unmittelbar über der Türe bzw. dem Fenster ein Balkenkopf lagert, muß der Träger abgestützt werden, damit er während der Umbauten nicht mit voller Last auf die Mauer drücken kann.

Die Arbeitsschritte im einzelnen:

1. Abgestützte Mauer aufstemmen. Probieren, ob der Sturz locker eingepaßt werden kann.
2. Mörtel anmischen: 1 Teil Kalk (hochhydraulisch oder stattdessen Putz- und Mauerbinder, kurz PM genannt) und 3 Teile Sand (Körnung 0-3 mm oder 0-4 mm).

3. Mauer gut vornässen und Sturz in sattem Mörtelbett auflegen.
4. Mit der Wasserwaage waagrechten Sitz des Sturzes prüfen.

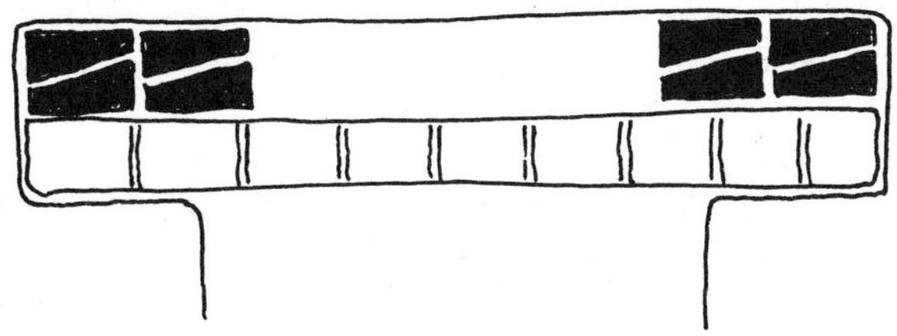

Spezielle Keilsteine verhindern spätere Rissbildungen über dem nachträglich eingezogenen Mauersturz

In höheren Stockwerken ist für das Einziehen von Mauerstürzen ein Außengerüst nötig. Am besten kombinieren Sie diese Umbaumaßnahmen dann mit dem Einsetzen der Fenster und dem Neuverputz.

Dachfenster

Eine Reihe von Firmen haben inzwischen Dachflächenfenster entwickelt, die auch der Laie ohne größere Vorkenntnisse und besonderes Werkzeug einbauen kann. Durch ihre Schräglage geben solche Fenster viel Licht, meistens genügen deshalb schon relativ kleine Formate für eine optimale Lichtausbeute. Wählen Sie die Rahmengrößen am besten so, daß sie knapp zwischen die Sparren passen. Damit spart man sich komplizierte Sparrenwechsel. Um ein Zuschneiden der

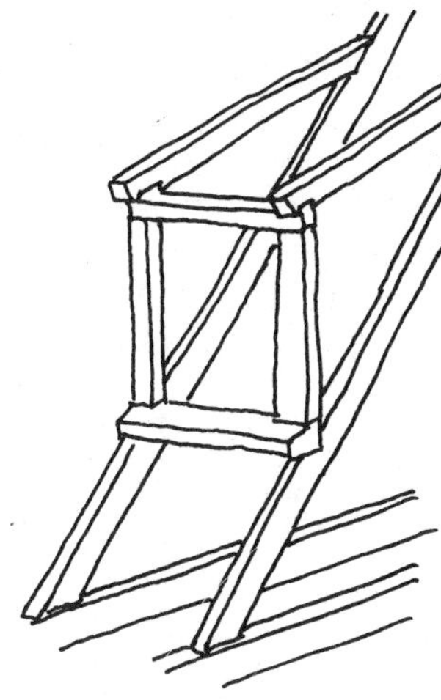

einfache Dachgaube

Dachplatten werden Sie dagegen kaum herumkommen. Ein Behauen mit dem Meißel führt beim Anfänger höchstwahrscheinlich zu einigem Bruch. Zuverlässig ohne Ausschuß arbeitet dagegen ein Winkelschleifer.

Von außen gesehen sind Dachflächenfenster nicht gerade eine architektonische Bereicherung. Besonders bei Altbauten wirken sie manchmal wie angeklebt. Deshalb haben sich die Baubehörden auch vorbehalten, in bestimmten Bezirken den Einbau von Dachgauben vorzuschreiben. Die Holzkonstruktion für eine Dachgaube setzt allerdings einiges Können voraus; zudem treten bei den Dachanschlüssen leicht Dichtungsprobleme auf, so daß Sie solche Arbeiten wohl besser dem Fachmann überlassen.

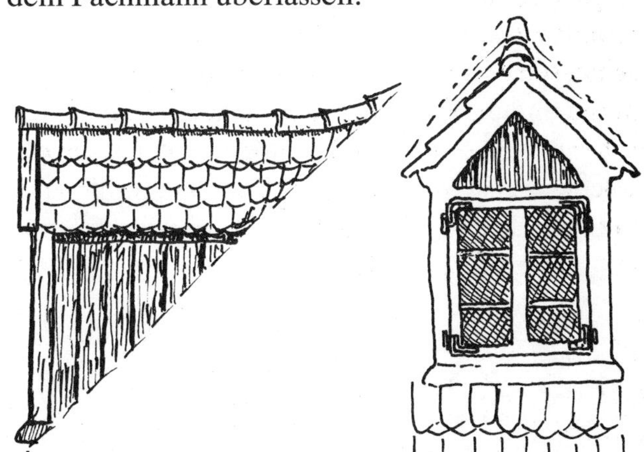

Eine Alternative zu Dachflächenfenstern

Falls Fenster im Dachgeschoß nur als zusätzliche Lichtquelle benötigt werden, könnte man anstelle der normalen Dachziegel eine Anzahl Glasdachplatten einsetzen. Der Lichtschacht wird mit

Gipsbauplatten oder ähnlichem verkleidet und möglichst luftdicht mit einer Glasplatte verschlossen. Zur optischen Verschönerung kann man von der Raumseite her noch einen Fensterrahmen vor den Schacht hängen. Wenn für ein solches Fenster vorwiegend Gebrauchtteile vom Sperrmüll verwendet werden, kommen Sie ganz billig zu einer Tageslichtquelle.

Oberflächenbehandlung von Holzfenstern

Zunächst sollten die Rahmenteile gegen Schädlinge einmal mit heißer Boraxlösung grundiert werden. Als Hauptanstrich an den Außenseiten empfehlen sich biologische Naturharzlacke, bzw.

wasserlösliche Acryl- oder Alkydharzlacke. Besonders empfindliche Stellen wie Ecken oder Wetterschenkel werden mindestens zweimal gestrichen.

An den *Innenseiten* der Fenster genügt dagegen eine einmalige Behandlung mit Leinölfirnis. Nachbehandlung einmalig jährlich mit einem Bienenwachspräparat.

Wichtig ist vor allem, daß die Holzteile nicht beidseitig mit einem dichten filmbildenden Lack umschlossen sind. Eindringendes Wasser könnte dann nicht mehr schnell genug ausdiffundieren. Genauere Hinweise zur Holzbehandlung siehe unter »Holzschutz«.

TÜREN

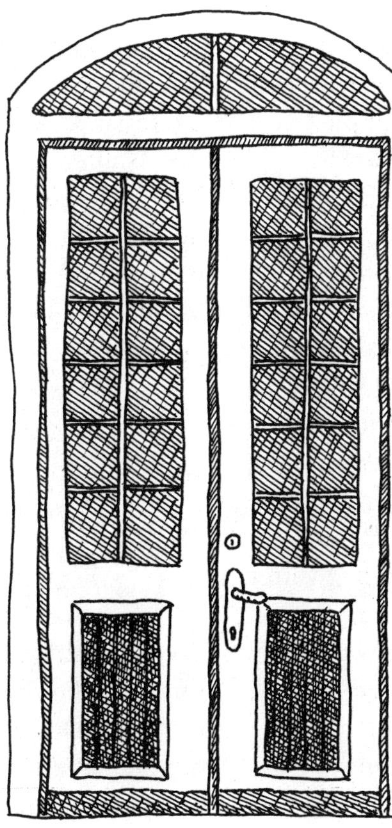

Sowohl Türstöcke wie Türblätter können auch vom weniger geübten Heimwerker selbst gefertigt werden. Eine professionelle Werkstatteinrichtung ist dafür nicht nötig, solange man keine allzu hohen Ansprüche an die Konstruktionsweise der Türen stellt.

Der Türstock

Türstöcke für Wohnraumtüren sollten mindestens 80 cm breit und 200 cm hoch sein. In bestimmten Fällen (z.B. um den ursprünglichen Charakter eines historischen Bauernhauses zu wahren) kann man natürlich auch unter diesen Richtwerten bleiben.

Für die Türstöcke habe ich schwere Balken (18/18 cm) verwendet. Ein Rahmen aus solch dicken Hölzern hält praktisch von selbst und er paßt von den Proportionen her gut zu Vollholztüren.

Die Balken wie auch die Nut- und Federbretter besorgen wir uns beim Sägewerk. Sehen Sie sich das Holz sehr genau an. Was verdreht und krumm oder naß und verfärbt ist, kommt für anspruchsvollere Arbeiten im Hausbereich nicht in Frage. Gewöhnlich erhält man die Ware sägerauh, sie muß also beim Wagner oder Schreiner noch durch die Hobelmaschine gelassen werden. Wenn man selbst mit anpackt, geht das in Minutenschnelle. Prüfen sie nach, ob die Oberflächen schön glatt gehobelt wurden, ansonsten wäre ein zweiter Durchgang erforderlich.

Versiertere Heimwerker werden die Balken selbst abrichten. Mit einer mittelklassigen Handhobelmaschine kann man schon ganz passable Ergebnisse erzielen. Passen Sie aber auf, daß die Maßgenauigkeit nicht außer Kontrolle gerät – sonst bleiben am Schluß von den Balken nur noch Späne übrig...

Vier Teile brauchen wir für einen Türstock: zwei Querbalken, wovon der untere zugleich als Schwelle dient, und zwei Längspfosten.

Um die vier Teile nun zu einem Türstock zusammenzufügen, bedarf es nicht unbedingt einer professionellen Verbindungstechnik. Ich habe die Balken einfach gerade abgeschnitten, die Verbindungsstellen mit einem Zwei-Komponentenleim miteinander verklebt und den Rahmen mit sehr langen Nägeln zusammengenagelt. Wem dies zu primitiv erscheint, kann es mit einer einfachen Zapfenverbindung versuchen. Gut

geeignet sind dafür z.B. Rundholzstangen, die senkrecht in die Verbindungsflächen eingelassen werden. Die Aufnahmelöcher für die Zapfen müssen dann an den gegenüberliegenden Verbindungsflächen jeweils am richtigen Platz sitzen. Das erfordert schon einige Sorgfalt.

Bestreichen Sie auch hier die Verbindungsflächen und Zapfen satt mit einem Holzkleber und pressen Sie den Rahmen anschließend mit einem aufgezwirbelten Strick zusammen.

Stubentüre von vorne (rechts) und von hinten (links). Türblatt aus 30 mm starken N/F-Brettern (Fichte). Rahmenteile ebenfalls 30 mm stark. Beschläge aus einfachem Zinkblech, schwarz gestrichen. Türpfosten aus 18/18 cm Kantholz.

Diese Art von Zapftechnik müßte man eigentlich als Dübelverbindung bezeichnen, echte Zapftechniken, wie sie der Zimmermann anwendet, erfordern einige Übung und Erfahrung. Für die meisten im Hausbereich anfallenden Arbeiten scheint es jedoch müßig, einem perfekten Professionalismus nachzulaufen, der ohnehin nur durch eine geregelte Ausbildung und Spezialisierung zu erreichen ist. Für den Heimwerker gelten andere Maßstäbe wie für den Fachhandwerker. Wir sollten uns damit zufriedengeben, daß die Holzverbindungen ihre Funktion erfüllen. Wenn dagegen der eine oder andere Schnitt rein optisch nicht so sauber sitzt oder eine Konstruktion nicht ganz professionell aussieht, ist das nicht weiter tragisch. Am besten läßt man solche »Fehler«

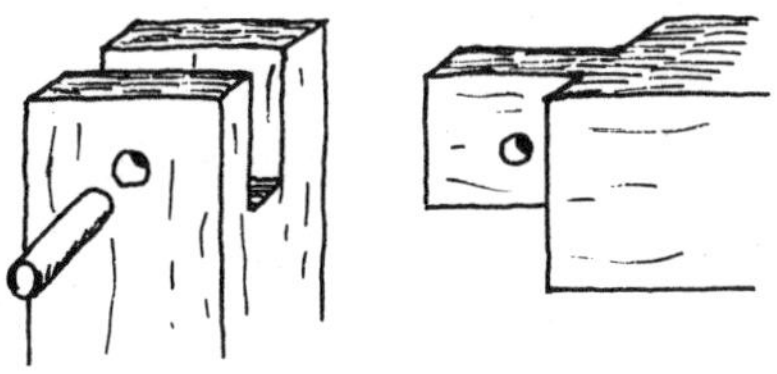

Diese Zapftechnik verlangt bereits einige Übung im Zuschneiden von Hölzern

einfach stehen und versucht gar nicht erst, sie zu vertuschen.

Der Türrahmen bräuchte eigentlich nur provisorisch zusammengeheftet werden, festen Halt bekommt er dann durch eine Verkeilung und Verankerung im Mauerwerk. Besorgen Sie sich dafür stabile Eisenanker im Fachgeschäft. Genauere Hinweise zum Einbau eines Türrahmens siehe unter »Fenstereinbau«.

Ein Problem ist noch die Türschwelle. Vielleicht

können Sie die Schwelle soweit im Untergrund versenken, daß deren Oberkante nur knapp über die Fußbodenebene reicht. Natürlich können Sie auch ganz auf einen Schwellbalken verzichten und stattdessen nur eine schmale Anschlagleiste für die Türe einsetzen. Überstehende Schwellen sind immer eine Stolpergefahr, ganz vermeiden lassen sie sich aber nicht – außer man verzichtet auf einen dichten Türabschluß.

Sofern das Holz in trockener Umgebung eingebaut wird, sind keine besonderen Holzschutzmaßnahmen erforderlich. Bei Berührung mit feuchtem Grund oder Mauerwerk schützen Sie die Kontaktflächen am besten mit Teerpappestreifen. Gegen Verschmutzen und Vergrauen empfiehlt sich die Behandlung mit Bienenwachsbalsam oder Leinölfirnis.

Der Türbau

Auf den ersten Blick mag es gar nicht rentabel erscheinen, sich Türen selber zu bauen, wo es doch bereits vorgearbeitete Türblätter zu sehr günstigen Preisen gibt. Genau besehen erhalten Sie aber dafür nur einfache Spanplatten, die dann

noch geschliffen, lackiert und mit Beschlägen versehen werden müssen.
Für eine Türe aus Vollholz, mit deren Bau wir uns jetzt beschäftigen, müssen Sie im Laden mindestens 500 DM berappen. Im Selbstbau kostet sie dagegen nur rund 150 DM. Für die Herstellung des Türblattes eignen sich am besten Nut- und Federbretter aus Fichte oder Kiefer. Stärke der Bretter: 24 oder 30 mm. Das gibt dicke Türen, die gut gegen Schall und Wärmeverluste dämmen und außerdem kaum kaputtzukriegen sind.
Wählen Sie das Holz für die Türen sorgfältig aus! Auf keinen Fall dürfen *windschiefe* Bretter verwendet werden. Eine solche Türe funktioniert niemals richtig.
Falls die Bretter nur einseitig gehobelt sind, muß die sägerauhe Seite nachgearbeitet werden. Um mit einem einfachen Handhobel gute Ergebnisse zu erzielen, bedarf es einiger Übung. Ganz mühelos lassen sich die Bretter dagegen mit einer kleinen Heimwerkermaschine hobeln. Das Gerät sollte allerdings einen einigermaßen durchzugskräftigen Motor und scharfe Hobelmesser (HSS-Messer) haben, sonst werden die Flächen niemals ganz glatt.

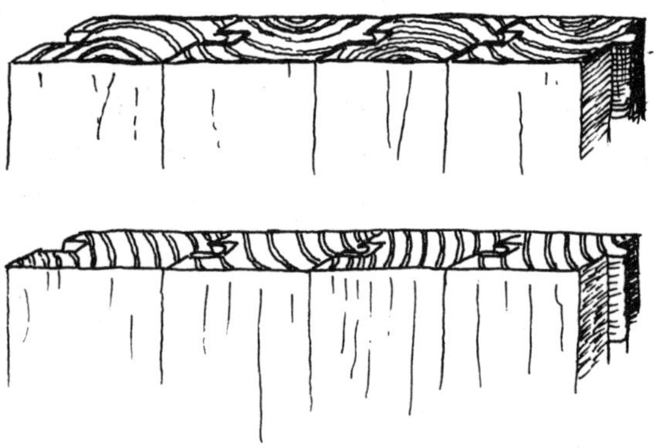

Für den Zusammenschluß der Bretter zu einem Türblatt müssen einige Regeln beachtet werden (siehe auch »kleine Holzkunde«). Entscheidend ist dabei, aus welchem Teil des Stammes das Holz jeweils kommt. Darüber geben die Stirnseiten der Bretter Auskunft.

Sobald Sie eine Kombination zusammengestellt haben, die eine absolut plane Ebene ergibt, können Sie die Bretter miteinander verkleben und fest aneinanderpressen. Die Höhe des Druckes bestimmt die Festigkeit der Verbindung.
Wer weder eine Hobelbank noch meterlange Schraubzwingen besitzt, schneide sich zwei Latten oder Bretter zurecht, an deren Enden jeweils ein Stopper befestigt wird. Dazwischen kann dann das Türblatt mit Keilen eingespannt werden.

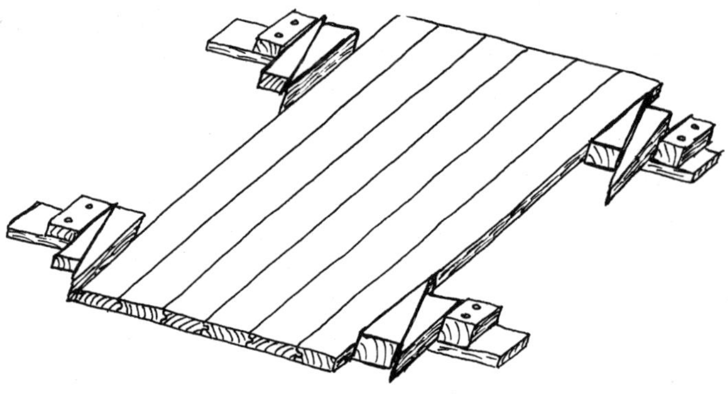

Dem Erhärtungsprozeß des Klebers sollte man etwas Ruhe gönnen, eine ganze Nacht ist auf jeden Fall besser als nur eine Stunde. Jetzt erst schneiden Sie das Türblatt so zu, daß es genau in den Rahmen paßt. Den Bewegungsspielraum, den die Türe dann noch braucht, um sich reibungslos öffnen und schließen zu lassen, hobeln bzw. schleifen Sie aber erst ab, wenn die Türe fertig montiert ist. Auch die Oberflächen sollten nachgeschliffen werden, falls sie nicht sauber genug gehobelt sind.
Das nackte Türblatt ist damit fertig. Der jeweilige Verwendungszweck entscheidet nun, wie die Türe weiter gestaltet wird. Für untergeordnete Räume wie Keller, Werkstatt oder Vorratskammer würde es genügen, wenn Sie das Türblatt mit zwei Querbrettern und einer Diagonalstrebe (»Z-Verstrebung«) verstärken. Die Bretter (notfalls verwenden Sie auch hierfür N/F-Bretter, von denen Sie Nut und Feder abhobeln) müssen fest mit dem Türblatt verschraubt und verklebt werden.

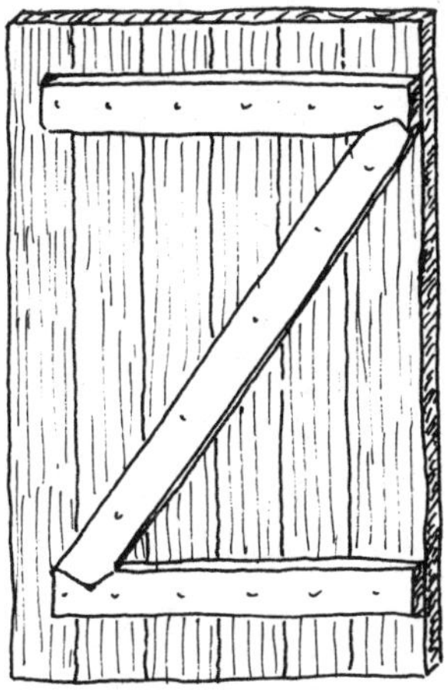

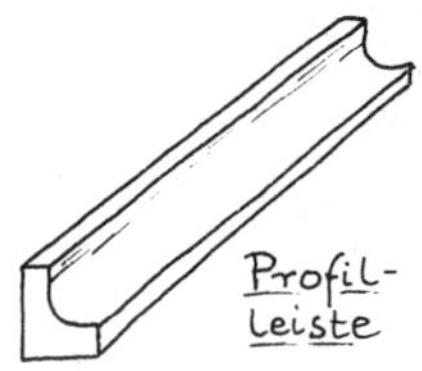

Türen, die viel benützt werden, sollte man noch weiter verstärken. Die zusätzlichen Verstrebungen können dann zugleich als Gestaltungselemente dienen. Durch kunstvolle »Aufdoppelungen« entstand in der Vergangenheit so manches Meisterwerk.

Schon ein einfaches Rahmenstück mit Sprosseneinteilung gibt einem Türblatt mehr Plastizität und Ausdruck. Ich habe auf der »Schauseite« der Türen jeweils einen zwei- oder dreigeteilten Rahmen aus zurechtgehobelten Nut- und Federbrettern aufgeleimt und verschraubt. Die Schrauben sollten etwas im Holz versenkt und die Löcher ausgekittet werden. Nach dem Beispiel der Holzvertäfelung können Sie die Vierecke noch mit Profilleisten verkleiden. Die Leisten sollten genau so stark sein, daß sie die Schenkel der Rahmenbretter abdecken.

Zum Schluß werden noch alle Türkanten mit feinem Schmirgelleinen abgerundet. Als Holzschutz genügt eine ein- bis zweimalige Behandlung mit einem Bienenwachspräparat (siehe »Holzschutz«).

Mit so einfachen Elementen wie Brettern und Profilleisten bietet sich eine Vielzahl von Gestaltungsmöglichkeiten an. Als kleine Anregung seien hier einige Beispiele skizziert.

Türbeschläge

Das Gros der heutzutage üblichen Türbeschläge muß im Türblatt versenkt werden. Dafür sind spezielle Werkzeuge und geübte Hände nötig. Die früher gebräuchlichen Türangeln, -bänder und -schlösser wurden dagegen einfach auf den Rahmen geschraubt. Sie waren stabil und oftmals auch reich verziert. Handarbeit, die sich von heutiger Dutzendware angenehm abhob. Vielleicht finden Sie auf dem Schrottplatz oder beim Antiquitätenhändler ein paar passende alte Stücke. Wenn nicht, genügen auch einfache Türbänder und Kastenschlösser (erhältlich im Eisenwarengeschäft), wie sie für Gartentüren u.ä. gebräuchlich sind.

Langband, komplett mit Plattenkloben

Die verzinkten, aus Blech gestanzten Stücke passen besser zum Holz, wenn sie mit einer mattschwarzen Farbe lackiert werden. Rauhen Sie das Metall aber vorher etwas auf, dann hält die Farbe besser.
Türangeln gibt es in verschiedenen Formen. Sehr praktisch sind die Langbänder, an denen die Plattenkloben bereits fest mit einem Scharnier verbunden sind. Daneben finden wir noch zweiteilige Stücke, wie sie früher vorwiegend gebräuchlich waren. Schrauben Sie auf jeden Fall

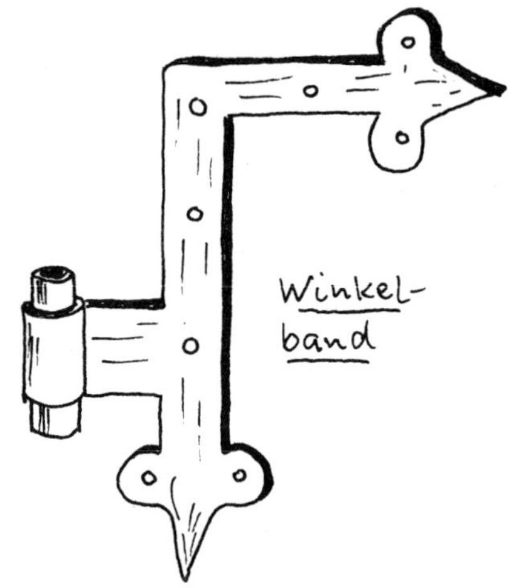

Winkelband

erst die Langbänder fest, dann spannen Sie die Türe im Türstock ein, und zwar so, daß das Türblatt auf allen Seiten genügend Spielraum hat. Jetzt können Sie den genauen Sitz für die Platten- oder Spitzkloben ermitteln.

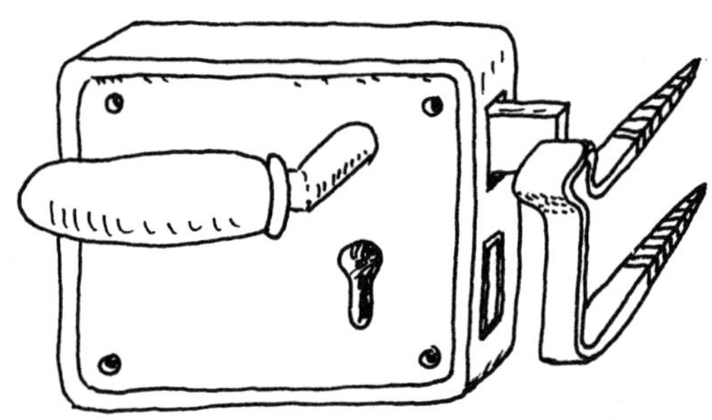

Kastenschloß Bügel

Die Montage des Schlosses ist unkompliziert, wenn man sich mit einem einfachen Kastenschloß begnügt. Es wird lediglich mit ein paar Schrauben am Türrahmen befestigt. Für Türklinke und

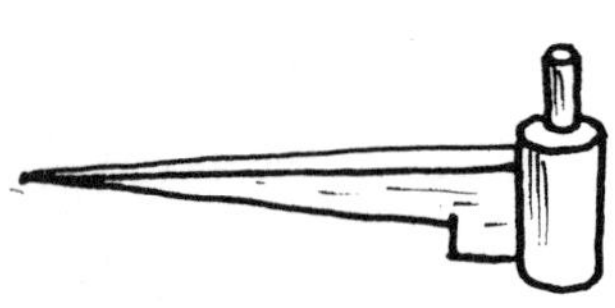

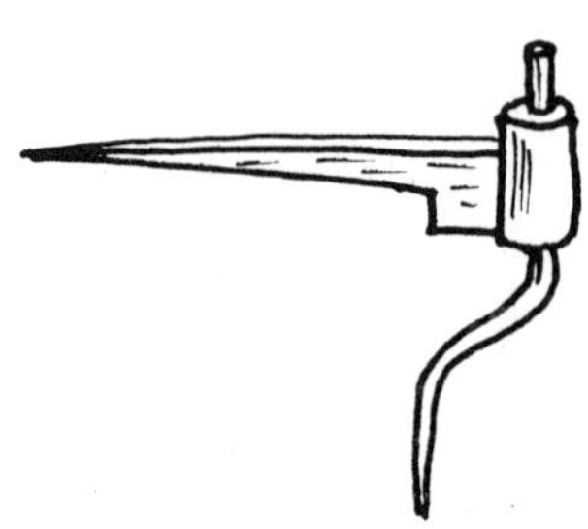

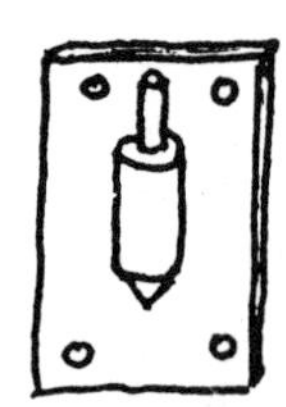

Schlüssel muß das Türblatt aufgebohrt werden. Und auch den Türpfosten müssen Sie etwas aufbohren, damit dort der Bügel, in dem das Schloß einrastet, verankert werden kann. Noch einfacher und billiger sind die handgeschnitzten Schnappschlösser, wie wir sie vorwiegend von alten Bauernstubentüren her kennen. Das Schloß besteht aus einem hakenförmigen Holzstück, das an einer Achse befestigt an einem ebenfalls hakenförmigen Gegenstück einrastet. Will man die Türe von der anderen Seite her öffnen, muß man an einem Schnürchen ziehen oder an einer mit der Achse gekoppelten Klinke drehen.

Damit die Türe dicht schließt, wird der Rahmen nun noch mit Anschlagleisten versehen. Diese sind so am Türstock anzuleimen bzw. anzuschrauben, daß die Türe sauber schließt. Die Abdichtung gegen Zugluft kann man durch die handelsüblichen Randstreifen noch verstärken.

Fensterläden

Die Möglichkeiten, Nut- und Federbretter am Bau zu verwenden, sind ziemlich unerschöpflich. So lassen sich aus diesen Holzteilen auch Fensterläden herstellen. Außerdem bietet sich hier eine gute Gelegenheit, kürzere Restbestände an N/F-Brettern aufzubrauchen.

Fensterläden sind zu allen Jahreszeiten ein guter Klimaschutz; im Gegensatz zu den sterilen Rolläden lassen sie sich außerdem in jede Fassade harmonisch integrieren; meistens können sie dort auch noch zu einem zusätzlichen belebenden und stilbildenden Element werden. Die hier beschrie-

benen, selbst gezimmerten Läden passen wegen ihrer Schlichtheit wohl am ehesten zu Land- und Bauernhäusern.

Wenn Sie überall am Haus gleiche Fensterformate haben, können Sie die Läden rationellerweise gleich in Serie herstellen. Das gilt vor allem fürs Zuschneiden der Bretter. An den Rändern müssen dann jeweils noch die störenden Nuten bzw. Federn abgehobelt werden.

Die Bretter werden miteinander verleimt und während des Abbindevorganges des Klebers zusammengepreßt.

Besonderer Aufmerksamkeit bedürfen die Stirnseiten der Läden; hier kann sich das Wasser stauen und besonders leicht ins Holz eindringen. Selbst wenn die Stirnflächen ganz glatt geschliffen und dick gefirnist sind, quillt das Holz allmählich auf und vergraut. Deshalb habe ich auf die Oberkanten der Läden nachträglich einen schmalen Holzstreifen in einem satten Kleberbett aufgeleimt und genagelt. Ob sich diese Konstruktion bewährt, wird sich erst in ein paar Jahren zeigen. Einigermaßen einbruchsicher schließen die Fensterläden, wenn sie in zugeklapptem Zustand jeweils in der Mitte von einer Leiste überdeckt werden. So kann man von außen nicht an den Schließer herankommen.

Für die Fensterläden brauchen Sie eine Anzahl von Beschlägen. Je nachdem, wieviele Fenster zu versorgen sind – kann diese Anschaffung zu einem beträchtlichen Posten auf der Ausgabenliste werden. Mit etwas Rabatt erhält man Kloben und Bänder gewöhnlich bei Großhändlern, die sich auf Baubeschläge spezialisiert haben. Vielleicht können Sie sich auch vom Abbruch gebrauchte Beschläge besorgen.

Die Langbänder sollten so lang sein, daß sie jeweils alle Bretter eines Fensterladens zusammenhalten. Als Drehangeln sind Platten mit einem aufgeschweißten Kegel recht praktisch. Bringen Sie diese nach Möglichkeit am Fensterstock an. Damit könnte man sich mühseliges Verdübeln im Mauerwerk sparen. Am schnellsten lassen sich die Beschläge mit Kreuzschlitz-Schrauben befestigen, die direkt, ohne Vorbohren, ins Holz eingedreht werden können.

Der beste Zeitpunkt für die Montage der Läden wäre dann gegeben, solange das Gerüst noch steht. In höheren Etagen von der Leiter aus oder von den Innenräumen her zu arbeiten, ist anstrengend und dazu noch gefährlich.

Oberflächenbehandlung

Fensterläden sind gewöhnlich stark der Witterung ausgesetzt. Für die biologische Oberflächenbehandlung empfehlen sich daher nur ausgesuchte Naturharz-Öllacke oder wasserlösliche Acryl- oder Alkydharzfarben. Besonders gefährdete Stellen wie die Stirnseiten der Läden sollten mehrmals gestrichen werden. Genauere Hinweise siehe unter »Holzschutz«.

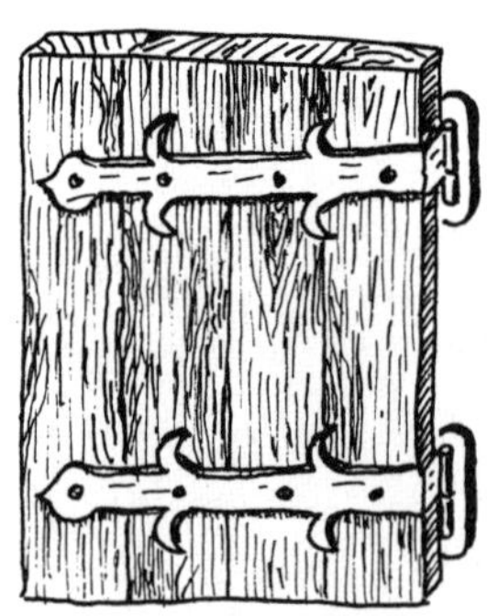

TREPPEN

Der Bau von einfachen Holztreppen stellt an den Heimwerker keine besonderen Anforderungen. Bevor Sie munter draufloszimmern, sollten Sie aber vorsorglich erst einmal einen Plan von der künftigen Treppe anfertigen. Bei den Berechnungen sind auch die Bestimmungen der Baubehörden zu berücksichtigen.

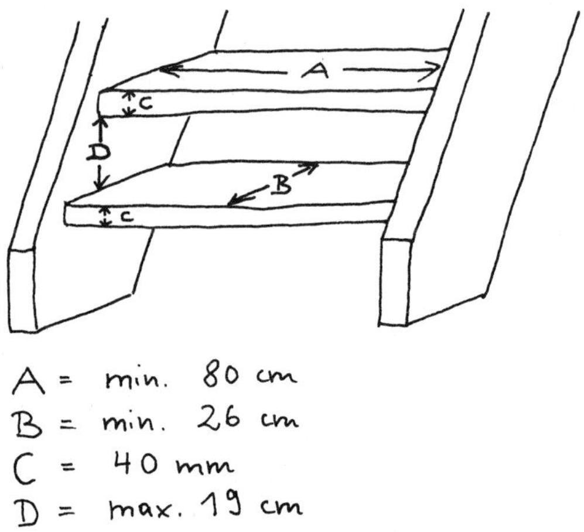

Demnach sollen Treppen eine Stufenbreite von mind. 80 cm und eine Stufenhöhe von max. 19 cm haben. Die Trittbretter müssen wenigstens 26 cm tief sein. Bei Holztreppen sind diese außerdem in einer Stärke von mind. 40 mm auszuführen. Freitragende Treppen werden auf beiden Seiten mit stabilen Geländern gesichert. Am unteren Auslauf der Treppe muß außerdem eine Freifläche von einem Meter Länge vorhanden sein.

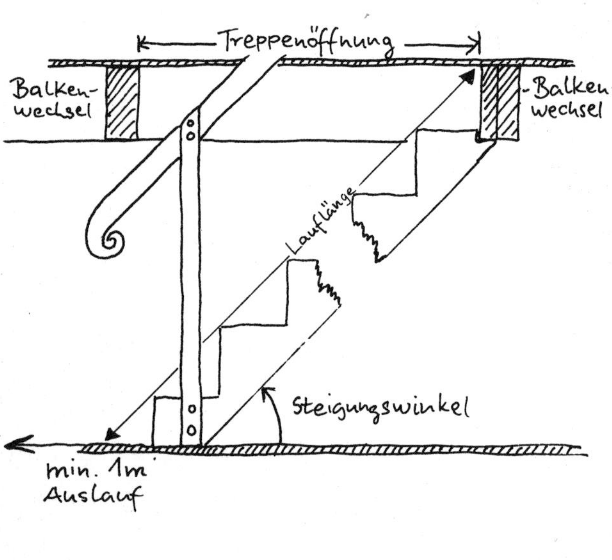

Für den Entwurf der Treppe ist zunächst ein bißchen Rechnerei nötig. Das Maß der vorhandenen Bodenfläche und die zu überbrückende Höhe entscheiden über das Steigungsverhältnis der Treppe. Steigungswinkel von über 45° sind für Einfamilienhäuser nicht zulässig. Die meisten Landesbauordnungen bleiben sogar deutlich unter dieser Grenze. Als weiterer Grundsatz gilt, daß das Trittstufenmaß innerhalb eines Treppenlaufes nicht wechseln darf. Stufen, die aus diesem Maß herausfallen (weil z.B. die Treppe unten oder oben nicht aufgeht), können zu gefährlichen Stolperschwellen werden.

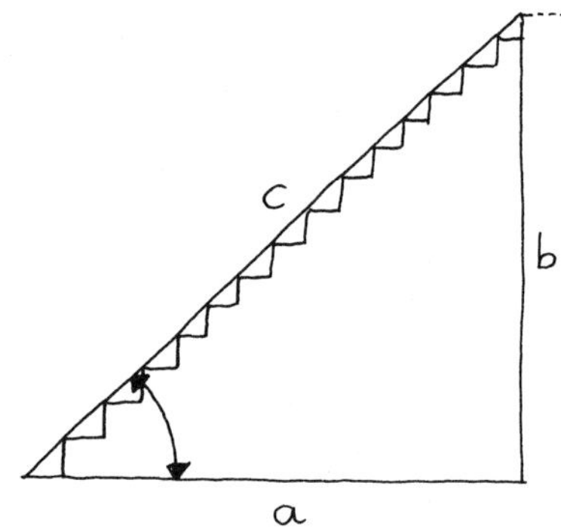

Zur Errechnung der Treppenlänge fertigen Sie sich am besten eine Zeichnung an. Aus der Strecke a (Länge der Bodenfläche, über der die Treppe aufsteigt) und der Strecke b (die zu überwindende Raumhöhe) ergibt sich die Treppen-

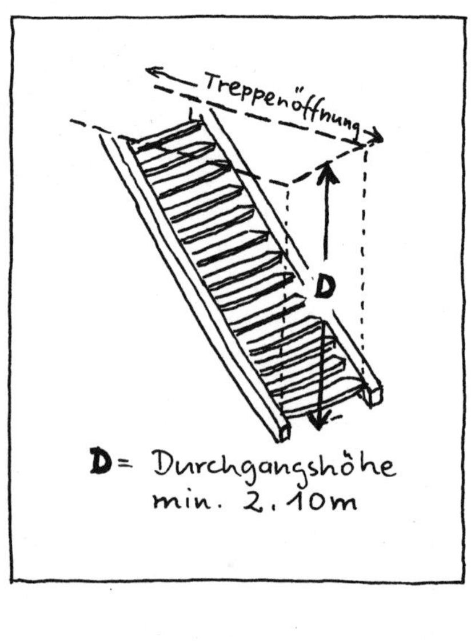

länge c (bei maßstabgetreuer Zeichnung durch Abmessen der Strecke zu ermitteln). Aus der Zeichnung kann auch der Steigungswinkel der Treppe abgelesen werden (wichtig für das Zuschneiden der Treppenwangen).
Die Strecke c kann natürlich auch ausgerechnet werden nach der Formel: $a^2 + b^2 = c^2$ bzw. $c = \sqrt{a^2 + b^2}$
Die günstigste Laufneigung einer Treppe liegt etwa bei 30°, das Mittelmaß der Stufenhöhe bei 17 cm, das der Stufentiefe bei 29 cm. 16/31, 18/27 und 19/25 cm sind ebenfalls gängige Maße.
Als nächstes ist die Anzahl (N) der benötigten Stufen anhand der Idealstufenhöhe zu ermitteln.
Die Zahl N ergibt sich aus:

$$N \approx \frac{b}{17}$$

Dann wird die Strecke c durch N geteilt. Mit dem Ergebnis läßt sich exakt festlegen, in welchen Abständen die einzelnen Trittbretter voneinander gesetzt werden.
Schließlich läßt sich auch noch die Tiefe der einzelnen Stufen ermitteln, indem man die Strecke a durch N teilt.
Hoffentlich verlieren Sie bei soviel Rechnerei nicht schon vorzeitig die Lust am Treppenbau.

Die gestemmte Treppe (Montage)

Die beiden Treppenwangen sollten aus breiten und kräftigen Bohlen bestehen. Ebenso die Trittstufen. Weichholz eignet sich hierfür weniger, weil sich die Stufen relativ schnell abnützen. Die Wangen können dagegen ruhig aus einem preisgünstigeren Nadelholz gebaut werden, nur sollte es möglichst astfrei sein, damit sich die Nuten leichter ausstemmen lassen.
Zuallererst werden die Wangenfüße winkelrecht zugeschnitten und dann die Nuten für die Stufen ausgestemmt. Zum exakten Anreißen halten Sie die Stufenbretter am besten mit ihrer Stirnseite

an die Wangen. Dann werden die Risse etwa 1,5 Zentimeter tief eingesägt und das Futter sorgfältig Schicht für Schicht herausgestemmt. In diese Nuten lassen sich dann die Stufen wie Schubladen einschieben. Falls die Stufen irgendwo zuviel »Spiel« haben, müßten Sie von der Außenseite der Wangen her verdübelt werden. Ansonsten genügt für den festen Halt eine satte Verleimung.

Trittstufenbretter so auswählen, daß die Kernseite (rechte Seite) oben liegt.

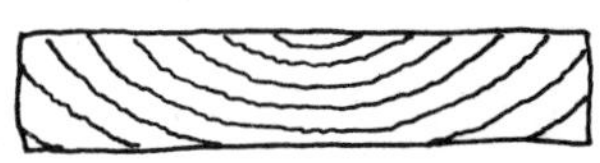

Für das Befestigen der Stufen gibt es noch eine einfachere Methode, die allerdings weniger zuverlässig ist. Dabei werden die Trittstufen nicht in der Wange verfugt, sondern lediglich auf Stützleisten genagelt. Dann kann es schon mal vorkommen (wie ich aus eigener Erfahrung weiß), daß die eine oder andere Stufe eines Tages plötzlich durchkracht. Die Stützleisten sollten deshalb möglichst kräftig sein und außerdem an den Wangen verschraubt *und* verleimt werden.

Für die biologische Oberflächenbehandlung der Trittstufen eignet sich am ehesten ein sehr harter Naturharz-Öllack. Unter Umständen genügen auch die weicheren Mittel wie Wachs und Leinölfirnis, nur muß man hier mit einem höheren Pflegeaufwand rechnen (weitere Hinweise siehe unter »Holzschutz«).

Das Treppengeländer

Für freitragende Treppen müssen – den Bestimmungen entsprechend – zu beiden Seiten Handläufe angebracht werden. Dazu eignen sich z.B. wieder Nut- und Federbretter, die soweit zurechtgehobelt und geschliffen werden, daß man sich

daran keine Verletzungen zuziehen kann. Die Handläufe sollten anschließend noch mit einem Bienenwachspräparat eingelassen und kräftig nachpoliert werden, bis sie glänzen.

DIE HEIZUNG

Die beiden Themen Haustechnik und Heizung zeigen am deutlichsten, wie schwer es ist, im Bereich des Hausbaus wieder Anschluß an die einstige Harmonie mit der Natur zu finden. Es hat den Anschein, daß die perfekte Automatisierung auch vor den eigenen vier Wänden nicht Halt macht. Es gibt ja schon bald keinen Handgriff mehr, der nicht auch von einer Maschine übernommen werden könnte.

Andererseits dürfen aber die Stimmen, die zur Umkehr rufen, nicht in reine Technikfeindlichkeit umschlagen. Ein »Zurück zur Natur« kann und soll es in der Geschichte der Menschheit nicht geben. Denn gerade die Technik könnte uns helfen, ein neues Gleichgewicht mit der Natur zu finden. Die Entwicklung der Solarenergie und verschiedene Wärmerückgewinnungsverfahren sind ein Beispiel dafür.

Auf dem Bausektor ist nach einer Phase nahezu unbegrenzten Fortschritts die Zeit der Betrachtung und des bewußten Abwägens und des Integrierens alter Bauverfahren gekommen. Es kann und wird wohl auch im Bauen wieder ein »Mehr an Natur« geben. Das Problem der Heizung beginnt also nicht erst mit der Frage, für welches Heizungssystem entscheide ich mich, sondern setzt bereits bei der Wahl des Standorts und bei der baulichen Konzeption des Hauses ein.

Die Alten lehren uns, wie man sich hier mit nur wenigen, eigentlich selbstverständlichen Maßnahmen die Nutzung der Sonnenenergie auf passive Weise zu eigen machen kann, nämlich durch:

- optimale Ausrichtung des Hauses nach dem Sonnenstand
- ein weit vorspringendes Dach (beschattet die Mauern im Sommer, ohne im Winter das Aufheizen der Mauern durch die Sonne zu behindern)
- wärmespeichernde und zugleich -isolierende Mauern
- Fassadenfarben in gedeckten Tönen
- gut plazierte und dimensionierte Fenster
- Grundstücksbepflanzung, die ein rasches Auskühlen des Hauses durch kalte Winde verhindert
- geschützte Lage des Hauses innerhalb der landschaftlichen Gegebenheiten

Die Wahl des richtigen Heizungssystems

In unseren Breitengraden dauert eine Heizperiode gut sechs Monate im Jahr. Das bedeutet, daß in dieser Zeit, da alternative Heizsysteme bislang keine nennenswerte Rolle spielen, die Rohstoffquellen weiter ausgebeutet werden und weiterhin schädliche Gase unsere Umwelt verseuchen. Daran sind alle Energieversorger beteiligt.

Allerdings belasten nicht alle Brennstoffe im selben Ausmaß die Umwelt. Wie die gegenüberstehende Tabelle zeigt, erzeugt Gas bei der Verbrennung am wenigsten Schadstoffe, gefolgt von Heizöl, während Kohle und Holz das Schlußlicht bilden. Abhängig sind diese Werte natürlich auch vom Heizgerät. Die *günstigsten Abgaswerte bei gleichzeitig energiesparendem Betrieb* erreichen derzeit *gasbetriebene Brennwertgeräte*!

1. Wärmerückgewinnungsanlagen

Nochmals um ein Drittel kann man den Energieverbrauch mit *Wärmerückgewinnungsanlagen* senken. Diese Technik gehört heute bereits zum Standard von *Niedrigenergiehäusern*. Voraussetzung für den Betrieb ist eine optimale Wärmedämmung des Gebäudes. Die *Wärmerückgewinnungsanlage* regelt die Frischluftversorgung (optimaler Wert: alle zwei Stunden ein Luftwechsel) und entzieht aus Küche und Bad die Warmluft, um deren Wärme mit Hilfe eines Wärmetauschers auf die zuströmende Frischluft zu übertragen. Die vorgewärmte (und bei Bedarf mit Hilfe eines Aggregates aufgeheizte) Frischluft wird gleichmäßig auf die Räume verteilt. *Wärmerück-*

Emissionsfaktoren für Feuerungsanlagen (Hausbrand und Kleingewerbe)
Emittierte Luftverunreinigungen in kg je Terajoule eingesetzte Brennstoffwärmemenge

Schadstoffe	Steinkohlebrikett	Steinkohle[1]	Braunkohlebrikett	Koks	Holz	Heizöl EL	Gas
Schwefeldioxid	500	500	130	500	9 – 13	140[2]	0,2
Stickoxide (als NO_2)	50	50	12	70	10 – 130	50	35
Kohlenmonoxid	5 400	5 400	4 700	6 700	1 100 – 21 000	120	95
Gas- und dampfförmige organische Verbindungen	450	200	300	10	20 – 1100	15	12
Fluor und gasförmige anorganische Verbindungen (als F)	1,5	1,5	0	1,5	0	0	0
Staub	250 [3]	150 [3]	80	50	380 – 1390	5	0,2

1) z.B. Anthrazit, Magerkohle, Esskohle, Fettkohle
2) Massengehalt an Schwefel 0,3%
3) Einschließlich Schwermetalle: ca. 1 kg Pb/TJ; 1,5 kg ZM/TJ; 0,07 kg Cd/TJ

Brennstoff	Quecksilber	Cadmium	Blei	Zink
Altpapierbriketts	0,18	2	100	410
Braunkohlenbriketts	0,1	0,07	6	7,5
Koks	k.A.	0,085	21	85
Steinkohlenbriketts	k.A.	0,62	27	93
Anthrazit	0,3	0,13	14	27

(k.A. = keine Angaben)

gewinnungsanlagen lassen sich auch im Altbau installieren. Sie gewähren ein optimales Wohnraumklima.

2. Zentralheizungen

Wärmerückgewinnungsanlagen sind reine *Luftheizungen*, d.h. sie erwärmen mittels Warmluft die Raumluft. Ganz ähnlich funktionieren unsere modernen Zentralheizungssysteme. Hier erzeugen die dünnen wasserdurchströmten Flachheizkörper ebenfalls vorwiegend Warmluft. Biologisch gesehen sind Warmluftheizungen ungünstig. Aufgrund der thermischen Gesetzmäßigkeiten bilden sich an den Wohnraumdecken höhere Temperaturen als im Fußbereich. Die umgekehrte Wärmeschichtung wäre physiologisch günstiger.

Deutlich ausgeglichener ist die Wärmeverteilung bei sog. *Strahlungsheizungen*. Massive Heizkörper (z. B. Kachelofen) wärmen – analog dem Prinzip der Sonnenstrahlung – nicht die Luft, sondern direkt die Raumkörper. Selbst die altbewährten massiven gußeisernen Heizkörper (Radiatoren) von Zentralheizungsanlagen erzeugen mehr Strahlungswärme als jene in moderner Leicht- und Flachbauweise. Allerdings eignen sich Flachheizkörper besser für moderne Niedrigtemperaturheizungen und sind energiesparender. Ihr Nachteil: größere Luftumwälzung und damit auch mehr Staubaufwirbelung.

3. Fußleistenheizung
Statt der konventionellen Heizkörper kann man an jede Warmwasser-Zentralheizungsanlage auch Heizleisten anschließen. Diese verlaufen in Bodennähe entlang der Wände. Die Wände erwärmen sich und geben ihrerseits Strahlungswärme an den Raum ab. Heizleisten sind insbesondere zur Austrocknung von feuchten Altbauten bestens geeignet.

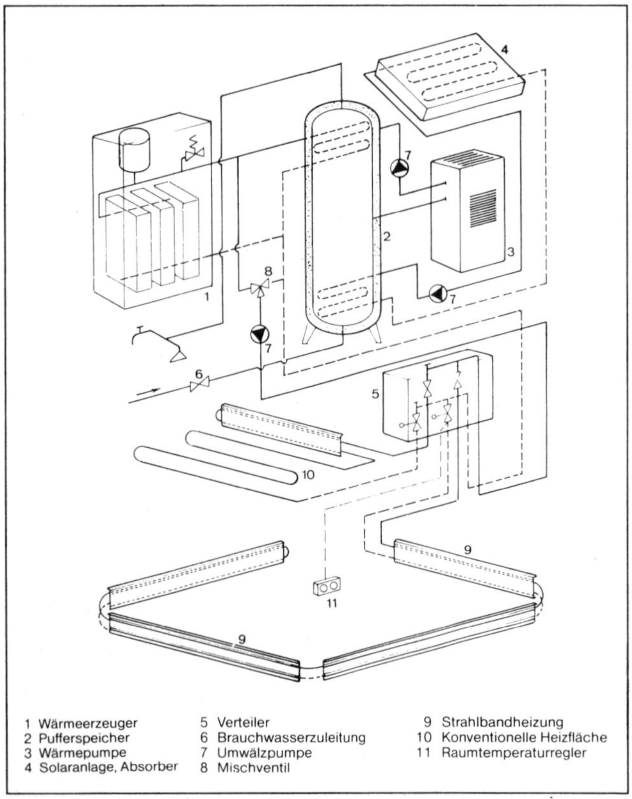

»Missel-Strahlbandheizung«

4. Elektrospeicherheizungen
Neuere Systeme mit dickem Schamottekern und Kachelmantel erzielen einen hohen Strahlungsanteil, der sie mit den Qualitäten eines echten Kachelofens vergleichbar macht. Bedenklich sind allerdings die starken elektrischen Felder nicht abgeschirmter Heizgeräte. Die Kombination mit Gebläsen, die zur Regulierung einer mittleren Raumtemperatur nötig sind, beeinflußt, ähnlich den Warmluftheizungen, das Raumklima negativ.

Schnitt Kachelofen-Luftheizung mit eisernem Brennereinsatz (1) und Nachheizkasten (2)

5. Fußbodenheizungen
Im allgemeinen unausgeglichene Raumlufttemperatur. Zu hohe Boden- und zu geringe Deckentemperaturen bewirken ein Inversionsklima, wobei schubartig labile, bodennahe Raumluft aufsteigt und dabei Staub usw. aufwirbelt. Die dauernde Belästigung mit Luftverunreinigungen kann zur Reizung der Schleimhäute führen. Häufig beobachtete Begleiterscheinungen sind auch Erkältungskrankheiten.

6. Der Kachelgrundofen
Beim echten Kachelofen speichert die Schamotte- und Kachelmasse die Wärme und gibt sie langsam an den umliegenden Raum und dessen Körper ab. Die Oberflächentemperaturen des Kachelmantels liegen etwa bei 100° C. Durch diese gemäßigten Außentemperaturen des Heizkörpers sind kaum Staubverschwelungen zu befürchten. Der hohe Strahlungsanteil erwärmt die Außenwände und trocknet

sie aus. Gleichzeitig wird die Maueratmung aktiviert. Frische, feuchte Luft fließt nach, was zum Erreichen einer genügend hohen Raumluftfeuchte (über 40%) beiträgt. Die Schwankungen der Temperatur zwischen Boden- und Deckenbereich sind äußerst gering, in horizontaler Richtung nimmt die Temperatur mit zunehmender Entfernung vom Kachelofen ab. Die Bewohner können also durch ihren jeweiligen Standort die ihnen zuträgliche Temperatur selbst wählen.

Der Kachelofen

Daß der Kachelofen in unseren Tagen eine wahre Renaissance erlebt, ist nicht nur der Nostalgiewelle zuzuschreiben. Sicher sind damit Bilder vom gemütlichen, trauten Heim verbunden. Neben dem ideellen oder mehr dekorativen Zweck hat der Kachelofen aber auch technische Vorzüge, die selbst für modernste Heizungssysteme immer noch als richtungsweisend gelten

dürfen. So nützt er durch geschickte Auslegung der Züge die Brennstoffenergie bis zu 85% aus. Unerreicht ist bislang auch die hohe Speicherqualität, die – vergleichbar mit einer Batterie – die Wärme speichert und langsam an den Raum abgibt.

Ein richtig dimensionierter Kachelofen muß in Übergangszeiten nur einmal und in kalten Jahreszeiten lediglich zweimal am Tag ein bis zwei Stunden lang aufgeheizt werden, um über viele Stunden ein angenehm temperiertes Raumklima zu schaffen.

Ein kleiner Nachteil: je größer die Speichermasse, desto später setzt auch die volle Heizleistung der Öfen ein. Dafür halten schwere Öfen die Wärme dementsprechend länger (bis zu zwölf Stunden).

Das wärmephysiologische Empfinden und das Behaglichkeitsgefühl werden von der Strahlungswirkung entscheidend beeinflußt, die der natürlichen Erwärmung der Erde durch die Sonne entspricht. Die Strahlen dringen tief in den Körper ein und fördern u.a. auch die Tiefatmung.

Betriebstechnisches

Kachelöfen alter Bauart müssen mit festen Brennstoffen (Kohle, Holz, Torf etc.) noch per Hand beschickt werden, nach heutigen Komfortmaßstäben eine ungewohnte Sache. Deshalb stehen auch viele Kachelöfen, die zur Zeit der Energiekrise als Zusatzheizung gedacht waren, bald nur noch als dekorative Objekte in der Ecke. Inzwischen sind aber auch vollautomatische, mit Öl oder Gas beschickte Kachelöfen entwickelt worden, die einem jede Arbeit abnehmen. Auch elektrisch betriebene Speicherkerne sind bereits auf dem Markt.

Bei im Erdgeschoß aufgestellten Kachelgrundöfen kann zur Wartungserleichterung die Asche über einen Blechschacht im Keller aufgefangen werden. Beim Durchgang durch Holzbalkendecken ist dabei an die nötigen Sicherheitsvorkehrungen zu denken.

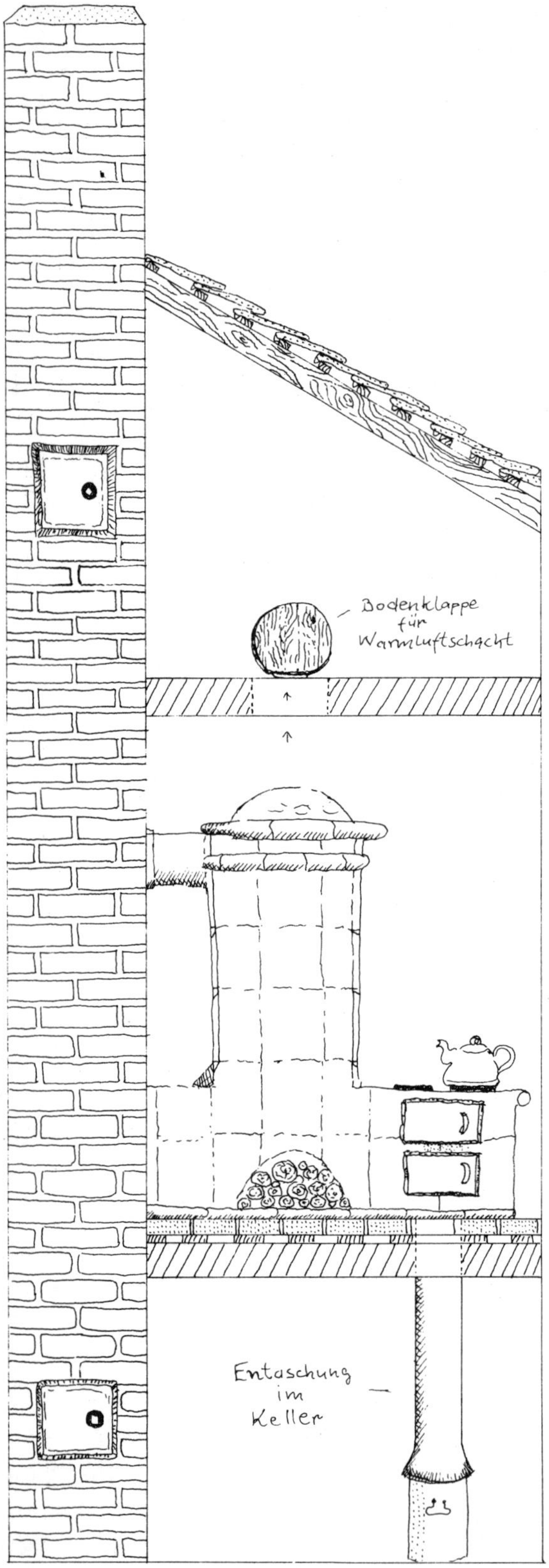

Selbstmontage
Verschiedene Hersteller bieten Bausätze für Fertigöfen an. Am leichtesten lassen sich feste Brennereinsätze aus Stahl mit einem Kachelmantel aufstellen. Solche Systeme arbeiten allerdings vorwiegend als *Konvektionsheizung*. Beim echten *Kachelgrundofen* (Strahlungsheizung) handelt es sich dagegen um einen gänzlich aus Schamottesteinen, -platten und Kacheln errichteten Heizkörper. Aus Eisen bestehen hier lediglich die Heiz- und Aschetüre und eine Back- oder Vorheizröhre. Nach gründlichem Studium der im Anhang angegebenen Literatur können Sie sich an die Selbstmontage eines Grundofens wagen. Als praktische Vorübung wäre es jedoch ganz nützlich, sich erst einmal mit der vergleichsweise einfachen Bauweise eines *gemauerten Ofens* vertraut zu machen.

Der gemauerte Ofen

Die älteste Form des gemauerten Ofens ist eine halbierte Tonne mit einem Grundgerüst aus geflochtenen Weiden oder Haselnußstauden, die mit einer dicken Lehmschicht verkleidet wurden. Hinten war der Ofen geschlossen, vorne hatte er eine Öffnung zum Einfüllen des Brennstoffes und darüber ein Loch für den Rauchabzug. Die Öffnungen wurden bei Bedarf mit Steinen verschlossen. Der Rauch zog über einen Rauchfang ins Dachgestühl und von dort ins Freie ab.

Oben:
Aus der ehemaligen Räucherkammer wurde ein gemauerter Ofen mit Backrohr. Damit er auch mit Kohle beheizbar ist, erhielt er einen Rost mit Aschekasten. Die Ofenkuppel besteht aus alten Backsteinen und Lehm, das Fundament aus gewachsten Terracotta-Platten.
Im Hintergrund Türe mit verglaster Durchsicht.

Unten:
Kachelöfen aus alten Kacheln neu gesetzt. Fundamente aus Backsteinen gemauert, Oberfläche gewachst.

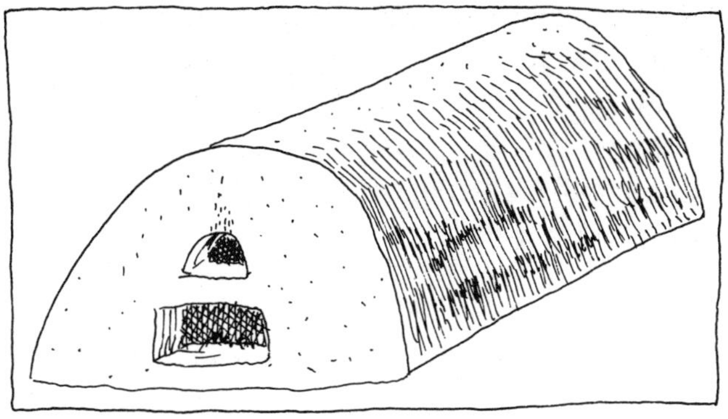

Ursprünglich dienten diese Öfen vorwiegend zum Brotbacken, später erkannte man auch ihren Heizwert. Öfen dieser Bauart waren allerdings nur sehr begrenzt haltbar.

Der gemauerte Ofen – Selbstbau

Viel dauerhafter und von ihren Heizeigenschaften mit einem Kachelofen vergleichbar sind mit Backsteinen gemauerte Öfen. Benötigt werden dafür Schamotteplatten und Steine für Brennereinsatz und Züge. Das Material bekommen Sie im Ofenhandel, beim Hafner oder eventuell beim Baumarkt. Schamottezeug ist temperaturbeständig bis 1500° C und ein ausgezeichneter Wärmespeicher. Backsteine vertragen dagegen nur Temperaturbelastungen bis max. 600° C, bei größerer Hitze zerreiben sie allmählich. Beim gemauerten Ofen eignen sie sich deshalb nur für den Außenmantel. Viel Geld läßt sich sparen, wenn Sie sich gut erhaltene Ziegel vom Abbruch besorgen.

Alte Ofen- und Aschetüren und Roste können eventuell zu günstigen Preisen beim Schrotthändler organisiert werden.

Der Schamotteeinsatz wird mit Schamottemörtel (im Ofenhandel und beim Hafner erhältlich) zusammengefügt. Notfalls genügt auch fetter Lehm, den Sie bis zu 30% mit feinem Quarzsand magern. Der Backstein-Außenmantel kann mit einfachem Kalkmörtel aufgemauert werden.

Beim gemauerten Ofen bleiben die Backsteine entweder sichtbar oder – was schöner aussieht –

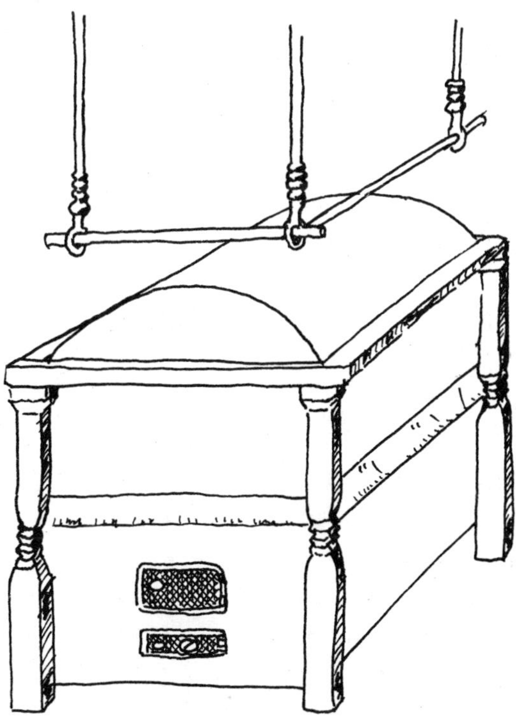

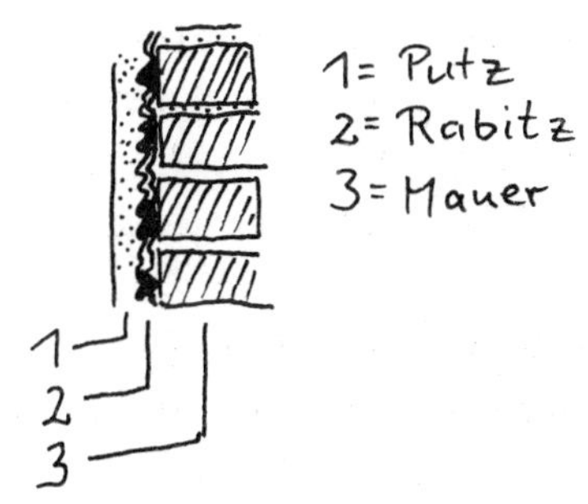

die Außenwände werden mit Kalkmörtel verputzt und gekalkt. Infolge der hohen Temperaturspannungen muß der Putz allerdings auf einem Drahtgewebe (Rabitz) aufgebracht werden. So kann der Ofenmantel unter der Putzschicht beliebig arbeiten, ohne daß die Außenhaut schon bald mit Tausenden von Rissen übersät ist.

Genauere Angaben zu diesem Thema finden Sie in einer ausführlichen Bauanleitung, die vom Institut für Baubiologie in Neubeuern herausgegeben wird (siehe Literaturverzeichnis).

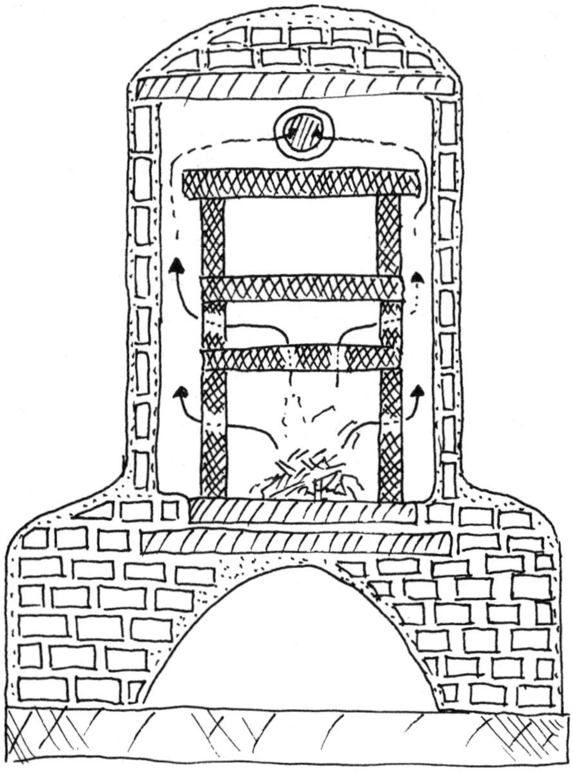

gemauerter Ofen mit Schamotteeinsatz (Bauanleitung dazu siehe Literaturliste)

Beim reinen Kachelofen werden die hohen Oberflächenspannungen durch den beweglichen Ofenmantel ausgeglichen. Im Bereich des Brennraumes, wo die Temperaturschwankungen am größten sind, sorgt eine Verklammerung der Kacheln dafür, daß sich diese untereinander dehnen und wieder zusammenziehen können.

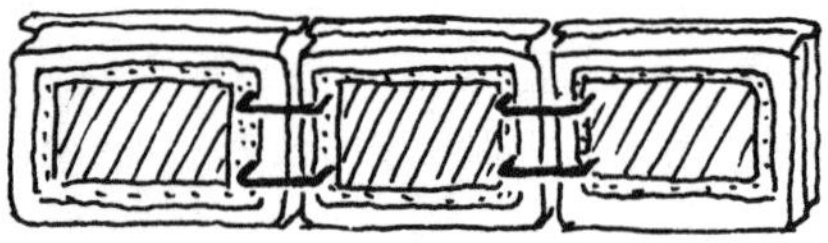

Kacheln im Brennraumbereich werden miteinander verklammert

Kachelofen – Selbstbau

An den Bau eines Kachelofens sollten Sie sich erst wagen, wenn Sie schon ein bißchen mit Maurer- und Tonarbeiten vertraut sind. Für die Bemessung der Brennraumgröße, der Roste, der Züge und der Rauchrohrgröße sind einige Berechnungen nötig, um die Heizenergie eines Ofens optimal auszuschöpfen. Maßangaben und Rechenbeispiele finden Sie ebenfalls in der angegebenen Literatur.

Ofen der Gotik. Der Kachelzylinder wurde gleichmäßig erwärmt. Da noch keine Züge im Ofen eingebaut waren, zogen die Rauchgase sehr schnell ab.

Altes Kachelmaterial

Größte Vorsicht ist beim Erwerb von gebrauchten alten Kachelöfen geboten. Aufgrund der Nachfrage sind die Preise für antike Stücke in letzter Zeit enorm gestiegen. Leider erhält man

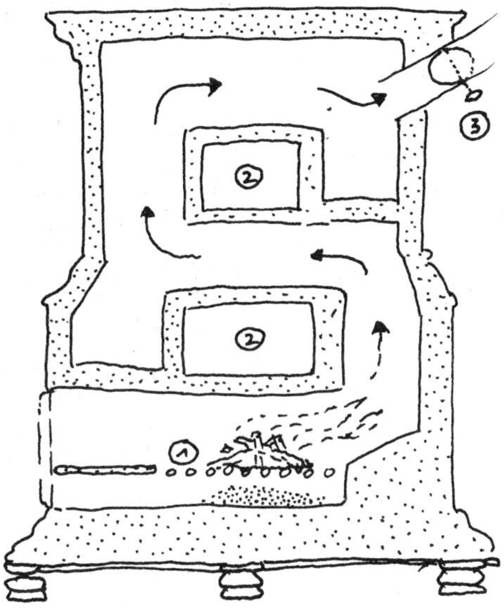

Kachelofen um 1760. Der Ofen hatte einen Rost (1), zwei Durchsichten (2) und eine Drosselklappe (3).

für sein Geld nicht immer gleich einen funktionstüchtigen Ofen. Zunächst sollte man sich vergewissern, ob das Kachelmaterial noch vollzählig vorhanden ist. Wichtig sind auch die Eckstücke und die oberen und unteren Randstücke. Klopfen Sie jede Kachel einzeln ab, klingt sie stumpf, ist sie nur noch von mäßiger Qualität. Kleinere Risse im Kachelmantel können noch hingenommen werden, gebrochene Stücke sind dagegen wertlos. Ebenso Kacheln mit abgebrochenen Stegen (das sind die Wülste auf der Rückseite der Kacheln).

Für den Innenausbau kommt nur *neues* Schamottezeug in Frage und auch bei Rauchrohren sollte man sich nicht mit alten Stücken begnügen.

Der Standort

Jeder Kachelofen braucht eine brandsichere Unterlage. Besser als Bleche eignen sich dafür gemauerte Sockel aus Backsteinen oder Keramikplatten. Noch wichtiger ist ein fester, tragfähiger Standort. Kachelöfen in schwerer Ausführung können über eine Tonne wiegen. Gefährlich sind vor allem Standorte in Raummitte. Gerade Betondecken können oft den enormen Druck- und Zugspannungen nicht standhalten. Bei Öfen in Eckstellung treten dagegen nur selten statische Schwierigkeiten auf.

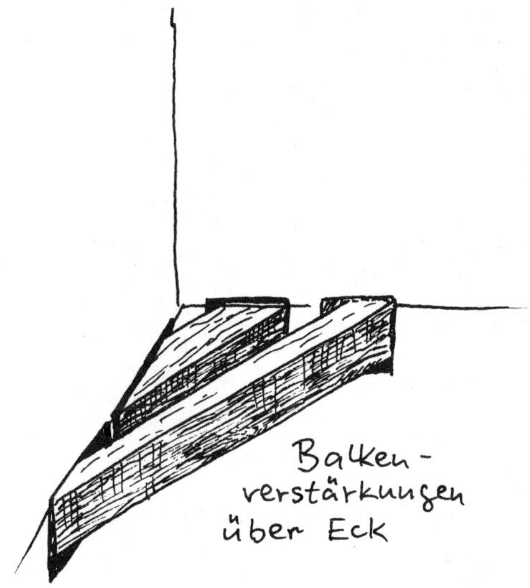

Balkenverstärkungen über Eck

Holzbalkendecken sind gewöhnlich sehr tragfähig. Die Schwankungen eines stark federnden Bodens können allerdings empfindliche Risse im Ofenmantel verursachen. Bei Eckstellung des Ofens sollte eventuell zur Stabilisierung des Untergrundes zusätzlich ein Träger über Eck eingezogen werden. Bei einem Standort in Raummitte müßte im darunterliegenden Geschoß eine Deckenstütze angebracht werden. Im Zweifelsfall ist immer ein Statiker zu Rate zu ziehen.

Bedienung

Wenn Kachelöfen als primäre Heizquelle genutzt werden, sollte man sich die Bedienung so einfach wie möglich machen. Dazu gehört z.B. die Brennstoffversorgung vom Flur aus und eine zentrale Entaschung über den Keller. Ein gut dimensionierter Kachelofen kann, wenn er an mehrere Räume angrenzt, eventuell ein ganzes Geschoß heizen und die darüberliegenden Räume noch mittemperieren. Ein einziger, geschickt aufgestellter Kachelofen ersetzt also u.U. mehrere kleine im Gebäude verteilte Heizkörper.

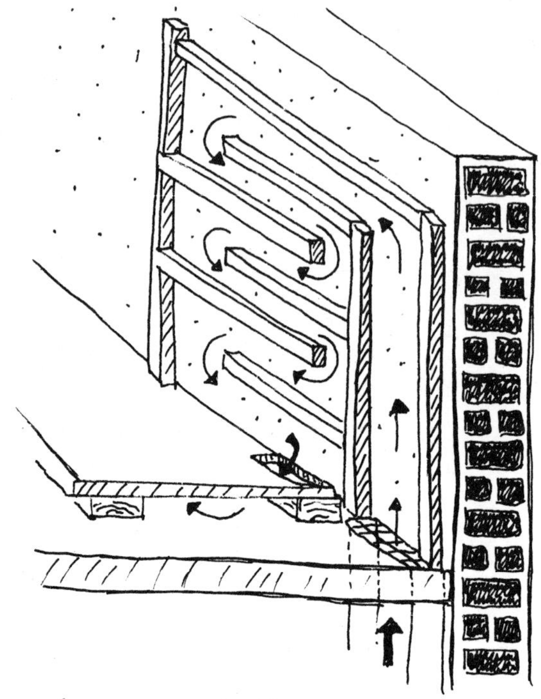

Wand- und Fußbodenhypokaustenheizung. Warmluft fließt in einem geschlossenen System hinter Wandverkleidungen (Span- oder Gipskartonplatten) und unter Fußböden (Parkett oder Fliesen auf Spanplatten).

Kachelöfen lassen sich auch mit Kochstellen kombinieren (»Sesselöfen«), wobei der Brennstoff noch besser ausgenützt wird. Nebenbei können auch noch beträchtliche Mengen an Warmwasser geliefert werden.

Damit sind die Möglichkeiten eines Kachelofens bei weitem nicht erschöpft. Von baubiologischer Seite entwickelt man z.Zt. Kombinationen mit der bereits von den Römern angewandten Hypokaustenheizung. Dabei werden in Fußböden, Wänden und Decken eingelassene Kanäle mit der überschüssigen Warmluft eines Kachelofens gespeist. Als Vorläufer dieses Systems kann auch die dem Kachelofen angeschlossene Ofenbank gelten.

All diese Entwicklungen versuchen das Prinzip der Strahlungsheizung optimal zu nutzen. Je mehr Festkörper sich dabei in direkter Weise erwärmen lassen, desto höher wird der Anteil an gesunder Strahlungswärme. Im umgekehrten Fall erzeugen kleine, extrem heiße Heizkörper immer ein ungesundes Raumklima.

Der Schornstein

Alle Hausbrandstätten, die schädliche Gase abgeben, müssen an einen Schornstein angeschlossen sein. Hierzu einige Faustregeln:

1. Es dürfen immer nur so viele Feuerungsstätten an einem Schornstein hängen, wie dessen Querschnittgröße es zuläßt:

Schornsteinquerschnitt	
13,5/13,5 cm (∅ 13,5 cm)	höchstens 2
13,5/20 cm (∅ 16,5 cm)	min. 3, höchstens 4
20,0/20,0 cm (∅ 20,0 cm)	min. 5, höchstens 8

2. Schornsteingrößen für offene Kamine, Zentralheizungen, Gasfeuerungen etc. unterliegen Sonderbestimmungen.

Schornsteine sollten sich möglichst an einem zentralen Ort im Haus befinden. Einmal sind sie dadurch von mehreren Seiten für Ofenanschlüsse zugänglich. Und außerdem wird die wärmespeichernde Funktion so am besten ausgenützt. Daneben verbessern sich bei einem Schornstein, der in Giebelnähe aufsteigt, die Zugeigenschaften. Nur dann nämlich werden die am Dach aufsteigenden und abfallenden Winde optimal ausgenützt.

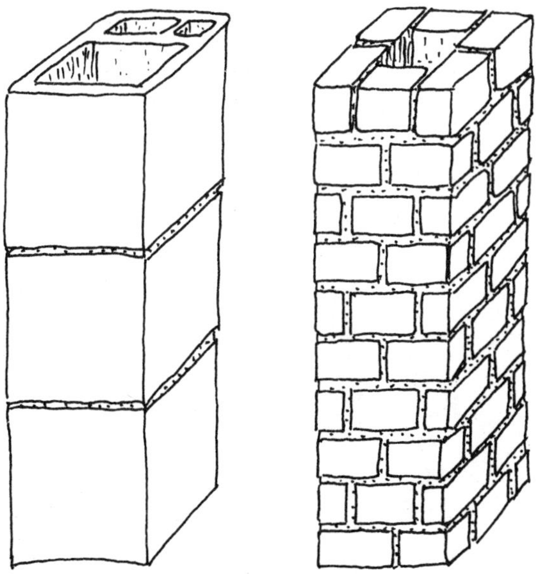

Fertigschornsteine aus Leichtbetonsteinen können auch vom Laien in Selbstmontage aufgestellt werden. Hauptbestandteile der Fertigschornsteine sind Mantelsteine aus Leichtbeton, mit rundem oder eckigem Führungsschacht, mit oder ohne Entlüftung. Für öl- und gasbetriebene Zentralheizungen sind zusätzlich Einsätze aus Tonrohren und Dämmaterial vorgeschrieben. Für die Heizung mit Einzelöfen genügt dagegen gewöhnlich der Mantelstein ohne Einsatz. Die Bestimmungen sind jedoch regional verschieden. Möglicherweise weiß der Baustoffhändler darüber Bescheid. Im Zweifelsfall wende man sich an den zuständigen Kaminkehrer.

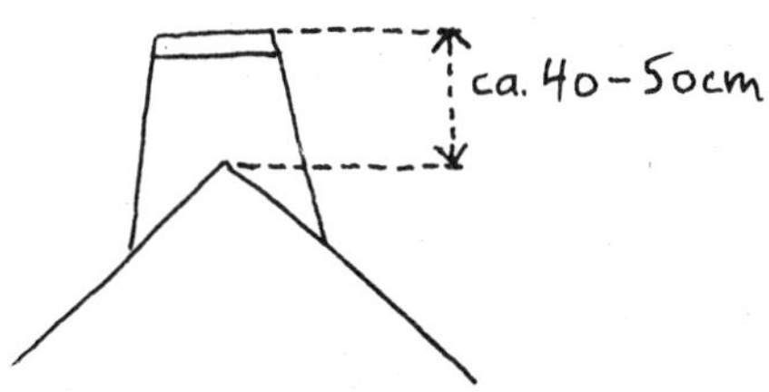

Vor der Bestellung muß die Länge des zukünftigen Schornsteines ermittelt werden. Der Kamin soll, der besseren Zugverhältnisse wegen, den Dachfirst um etwa 40-50 cm überragen. Auch die Anzahl der Ofenanschlüsse muß vorher festgelegt sein, weil es dafür eigene Formstücke gibt. Zu einem kompletten Bausatz gehören schließlich noch die Teile für die Reinigungsöffnungen,

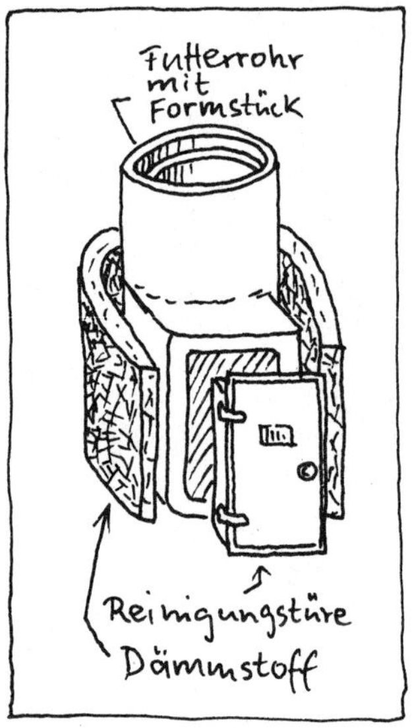

fester Betonsockel geschaffen werden. Graben Sie also das Erdreich an entsprechender Stelle auf, bis Sie auf festen, gewachsenen Grund stoßen. Dann den Grubenboden möglichst fest stampfen, damit sich der Sockel später nicht setzen kann.

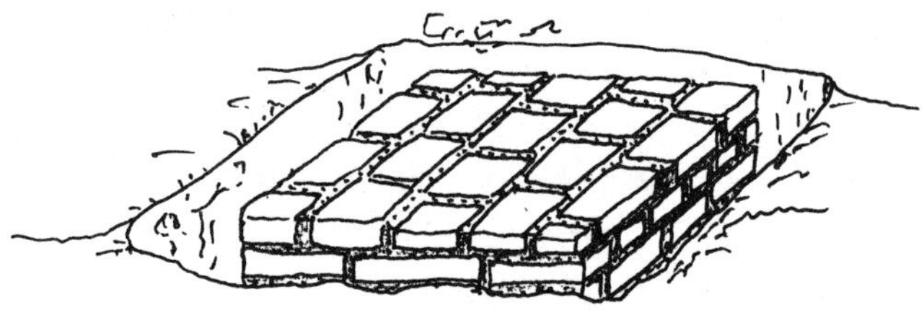

Gründung für Schornstein aus Vollziegeln

von denen jeweils eine im Keller (bzw. Erdgeschoß) und eine im Dachraum vorhanden sein sollte.

Mitgeliefert werden auch noch die eventuell nötig werdenden Tonrohre und nicht brennbare Isoliermatten, die sich speziell für den Kamineinsatz eignen. Ganz nützlich ist auch eine metallene Abdeckplatte, die auf den Kaminkopf gesetzt wird und das Dämmaterial vor Durchfeuchtung schützen soll.

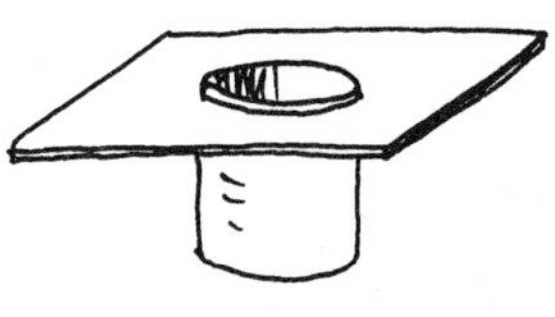

Abdeckung für Schornsteinmündung (Edelstahlmanschette)

Der Schornsteinbau aus Formstücken

Schornsteine müssen auf einem tragfähigen Fundament ruhen. In Neubauten gewähren die Betonböden eine ausreichende Standsicherheit. In Altbauten mit aufgefülltem Boden muß ein

Der Sockel wird entweder mit Vollziegeln aufgemauert oder mit Beton ausgegossen. Auf jeden Fall die Grube vorher mit einer kräftigen Plastikfolie auslegen. Kleine Betonmengen werden zweckmäßigerweise mit in Säcken abgepacktem Fertigbeton hergestellt.

Notfalls genügt aber auch ein im Verhältnis 1:4 (Zement:Sand) angemischter Putz- und Mauermörtel (Korngröße 0-3 oder 0-4 mm). Lassen Sie den Beton ein paar Tage ruhen (seine Ober-

Gezogene und über einem Rundbogen zusammengeführte Schornsteine

fläche sollte während dieser Zeit mit einer Plastikfolie abgedeckt werden).
Rechtzeitig vor dem Setzen des ersten Formsteines muß man sich vergewissert haben, ob der Verlauf des Schornsteines nicht mit tragenden Teilen kollidiert. Falls dies zutrifft, muß der Zimmermann mit dem Auswechseln von Balken beauftragt werden. *Gemauerte* Schornsteine können im obersten Abschnitt »gezogen« (geknickt) werden, um Behinderungen durch den Dachstuhl aus dem Weg zu gehen oder in eine günstigere Position in der Nähe des Dachfirstes zu gelangen. Solche Verformungen sind aber mit Fertigschornsteinen nicht möglich.
Suchen Sie sich also für den Schornstein eine Lage aus, die hinterher möglichst wenig Schwierigkeiten macht. Für das Vermauern der Formsteine ist reiner *Kalkzementmörtel* vorgeschrieben. Das Mischverhältnis:

2 Schaufeln hochhydraulischer Kalk oder Putz- und Mauerbinder, kurz PM genannt
1 Schaufel Zement
8 Schaufeln Sand (Körnung 0-3 mm)

Der Zement ist hier nötig, um den Mörtel genügend fest und säurebeständig zu machen.
Die Formsteine müssen vor dem Vermauern angenäßt werden. Den ersten Stein sollten Sie mit größter Sorgfalt setzen. Legen Sie zur Sicherheit eine Sperrfolie gegen aufsteigende Bodenfeuchtigkeit (Teerpappe oder Plastikfolie) auf dem Sockel aus. Einfache Formstücke, ohne zusätzliches Innenrohr, können eine Art Nut- und Federsystem haben. Die einzelnen Steine müssen dann jeweils mit der Muffe (»Nut«) nach oben in einem dünnen Mörtelbett vermauert werden. Den rechten Sitz des ersten Formstückes sollten Sie mehrmals mit der Wasserwaage überprüfen; der erste Stein ist der Musterknabe, nach dem sich alle anderen ausrichten.
Am besten spannen Sie nun eine Schnur von einer Ecke des Steines bis unters Dach – als Orientierungslinie für den geraden Verlauf des Schornsteines.

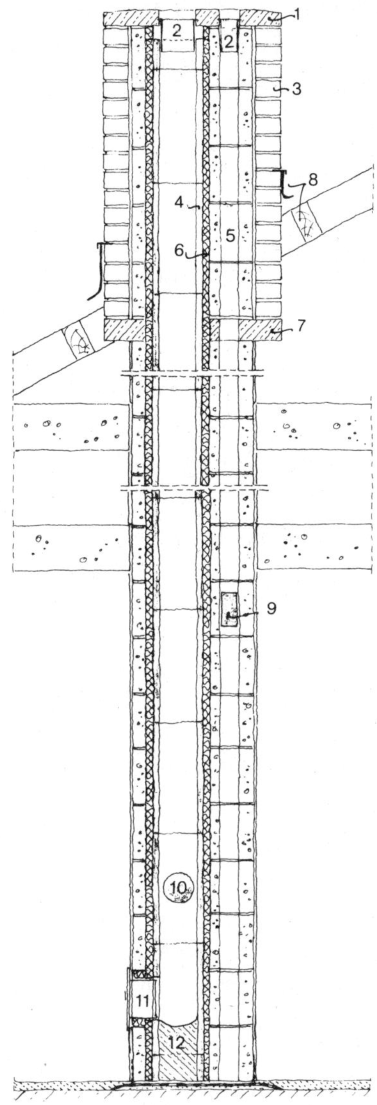

Schnitt durch Schornstein aus Mantelformsteinen:
1) *Schornsteinkopfabdeckung aus Beton*
2) *Edelstahlmanschette zur Überbrückung der Dehnungsfuge zwischen Innenrohr und Abdeckung*
3) *Ummantelung des Kopfes aus Vormauerziegeln*
4) *Keramisches Rauchrohr mit versetzten Lagerfugen zum Mantelformstein*
5) *Lüftungsrohr*
6) *Ummantelung des Rauchrohres (min. d = 3 cm)*
7) *Stahlbetonkragplatte*
8) *Sparren mit Auswechslung und Verwahrung in Blei o. ä.*
9) *Heizraumentlüftung*
10) *Feuerstättenanschluß*
11) *Reinigungs- und Kontrollöffnung*
12) *Betonauffüllung der Rohre bis Unterkante Reinigungsöffnung*

Fertigschornsteine werden freistehend hochgezogen – im Gegensatz zu gemauerten Kaminen, die mit dem aufgehenden Mauerwerk verzahnt werden müssen.
Falls Sie einen Schornstein mit Innenrohren bauen: Das unterste Innenrohr muß in einer solchen Höhe angesetzt werden, daß sich die Mörtelfugen der Rohre nirgends mit denen der Mantelsteine überschneiden. Das Innenrohr wird ebenfalls in einem dünnen Mörtelbett verlegt und im Mantelstein genau zentriert und ausgefluchtet. Die Zwischenräume stopfen Sie mit Dämmaterial aus. Die Kaminisolierung soll verhindern, daß die Tonröhren während der Abschaltintervalle einer automatischen Brenneranlage zu rasch auskühlen. Die Folge wäre ein erhöhter Niederschlag aggressiver Säuren an den Rohrinnenwänden.
Alle Innenrohre sind mit *Schamottemörtel* zu verfugen. Es soll aber auch Maurer geben, die die Rohre einfach trocken aufeinandersetzen. Zulässig ist dies aber bestenfalls dann, wenn die Rohre mit Isolierwolle fest in die Mantelsteine eingepreßt werden.
Wenn Sie mit Schamottemörtel arbeiten, müssen die Fugen innen sauber verstrichen werden. An überstehendem Mörtel könnte sich sonst schnell Ruß sammeln. Dadurch verengt sich der Schornsteinquerschnitt und die Zugverhältnisse verschlechtern sich. Denken Sie rechtzeitig an die untere Reinigungsöffnung. Sie sollte in einer solchen Höhe über dem Fußboden angebracht werden, daß bequem ein Eimer zum Entrußen daruntergestellt werden kann.

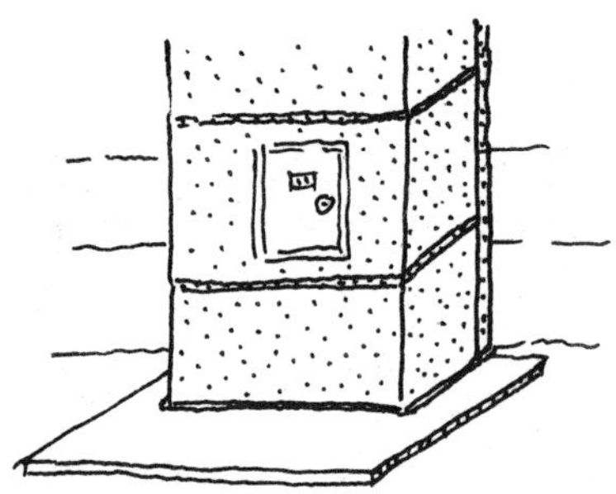

Reinigungstüre etwa 50 cm über Fußboden anbringen. Boden mit Blech oder Keramik schützen. Fuge zwischen Wand u. Schornstein mit Mörtel füllen.

Prinzipiell müßte das Innenrohr erst ab Unterkante der Reinigungsöffnung beginnen. Der Hohlraum im Mantelstein könnte bis zu dieser Höhe mit Steinen und Mörtel gefüllt werden.

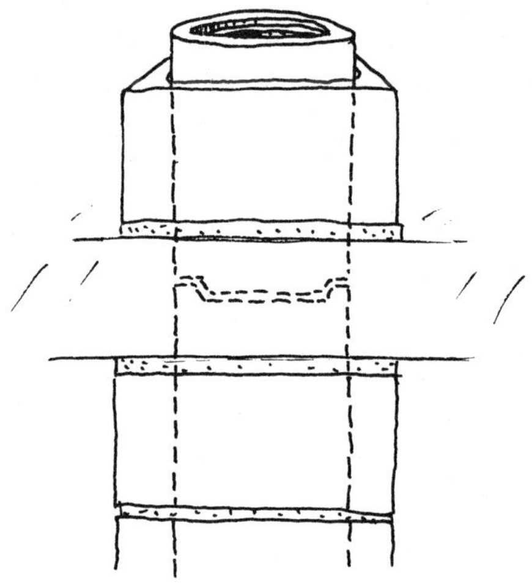

Durchführung der Futterrohre durch Betondecken

An Durchbruchstellen von Massivdecken (Beton, Hohlblocksteine o.ä.) müssen nur die Tonrohre durchgeführt werden; auf Mantelsteine kann man an diesen Stellen verzichten. Die Rohre sollten soviel Spielraum in der Decke haben, daß sie bei Wärmeausdehnung nicht dort hängen bleiben können. Die nächsten Mantelsteine werden dann ab Oberkante der Massivdecke weitergeführt.
Bei der Durchdringung von Holzbalkendecken werden dagegen die Rohre zusammen mit den Mantelsteinen durchgeführt. Aus Gründen des Brandschutzes muß die Außenkante des Schornsteines mindestens 5 cm von tragenden Holzteilen (z.B. Balken) entfernt sein. Die Hohlräume

werden mit Brandschutzplatten (z.B. »Rigips«), Ziegel- oder Steinplatten und Mineralfaserwolle gefüllt.
Die Mantelsteine verbinden Sie mit den anliegenden Innenwänden durch eine Kalkzementmörtelfuge. Falls noch alter Putz auf den Wänden liegt, ist dieser vor dem Hochziehen des Schornsteines zu entfernen. An ihren Außenflächen

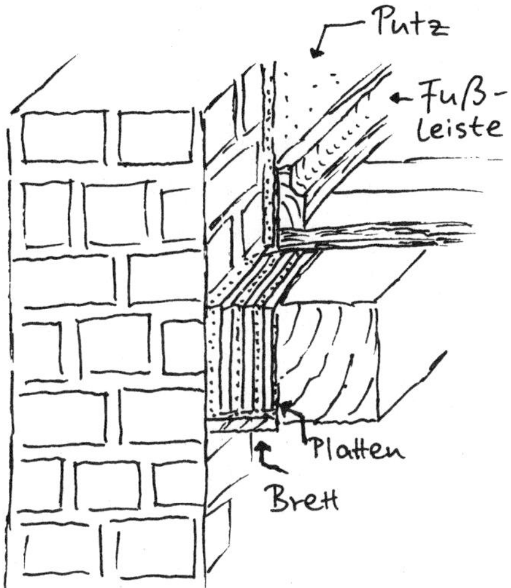

Im Freiraum zwischen Balken u. Schornstein Dachziegel o. Schamotteplatten in Mörtelbett einschieben

erhalten die Mantelsteine einen mindestens 1,5 cm starken Putz. Es genügen aber auch Gipskartonplatten (Brandschutzplatten) als Verkleidung, die mit Ansetzmörtel aufgeklebt werden. Die Formsteine darf man auf keinen Fall dübeln oder nageln u.ä., weil sie sonst undicht werden. Es kann vorkommen, daß der eine oder andere Stein zugeschnitten werden muß. Leichtbetonsteine sind mit Vorsicht zu behandeln, weil sie leicht brechen. Vom Behauen mit Hammer und Meißel rate ich ab. Das gibt viel Bruch. Am ehesten lassen sich die Steine noch mit dem Winkelschleifer zuschneiden. Durch die dicken Mantelwände dringen allerdings nur die Trennscheiben mit einem Durchmesser von 23 cm.

Müssen nachträglich Anschlüsse für Rauchrohre in die Mantelsteine gefräst werden, perforieren Sie die jeweilige Schnittlinie kreisrund mit dem Bohrer vor. Das Mittelstück wird dann vorsichtig herausgehebelt und eine Buchse mit Schamottemörtel eingesetzt.

Der Kaminkopf

Als Kaminkopf wird der aus dem Dach herausragende Teil des Schornsteines bezeichnet.

Sofern der Kaminkopf auf einem geneigten Dach stehen soll, brauchen Sie für den Bau des obersten Stückes ein kleines Gerüst und nach Möglichkeit einen Helfer.
Zunächst wird das Dach um den Schornsteinaustritt herum abgedeckt und die hinderlichen Dachlattenstücke weggesägt. Für die Längsstreben des Gerüstes eignen sich Kanthölzer mittleren Kalibers (10/10 cm), die einfach durch's Dach geschoben und mit Gerüstketten (siehe auch unter »Gerüstbau«) oder Seilen an den Sparren befestigt werden. Auf die Kanthölzer nageln Sie die Laufbohlen. Zum Schluß wird die Plattform noch mit einem Geländer gesichert. Wenn das Gerüst weit ausladet und infolgedessen

unangenehm schwankt, sollten Sie die Kanthölzer mit senkrechten Stützen verstärken.
Der Kaminkopf ist in verstärktem Maße der Witterung ausgesetzt. Gemauerte Schornsteine müssen deshalb in diesem Abschnitt mit frostbeständigen Steinen hochgezogen werden. Fertigschornsteine kann man ebenso mit einer umlaufenden Ziegelschicht verkleiden, durch die außerdem eine zu rasche Auskühlung des Kaminkopfes verhindert werden soll. Die Steine brauchen eine Auflage. Deshalb wird unterhalb des Dachaustrittes eine ausladende Kragplatte auf den Schornstein gesetzt, auf dem dann die Ziegellage ruht. Wie allerdings die mehrere Zentner schwere Platte bis unters Dach gelangen soll, ist eine andere Frage. Meine Kragplatte liegt jedenfalls bislang noch im Garten – umfunktioniert zu einem Blumentopf.
Falls Sie auf eine Ummauerung verzichten, verkleiden Sie den Kaminkopf mit nicht brennbarem Isoliermaterial und lassen ihn anschließend mit Kupferblech verschalen.
Bei Isolierschornsteinen ist zu berücksichtigen, daß sich das Innenrohr unter Erwärmung ausdehnt. Um nach oben hin genügend Spielraum zu haben, muß es deshalb ca. 5 cm unterhalb der Schornsteinoberkante enden. Über dem Innenrohr setzen Sie dann die Edelstahlmanschette ein, mit der die Isolierung abgedeckt wird.
Früher erhielt jeder Kaminkopf eine Abschlußplatte; unter deren überstehenden Rändern konnten sich jedoch Luftwirbel bilden, welche die Zugverhältnisse negativ beeinflußten.
Heute legt man gewöhnlich als Abschluß ein etwa

10 cm dickes Mörtelbett (Zement:Sand/1:3) auf, dessen Ränder leicht abgeschrägt werden. Als letzte Arbeit muß dann der Schornstein um den Dachanschluß herum noch eingeschalt werden. Im Handel gibt es dafür inzwischen vorgefertigte Blechschürzen. Falls sich jedoch für die entsprechende Dachneigung und -eindeckung nichts Passendes finden läßt, muß der Spengler eine Blechschürze anfertigen.

Zusammenfassend noch einmal die wichtigsten Regeln beim Schornsteinbau:

1. Vermeiden Sie undichte Stellen im Schornstein, besonders an Rohranschlüssen und Türen. Jede Falschluft, die durch Undichtigkeiten eindringt, behindert die Zugverhältnisse und kann durch austretende Rauchgase zu erheblichen Belästigungen führen.
2. Von der Außenfläche eines Schornsteines bis zu tragenden Holzteilen muß ein Abstand von mindestens 5 cm gewahrt bleiben. Von Fußböden, Leisten, Latten etc. genügt ein Abstand von einem Zentimeter.
3. Die Mörtelfugen an den Innenflächen des Schornsteines sind glatt zu verstreichen. Überstehende Mörtelreste verengen den Kaminquerschnitt.
4. Der Kaminkopf sollte den Hausgiebel mind. um etwa 40 cm überragen.
5. Bei weicher Dachbedeckung (Reet etc.) sind die besonderen Brandschutzauflagen zu beachten.

Wann ein Schornstein richtig funktioniert

Was in der Umgangssprache als »Kaminzug« bezeichnet wird, umschreibt man fachlich richtig mit dem Begriff »Kamindruck«. Denn jeder Schornstein gilt theoretisch als eine Drucksäule. Dabei wird die kalte, schwerere Luft nach unten gedrückt, während die warme, leichte Luft (Rauchgase) aufsteigen kann. Die Stärke des Kamindruckes hängt im wesentlichen von der Höhe und dem Querschnitt des Schornsteines ab. Daneben spielt natürlich auch die Temperatur der eingeleiteten Rauchgase eine Rolle.

Mit einem einfachen Versuch können Sie jederzeit die Funktion Ihres Schornsteines prüfen: Halten Sie eine brennende Kerze vor die untere, einen Spalt breit geöffnete Reinigungstüre. Wenn die Kerze mit waagrechter Flamme in den Schornstein hineingezogen wird, »zieht« er richtig. Dennoch kann es in den Übergangszeiten mit gemäßigten Außentemperaturen vorkommen, daß die Öfen beim Anschüren qualmen. Schuld daran ist die geringe Temperaturdifferenz zwischen eingeleiteten Gasen und dem bereits vorhandenen Warmluftkeil im Schornstein. Der Auftrieb ist dann zu gering.

Am schnellsten lassen sich die ordnungsgemäßen Zugverhältnisse wiederherstellen, wenn man brennendes Zeitungspapier durch die untere Reinigungstüre in den Kamin legt.

Vom Biologischen und rein Wirtschaftlichen sind die modernen Isolierschornsteine abzulehnen; denn durch die Isolierung verbessert sich zwar der Wärmerückhalt in den Rohren, die Mantelsteine aber bleiben kalt. Und somit bleibt auch die in den Rauchgasen noch vorhandene Restwärme für den Energiehaushalt ungenutzt. Bei den mit Vollziegeln gemauerten Schornsteinen, wie wir sie heute noch überwiegend in Altbauten antreffen (und mit Einschränkungen auch bei Fertigschornsteinen *ohne* Isolierung), wird die Wärme von den Kaminwangen gespeichert und als Strahlung abgegeben. Der Wärmegewinn ist nicht unwesentlich: Das wissen vor allem die Bewohner größerer Mietshäuser zu schätzen, deren Zimmer direkt an Schornsteine angrenzen. Unter günstigen Voraussetzungen kann man sich dort selbst in der kältesten Jahreszeit erheblich Heizkosten sparen.

Einen *gemauerten* Schornstein nachträglich im Altbau einzuziehen, ist nicht einfach. Solche Kamine haben ein enormes Gewicht. Sie benötigen deshalb ein solides Fundament. Außerdem muß sehr sorgfältig gemauert werden; die Fugen sollen gleichmäßig stark sein und absolut dicht schließen. Am besten überläßt man solche Arbeiten einem erfahrenen Maurer.

Alte Schornsteine sollten von Zeit zu Zeit überprüft werden. Verlassen Sie sich nicht nur auf den Kaminkehrer. Braune Flecken, sog. »Versottungen«, sind ein Zeichen dafür, daß sich die Kaminwangen stellenweise mit Teerwasser vollgesaugt haben. Versottungen zeigen sich gewöhnlich zuerst am Kaminkopf. Dringen sie in tiefere Zonen vor, wird es gefährlich. Durch Funkenflug und heiße Gase kann sich der Teerniederschlag

entzünden – im Kamin entsteht ein hübsches Feuer; die mit Teer vollgesogenen Steine fangen regelrecht zu glühen an und dann dürfen Sie ein Auge auf den Dachstuhl und alle anderen brennbaren Dinge in der Umgebung werfen, ehe es zu spät ist!
Gegen Versottungen gibt es eine chemische Therapie, die sich allerdings auf reine Oberflächenkosmetik beschränkt. Echte Abhilfe schafft nur das Einziehen von Edelstahl- oder Schamotterohren, bzw. das Ausschamottieren der befallenen Schornsteine. Derartige Sanierungen können nur von Spezialfirmen ausgeführt werden.

HAUSTECHNIK

A) Wasserversorgung
1) Hausanschluß

Mancherorts ist es noch möglich, den Anschluß ans öffentliche Netz in Eigenregie auszuführen. Zuallererst müssen Sie bei der Gemeinde dann eine Genehmigung einholen, die Ihnen die Selbstausführung des Hausanschlußes erlaubt. Fragen Sie dort auch gleich nach eventuellen Kreuzungspunkten der Wasserleitung mit anderen Versorgungsleitungen (Wasser, Strom, Telefon). Ebenso sind die anliegenden Grundstückseigentümer von Ihrem Vorhaben zu unterrichten. Eine spezielle Genehmigung ist nötig, wenn die Wasserleitung unter einer Staatsstraße hindurchführen soll.

Aushub des Grabens

»Hausanschluß in Eigenregie« bedeutet eigentlich nur, daß Sie selbst ein Baggerunternehmen mit dem Ausheben des Grabens beauftragen und selbst die Verlegung der Wasserleitung übernehmen. Sparen können Sie dabei vor allem, wenn Sie den Graben von einer preisgünstigen Firma ausheben lassen. Zum Vergleich: Für einen 600 m langen und 1,2 m tiefen Graben (durchwegs schwerer und mit Baumwurzeln durchsetzter Boden) bezahlte ich etwa 2000 DM (Stand 1981).

Die Wasserleitung

Für Wasserleitungen sind gegenwärtig Schläuche aus PVC am gebräuchlichsten. Gegenüber den herkömmlichen Metallrohren haben sie den Vorteil, daß sie sich leicht im Selbstbau verlegen lassen. Das Material ist flexibel, und paßt sich jeder Unregelmäßigkeit im Gelände an. Die einzelnen Leitungsstücke können ohne Spezialwerkzeuge zusammengekuppelt werden.
Andererseits bestehen gegen die Verwendung von Kunststoffleitungen biologische Bedenken. Bei der Herstellung werden u.a. als Stabilisatoren verschiedene organische Bleiverbindungen eingesetzt, die sich neben Cadmium und Zink wieder aus der Leitung lösen können. Außerdem hat man an den Innenwänden von PVC-Rohren eine verstärkte bakterielle Anreicherung beobachtet. Gesundheitsapostel empfehlen deshalb, das Wasser morgens erst einige Minuten laufen zu lassen, damit die Rückstände aus der Leitung gespült werden, bevor man Trink- bzw. Kochwasser entnimmt.
PVC-Rohre in verschiedenen Durchmessern samt den dazugehörigen Kupplungen erhält man im Eisenwarengeschäft. Oder direkt bei den Wasserwerken, wo sie eventuell etwas teurer sind. Die Leitungen werden gewöhnlich zu 100 m Rollen zusammengebündelt. Sie lassen sich so bequem in jedem Pkw transportieren.
Der Rohrquerschnitt der Wasserleitung richtet sich nach dem Wasserbedarf des jeweiligen Haushaltes. Rohre mit kleineren Querschnitten sind beim Verlegen etwas handlicher.

Verlegen der Wasserleitung

An der Kupplungsstelle zum öffentlichen Netz übernehmen gewöhnlich die Wasserwarte die Anschlußarbeiten. Dort muß auch der Graben vorsichtig von Hand ausgehoben werden, damit die Verteilereinrichtungen nicht beschädigt werden. Ab Zapfstelle können Sie die Rohre dann selbst verlegen. Wir haben die Leitungen zunächst »an Land« ausgerollt.
Die Grabentiefe liegt gewöhnlich bei 1,2 m. Entsprechend den klimatischen Bedingungen können aber auch andere Regelungen gelten (Auskunft bei den Wasserwerken).
Die Leitungen werden schlangenlinienförmig im Graben verlegt. Sie erhalten dadurch einen gewissen Spielraum, falls sie sich bei Kälteeinwirkung zusammenziehen. Wird diese Maßnahme übersehen, verspannen sich die Rohre

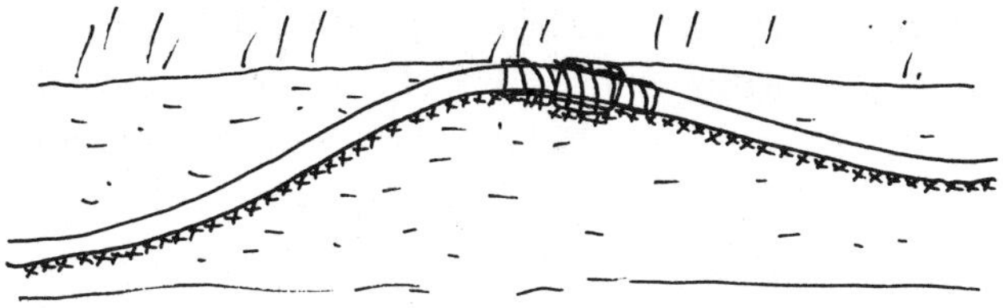

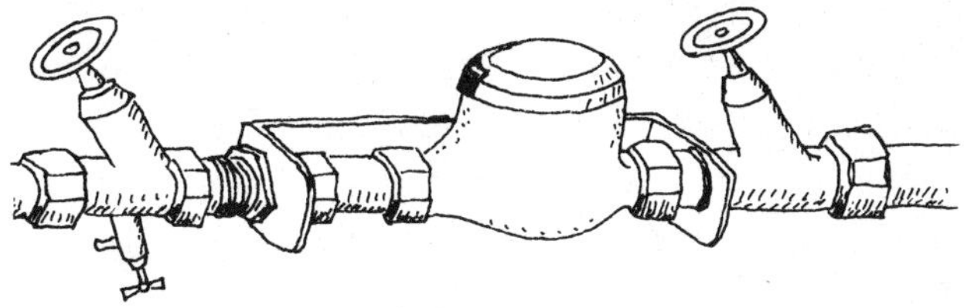

bei großen Temperaturschwankungen – ein Bruch kann die Folge sein.
Die Leitungen werden in der Regel mit Schraub-Steckverbindungen zusammengekuppelt. Lassen Sie sich aber die Funktionsweise der Kupplungen erklären, denn es gibt verschiedene Systeme. Für die Montage braucht man zwei Schlüssel oder Rohrzangen und einen Helfer. Die Kupplungen sollten mit einer Bandage (Gummi- oder Teergewebe z.B. von »Teroson«) isoliert werden, damit sie nicht korrodieren können.

Anschließend wird die gesamte Leitung mit einer feinen Humus- oder Sandschicht eingebettet. Dies soll verhindern, daß die Rohre später beim Zuschütten von grobem Gesteinsmaterial verletzt werden.

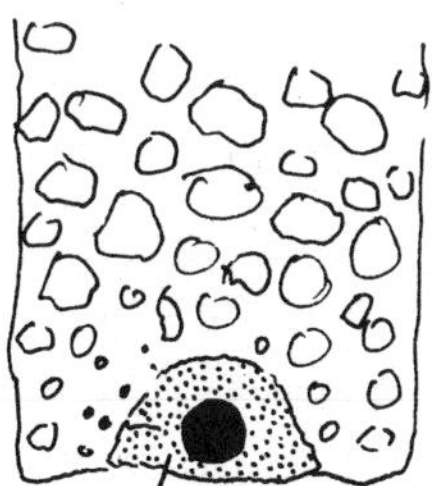

Der Hausanschluß

Die Montage des Zählers ist Sache der Wasserwarte. Der Zähler muß an einem frostsicheren Ort installiert werden. Wo die Leitungen Mauern durchdringen, ist darauf zu achten, daß sie nicht durch Mauersetzungen gequetscht werden. Sicherheitshalber führen Sie die Rohre an den gefährdeten Stellen durch Stahlrohrmanschetten.

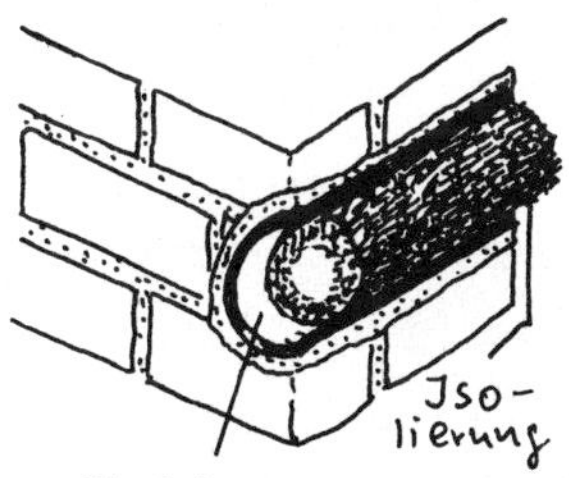

Vorsicht beim Anschluß der Leitung an den Wasserzähler. Die Kupplungsgewinde können eventuell anders aussehen als das Anschlußgewinde am Zähler. Dann ist ein passendes Reduktionsstück nötig – mit Gewalt läßt sich hier wenig erreichen.
Die Installation des Zählers und der Anschluß an die Hausleitung ist wieder Sache der Wasserwarte.
Bevor Sie den Graben wieder zuschütten lassen, sollten Sie die Rohre unter Druck setzen und die gesamte Leitungsstrecke einmal abschreiten.

2) Wasserversorgung im Haus

Ob es sich lohnt, die Wasserleitungen im Haus selbst zu verlegen, ist wohl in erster Linie eine Frage der Kalkulation. Spezialwerkzeuge, wie

Gewindeschneider, Rohrabschneider, Rohrschraubstock, wie sie für den Zuschnitt von Metallrohren nötig sind, lohnen sich für den einmaligen Einsatz wohl kaum. Zudem braucht man für Verlegearbeiten schon einschlägige Erfahrungen. Sachdienliche Hinweise hierzu finden Sie in jedem besseren Hobby- oder Bastlerbuch. Will man sich die zeitraubende Zuschneideprozedur ersparen, bestände noch die Möglichkeit, mit bereits vorgeschnittenen und mit Gewinde versehenen Rohren zu arbeiten, wie sie heute in Baumärkten erhältlich sind. Das Angebot beschränkt sich allerdings auf bestimmte Formate. Spezialgrößen müßten Sie sich dann zur Not vom Spengler anfertigen lassen.

Hier kurz die wichtigsten Regeln, die beim Verlegen von Wasserrohren zu beachten sind:

1. Für die Hauptversorgungsleitungen eines Einfamilienhauses genügen 3/4 Zoll Rohrquerschnitte, für die der einzelnen Zuleitungen 1/2 Zoll
2. Die gesamte Wasserinstallation für Küche und Sanitärräume sollte möglichst in einem gemeinsamen Schacht untergebracht werden
3. Die Rohre sollen keinen direkten Kontakt mit den Wänden haben
4. Bei der Durchführung durch Wände und Decken müssen die Leitungen mit Gummi-, Kork- oder Filzmanschetten umhüllt werden. Vielfach werden stattdessen auch die Durchbrüche ausgeschäumt. Diese Maßnahmen verhindern eine Schallübertragung von Rohrvibrationen und Fließgeräuschen auf die Wände.

5. Keine giftigen oder zweifelhaften Mittel zur Abdichtung der Rohrverbindungen verwenden. Einfaches Werg genügt gewöhnlich zum Abdichten. Vorher das Gewinde mit einer Eisensäge etwas aufrauhen, dann verrutscht das Werg beim Eindrehen nicht
6. Viele der heute üblichen Armaturen erfordern ein millimetergenaues Zuführen der Zuleitungen. Deshalb sollte man sich nicht auf irgendwelche Maßangaben verlassen, sondern die Armaturen bei Installation der Leitungen bereits parat haben, um sie an Ort und Stelle einzupassen.
7. Steigleitungen mit Schellen an der Wand befestigen. Zur Vermeidung von Schallübertragungen Schellen innen mit Gummi belegen oder werkseitig gummigelagerte Schellen verwenden.
8. Warmwasserleitungen mit Gamaschen oder vorgefertigten Hüllen isolieren.
9. Wasserleitungen nie in Außenwänden verlegen (Frostgefahr!).
10. Bei waagerechgten Leitungen Gefälle einhalten (mind. 2 cm pro Meter), damit das Leitungssystem jederzeit vollständig entleert werden kann. Ablaßhahn am tiefsten Punkt der Leitung anbringen.
11. Fertigen Sie sich einen genauen Plan von der Lage der Leitungen an, damit es später keine Komplikationen geben kann, wenn Änderungen am Bau vorgenommen werden
12. Strom- und Wasserleitungen dürfen nicht unmittelbar nebeneinander verlaufen

Zuletzt noch eine gesundheitliche Vorsichtsmaßnahme: für Boilerzuleitungen u.ä. werden heute vielfach dünne Kupferrohre verwendet, in denen sich besonders in neuem Zustand (solange sich noch kein Kalk in den Rohren angesetzt hat) durch Oxidation Kupfer freisetzt. Dessen erhöhter Gehalt im Trinkwasser kann zu Darmerkrankungen führen. Vor der Entnahme von Trinkwasser sollte man deshalb die Kupferleitungen kurz durchspülen lassen.

3) Sanitäre Installation – Abwasserleitung

Gängigstes Material für Abwasserleitungen sind heute Rohre aus hartem, schlagfestem PVC. Rohre aus Steinzeug oder Metall, wie sie früher vorwiegend verwendet wurden, sind dagegen weitgehend aus den Lagern der Händler verschwunden. Formstücke aus PVC samt Zubehör bekommt man bei jedem Baumarkt und selbstverständlich auch beim Installateur.

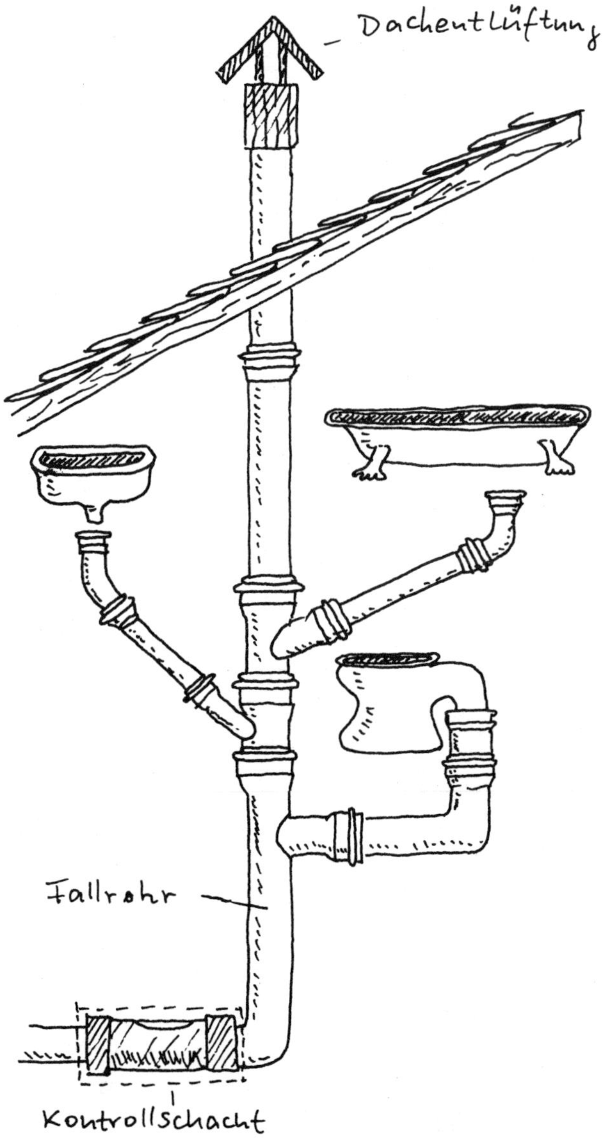

Verlegen der Abwasserleitungen im Haus

Das Entwässerungssystem wird gewöhnlich um ein Hauptfallrohr (∅ 10 cm reicht für den Einfamilienhaushalt) herum gruppiert. Die Abzweige müssen ein Gefälle von mind. 2 cm pro laufenden Meter aufweisen. Das Hauptfallrohr mündet nach oben in ein Dunstabzugsrohr, das über Dach entlüftet wird – ein sehr wichtiges Detail, das Geruchsbelästigungen im Haus verhindert. Hierzu tragen auch die Geruchsverschlüsse an den jeweiligen sanitären Einrich-

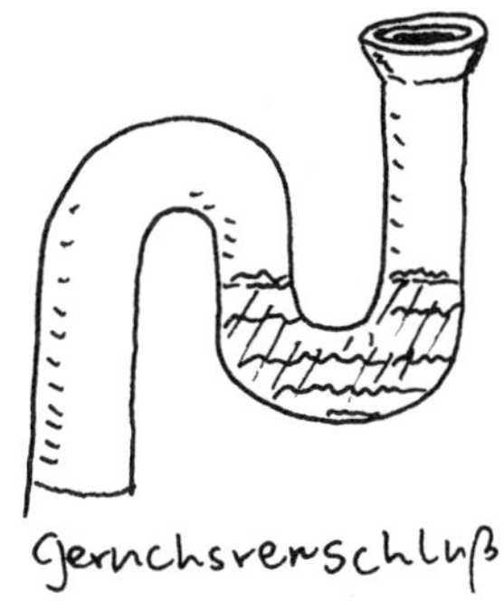

tungen bei. Diese Bögen bleiben ständig mit Wasser gefüllt.

PVC-Rohre lassen sich mit einer feinzahnigen Eisensäge zuschneiden, saubere Winkel erhalten Sie mit Hilfe einer Gehrungslade. Die Schnittkanten werden mit einer feinen Feile entgratet und abgefast. Die Rohre lassen sich dann einfach zusammenstecken. Zur Abdichtung legen Sie in die Nut der Muffe einen Gummiring ein und bestreichen ihn mit einem handelsüblichen Gleit-

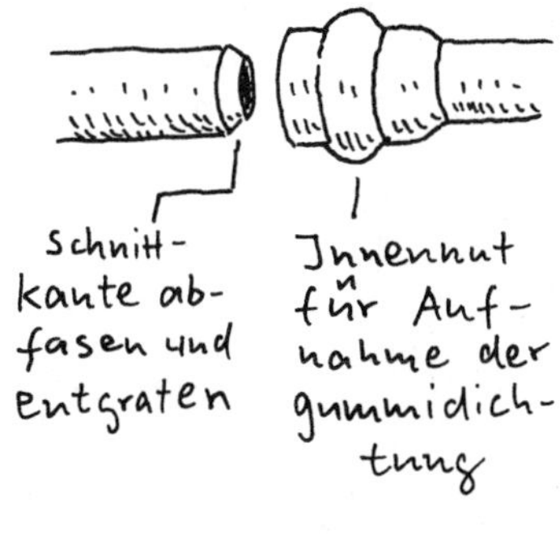

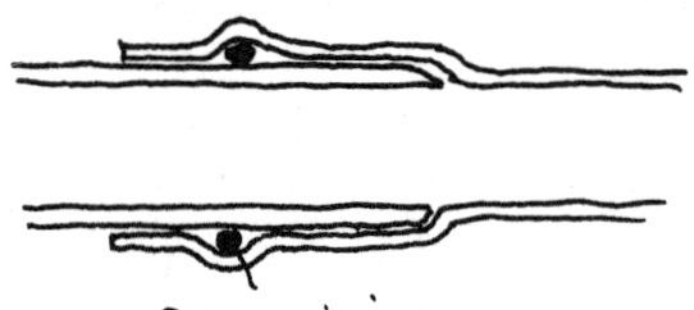

mittel. Die Fase am Rohrgegenstück soll zusammen mit dem Gleitmittel verhindern, daß der Gummiring beim Ineinanderschieben der Rohre davonrutscht.
Die Muffen sind entgegen der Fließrichtung des Abwassers zu verlegen. An den Wänden entlanglaufende Rohre werden mit einer genügenden Anzahl von Schellen befestigt. Vorsicht ist geboten, wo Sie die Rohre im Boden verlegen. Allzu große Druckbelastungen dürfen dem PVC-Material nicht zugemutet werden. Bei horizontaler Führung müssen die Rohre deshalb in einem satten und stabilen Bett aufliegen; ein unsicherer Grund kann zum Durchsacken und Abreißen einer Leitung führen. Sorgfalt ist auch bei Decken- und Wanddurchbrüchen geboten. Halten Sie die Aussparungen genügend groß und füllen Sie diese mit Dämmaterial aus. Wo Mauersetzungen zu erwarten sind, werden die Rohre mit Stahlmanschetten geschützt.
Fallrohre sind mit schallschluckendem Material (Kokosfasermatten, alte Lumpen, Schaumgummireste etc.) zu umwickeln.
Behalten Sie sich innerhalb des Hauses eine Möglichkeit vor, die Leitungen im Falle einer Verstopfung reinigen zu können. Zu diesem Zweck ist gewöhnlich an der tiefsten Stelle des Fallrohres ein Verbindungsstück mit einer Verschlußklappe vorgesehen. Dieser Teil der Leitung muß jederzeit zugänglich sein (Installationsschacht mit Abdeckplatte).
Von dort aus wird die Leitung ins Freie geführt, und zwar in einer frostsicheren Tiefe von 1,20 m. Bei Durchdringung der Außenmauer ist darauf zu achten, daß das Rohr nicht gequetscht werden kann.

Auch für den Außenbereich werden heute vorwiegend PVC-Rohre eingesetzt (Abdichtung der Verbindungsstücke mit Gummiringen).
Die Rohre sind mit leichtem Gefälle in einem gut festgestampften Sandbett zu verlegen. Der Untergrund darf an keiner Stelle nachgeben. Den Anschluß der Abwasserleitung ans öffentliche Netz überlassen Sie am besten dem Fachmann. Hier sind die örtlichen Bestimmungen zu beachten, außerdem müssen die Arbeiten vom zuständigen Amt abgenommen werden.

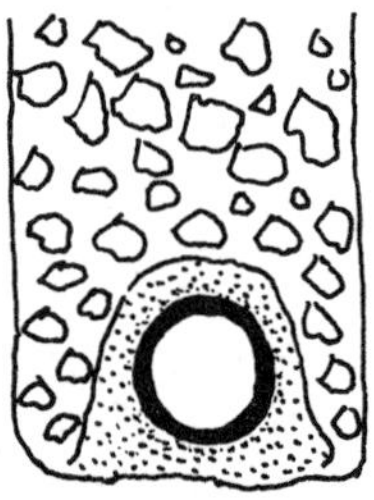

Abflußrohre auf festgestampftem Grund im Sandbett verlegen

Anders liegt der Fall, wenn Ihr Grundstück zu weit von einer Anschlußmöglichkeit ans öffentliche Netz entfernt liegt. Dann hat das Tiefbauamt zu entscheiden, wie die Abwässer abgeführt werden sollen. In manchen Gegenden ist eine Verrieselung der Abwässer im Grundstück erlaubt. Ansonsten müssen die Abwässer in einer Kleinkläranlage vorgeklärt werden.

Die Kleinkläranlage

Als Hauskläranlagen stehen uns heute vorwiegend zwei Systeme zur Verfügung. Die ältere Form besteht aus drei hintereinandergeschalteten Becken, von denen das erste doppelt so groß ist wie die beiden anderen (genaue Daten

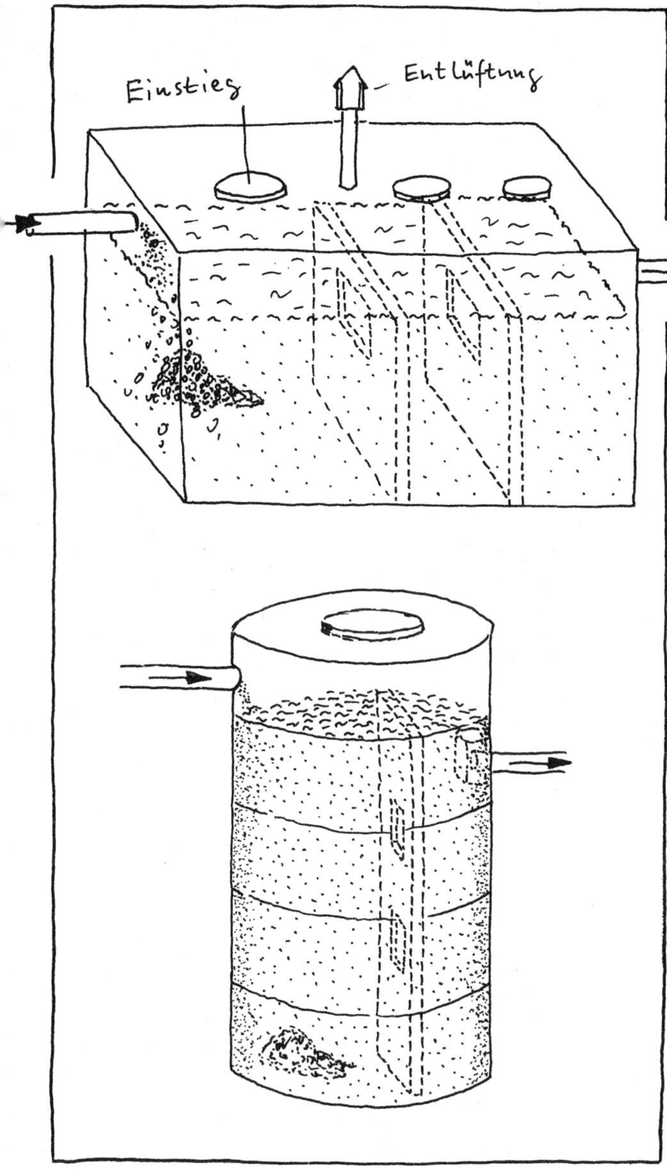

für die Größe der einzelnen Kammern erfahren Sie beim Tiefbauamt). Bei der heute gebräuchlicheren Form wird aus Betonfertigteilen eine zylindrische Grube angelegt, die im Inneren durch Kammern unterteilt ist.

Beide Systeme arbeiten nach dem gleichen Prinzip. In der ersten Kammer setzen sich jeweils die schweren Schlammteile ab, sie muß von Zeit zu Zeit abgepumpt werden. Aus der letzten Kammer fließt dann das geklärte Wasser einem Bach zu oder verrieselt im Untergrund. Biologisch reines Wasser kann man jedoch von einer Klein-Kläranlage nicht erwarten. Deshalb gilt hier ganz besonders: im Haushalt keine aggressiven Reiniger verwenden und auch sonst keine chemischen Mittel ins Abwasser kippen.

Leitet man nur biologische »Produkte« ein, kann der Klärschlamm, versetzt mit Ätzkalk, jederzeit als Dünger eingesetzt werden (allerdings nicht für Frischgemüse und Obst wegen Gefahr der Wurmbildung).

Biogas durch Klärschlamm

Neue Aktualität hat die Verwendung des Klärschlammes erfahren, seit er auch zur Erzeugung von Biogas genutzt wird. Rentabel sind solche Anlagen bislang allerdings nur in landwirtschaftlichen Großbetrieben. Als Endprodukt der Verwertung erhält man nicht nur Methangas, sondern auch wertvolle Erde (System Neubauer).

Schwimmender Trommelreaktor für die Erzeugung von Biogas (oder Rottewärme) (System Neubauer)

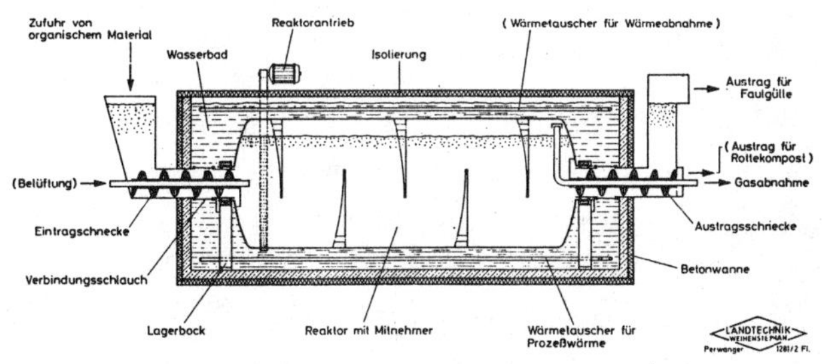

Teichparadies durch Abwasseranlage

Eine völlig neuartige Abwasserreinigung mittels Pflanzen wird zur Zeit in einem Großversuch der Gemeinde Othfresen erprobt. Sämtliche Gemeindeabwässer fließen dabei in einen 1 ha großen Teich, wo sie durch Schilf und Binsen vollständig gereinigt werden. Auf der anderen Seite des Schilfgebietes fließt klares Wasser ab. Denkbar wären solche Anlagen auch für landwirtschaftliche Betriebe und Einzelanwesen... (siehe auch Literaturverzeichnis).

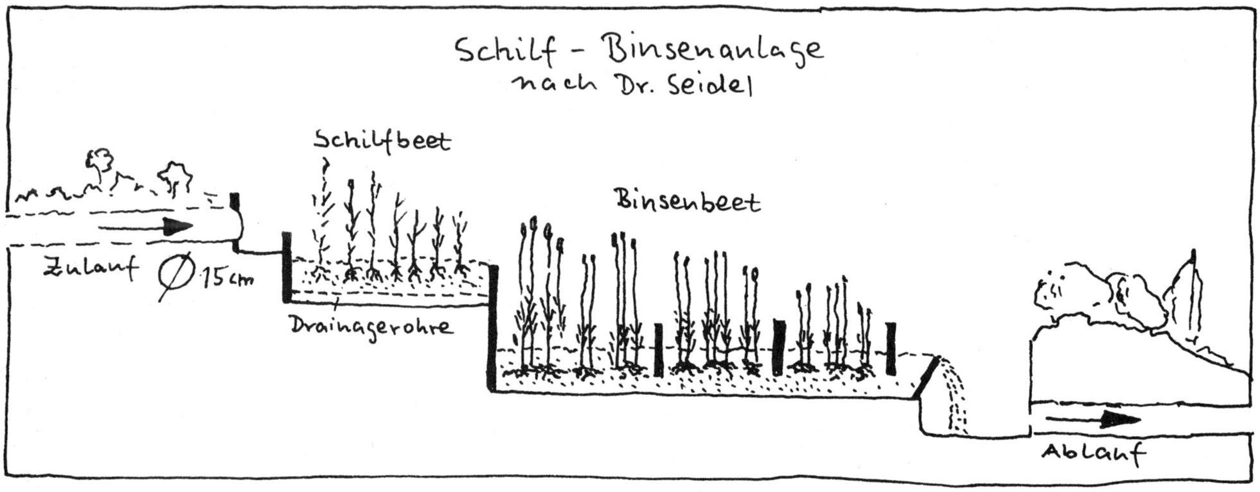

B) Elektroinstallation

Der Hausanschluß

Das Verlegen des Hausanschlusses ist ausschließlich Sache des zuständigen Elektrizitätswerkes. Der Strom wird über Erdkabel oder Freilandleitungen geführt.

Elektroinstallation im Haus

Auch Arbeiten am Hausstromnetz gehören eigentlich in die Hand des Fachmanns. Er kann am besten beurteilen, ob das bestehende Leitungsnetz noch seinen Dienst tut, wo neue Leitungen eingezogen werden müssen und welche Vorarbeiten sie eventuell selbst ausführen können. Bei einer gründlichen Altbausanierung ist nicht selten die totale Erneuerung des Stromnetzes nötig. Sämtliche neue Kabel werden dann gewöhnlich unter Putz verlegt. Vielleicht ist der Elektriker dazu bereit, den Verlauf der neuen Leitungen an den Wänden anzuzeichnen.
Dann könnten Sie gezielte Vorarbeit leisten, wie z.B. Mauerschlitze ausfräsen und Löcher für Wand- und Deckendurchdringungen vorbohren. Auch das Einsetzen von Verteilerdosen kann man selber übernehmen. Die Dosen werden satt in ein Mörtelbett (schnellhärtender Montagezement) eingedrückt. Beachten Sie die richtige Lage der Dosen, falls die Wände später mit Holz o.ä. verkleidet werden. Eine weitere Vorarbeit wäre die Verlegung von Kunststoffrohren im gesamten Leitungsverlauf. Die gerippten Rohre gibt es in verschiedenen Nennweiten beim Baustoffhändler. Rein theoretisch wären sie nur in

wenigen Ausnahmen nötig. Der Mehraufwand lohnt sich aber, denn der Elektriker braucht später nur noch die Drähte durch die Rohre zu schieben, was eine wesentliche Zeitersparnis bedeutet, zum anderen können Sie dann zügig mit den anderen Umbaumaßnahmen fortfahren, ohne warten zu müssen, bis der Handwerker seinen Auftrag erledigt hat.

Die Rohre werden mit Schellen oder punktuell mit Schnellzement befestigt.

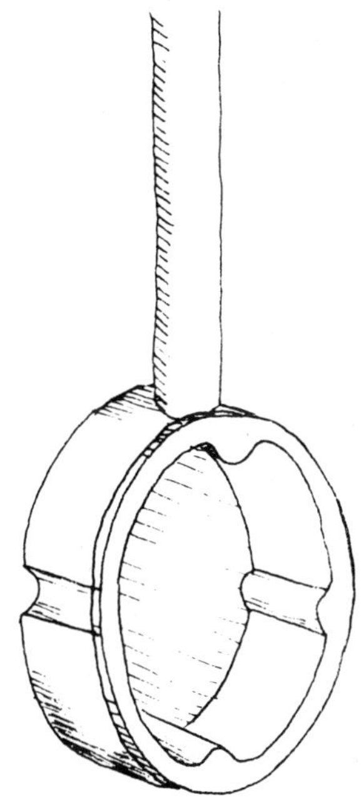

Verteilerdose, auch zum Einsetzen von Schaltern geeignet

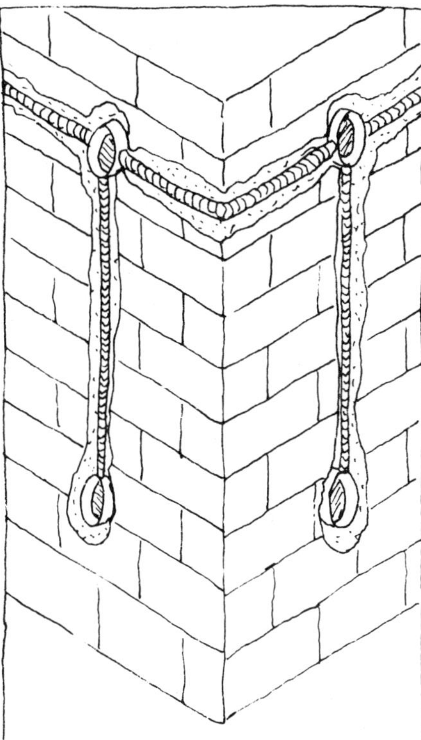

Mauerschlitze mit Verteilerdosen und Schutzrohren (aus Kunststoff oder baubiologisch besser aus Metallrohren)

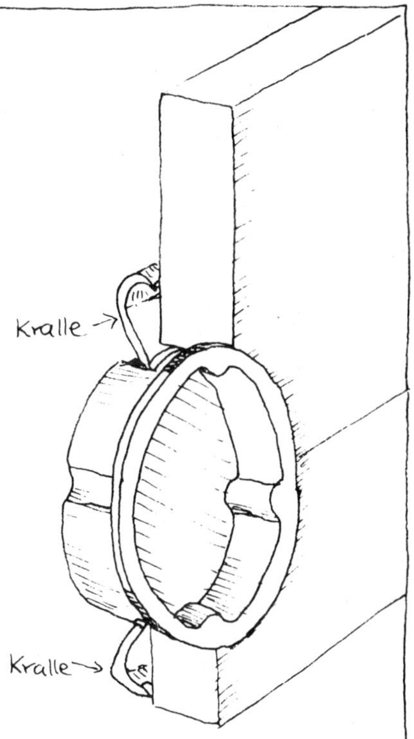

Verteilerdose zur Befestigung an Platten, Holzverkleidungen u. ä.

BIO-LOGISCHE ANSTRICHMITTEL

Der wohl gebräuchlichste Außenanstrich für verputzte Häuser war jahrhundertelang die Kalkfarbe. Maler, Restauratoren und Stukkateure bevorzugten den echten Sumpfkalk, der nach althergebrachten Regeln gelagert und mit reinen Erdfarben gemischt wurde. Gut erhaltene Fresken der Renaissance-Zeit beweisen, wie dauerhaft ein sachgemäß ausgeführter Kalkanstrich sein kann.
Die Gründe für die heutzutage untergeordnete Bedeutung des Kalkes als Anstrichmittel liegen wohl in seiner geringeren Wisch- und Waschbeständigkeit. Dies führte dann auch – zusammen mit der schnelleren und leichteren Verarbeitbarkeit – zum Siegeszug der Dispersionsfarben.

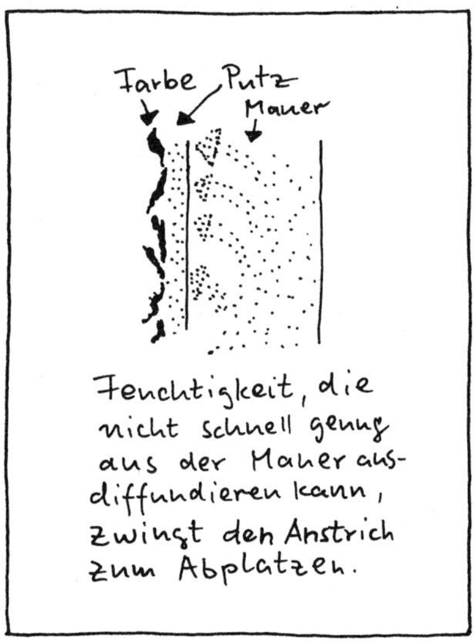

Doch die Dispersionsfarben haben auch ihre Nachteile, zumal die darin enthaltenen Kunststoff-Bindemittel und Lösungsmittel gesundheitlich nicht unbedenklich sind. Zudem hat der häufig dichtschließende Film der Dispersionsfarben gerade an Außenfassaden schon wiederholt zu Bauschäden geführt (Abplatzen von Putz und Farbe, erhöhte Feuchtigkeit in den Innenräumen, schlechtere Wärmedämmung etc.). Und nicht zuletzt sind Dispersionsfarben wesentlich teurer als Kalk. Ein Beispiel: Mit nur einem Sack (50 kg) eingesumpftem Weiß-Feinkalk habe ich die gesamte verputzte Außenfassade des im Buch abgebildeten Bauernhofes gestrichen. Kostenpunkt: ca. 30 DM incl. Leinölfirnis für beinahe 120 qm Wandfläche.
Die Wand ist jetzt, nach zwei Jahren, noch genauso schön wie am ersten Tag.

Für einen guten Kalkanstrich müssen einige Vorbereitungen getroffen werden.

1. Der Untergrund sollte mit reinem Kalkmörtel verputzt sein.
2. Der Kalk müßte vor seiner Verarbeitung bereits lange genug eingesumpft gewesen sein, in der Regel wenigstens $1^1/_2$ Jahre lang. Optimal wäre die Verwendung von *Branntkalk.* Von fast ebenso hoher Qualität ist eingesumpfter *Weiß-Feinkalk.* Hören Sie sich in Ihrer näheren Umgebung um, vielleicht finden Sie noch einen Bauern oder einen Malerbetrieb, der Sumpfkalk verkauft.
3. Der Wandputz sollte möglichst noch feucht sein, wenn die Farbe aufgebracht wird (Freskotechnik!).

Aufbau der Anstriche

Voraussetzungen: Der Untergrund muß sauber sein. Leicht sandende Gründe kann der Kalk ohne chemische Zusätze binden. Selbst auf feuchtem Grund hält die Kalkfarbe ohne weiteres (deshalb ist sie auch für Bäder, Keller, Waschräume und Ställe hervorragend geeignet). Schlecht haftet sie lediglich auf Gips, Naturstein und Holz. In diesen Fällen müßte die Farbe mit einer guten Portion Quarzsand vermischt und gut in den Untergrund eingerieben werden. Dachstühle z.B. wurden früher vorwiegend auf diese Weise imprägniert.
Kritisch sind Leimfarben als Haftgrund. Am besten werden sie vor Neuanstrich abgewaschen (Leimfarben erkennt man an ihrer Wasserlöslichkeit).
Vor dem ersten Anstrich muß der Untergrund

gut vorgenäßt werden. Ausnahme: frischer Putz. Das Nässen geschieht zweckmäßigerweise mit einer verdünnten Kalklauge, der etwas Kalkteig (ca. 10%) zugerührt wird. Als Kalklauge bezeichnet man das sich über dem eingesumpften Kalk absetzende Wasser.

Erster Anstrich

Gestrichen wird mit einer weichen Bürste (Malerquast) oder einem alten Besen (auch Spritzen ist möglich). Verdünnen Sie die Farbe solange mit reinem Wasser, bis sich kein Pinselansatz mehr beim Streichen zeigt. Nach einer alten Regel sollen fünf Teile Kalkteig mit sechs Teilen Wasser vermischt werden.

Der moderne Maler rührt die Farbe nicht mehr von Hand an, sondern überläßt dies einer Bohrmaschine mit vorgespanntem Rührwerk. Um schwächliche Maschinen nicht zu überlasten, sollte dabei ein kleiner Gang eingelegt werden, sonst brennt der Motor im Nu durch.

Kalk ätzt und trocknet die Haut rasch aus. Tragen Sie deshalb bei allen Arbeiten mit Kalk Handschuhe. Wenn Kalkspritzer ins Auge geraten, brennt dies etwas; das wäre aber weiter noch nicht gefährlich. Sollte allerdings einmal *ungelöschter* oder frisch gelöschter Kalk ins Auge geraten, müßten Sie unverzüglich einen Arzt aufsuchen! Auf keinen Fall versuchen, das Auge mit Wasser selbst auszuwaschen!

Mischrezepte zur Fertigung des Kalkanstriches

Zur Zeit bemühen sich einige Hersteller biologischer Farben darum, Kalk mit verschiedenen Zusätzen soweit zu präparieren, daß er durch ausreichende Witterungsbeständigkeit und Wischbeständigkeit den Dispersionsfarben ebenbürtig wird. Hier sind vor allem Emulsionsbinder auf natürlicher Basis im Gespräch, wie Baumharze, Bienenwachs, Pflanzenfett, Rindenschrot u.a. Wer selber gerne experimentiert, kann hier vielleicht durch Zufall eine brauchbare Lösung finden.

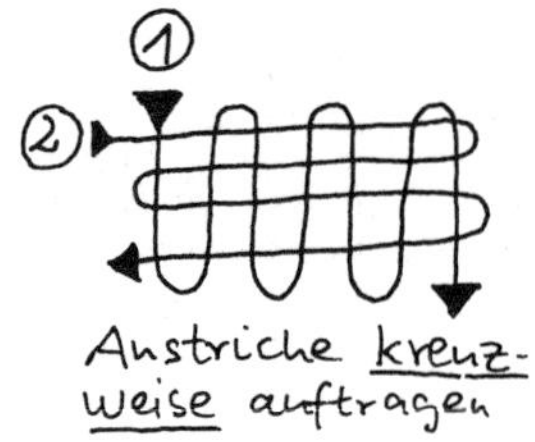

Altbewährt sind dagegen Zusätze wie Leinöl oder Leinölfirnis und Magermilch. Sie verbessern bis zu einem gewissen Grade die Wisch- und Waschbeständigkeit. Gutes, kaltgepreßtes Leinöl bekommen Sie im Reformhaus und in Diätabteilungen, von Warenhäusern, und Leinölfirnis in Drogerien, Farbengeschäften und neuerdings auch in einigen Baumärkten.

Mischverhältnis
100 g Leinöl oder Leinölfirnis auf 10 l Kalkmilch, also pro Kübel Farbe etwa eine Tasse Öl oder: 1 l Magermilch auf 6 l Kalkteig (Magermilch = fettarme Milch)

Leinöl bindet den Kalk besser an den Untergrund, deshalb sollte es dem ersten Anstrich beigemengt werden. Für den zweiten Anstrich eignet sich eher Magermilch als Zusatz.
Ich habe beiden Anstrichen jeweils ausschließlich Leinölfirnis beigemischt; das Ergebnis ist sehr zufriedenstellend.

Zweiter Anstrich

Der zweite Anstrich sollte möglichst aufgebracht werden, solange der Untergrund noch feucht ist. Die Kalkmilch darf nun etwas fetter sein (geringere Verdünnung). Zu dicke Farbschichten sind allerdings zu vermeiden, weil sonst die Pinselansätze sichtbar bleiben. Die Striemen würden später wie Flecken erscheinen, weil sich an ihnen das Licht anders bricht. Grundsätzlich lassen sich Striemen vermeiden, wenn man den letzten Anstrich in Richtung des Lichteinfalls aufträgt. Um eine voll deckende Schicht zu erreichen, ist bei dunkleren Untergründen eventuell ein dritter und vielleicht sogar noch ein vierter Anstrich nötig. Wenn Sie aber den Dreh mit der Bürste richtig heraushaben, wird das Streichen zum reinsten Vergnügen. Kalkfarbe hält auch einigermaßen gut auf Tapeten und alten Dispersionsgründen, sie muß nur dünn genug und in mehreren Schichten aufgetragen werden. Somit ist sie also jederzeit auch als Wandfarbe für Innenräume geeignet.
In Innenräumen nützt sich die nicht wischbeständige Kalkfarbe eventuell sehr schnell ab, deshalb sollte man bei Kinderzimmern und anderen stark frequentierten Räumen kompromißbereit sein und die Wände wenigstens bis in Schulterhöhe mit Holz, Tapeten, Stoffbehängen u.ä. verkleiden.
Kalkmilch läßt sich auch einfärben, allerdings nur bis zu einem Sättigungsgrad von max. 5%. Dazu eignen sich besonders reine Erdfarben, wie sie von einigen Herstellern biologischer Malmittel angeboten werden (siehe unter Bezugsquellen). Damit lassen sich fein abgestufte Farbtöne mischen, die sich beinahe von selbst harmonisch in jede Fassaden- und Raumgestaltung einfügen.

Außenanstrich für Wetterseiten

Als recht dauerhafter Außenanstrich, besonders an Wetterseiten, hat sich eine Mischung aus drei

Teilen Weißzement (Dyckerhoffweiß) und einem Teil Kalkteig bewährt.
Die fett gemischte Schlämme könnte auch auf unverputztem Sichtmauerwerk aufgebracht werden, wobei dessen Struktur erkennbar bleibt. Die Schlämme beeinträchtigt die Atmungsaktivität nur geringfügig. Um sie noch witterungsbeständiger zu machen, kann ein Dichtungsmittel (siehe unter Putzmörtel-Herstellung) beigemischt werden.

Biologische Farben für innen und außen

Verschiedene Hersteller können erfreulicherweise zunehmend mit biologischen Wandfarben aufwarten. Es handelt sich hier vor allem um die schon seit vielen Jahren bewährten *Mineral- bzw. Silikatfarben.* Sie sind deutlich teurer als Kalk und herkömmliche Dispersionsfarben, machen sich aber auf Dauer vor allem an Außenfassaden wegen ihrer hohen Beständigkeit mehr als bezahlt. Weitere Vorteile: angenehmer Geruch, feuchtigkeitsunempfindlich, hohe Wasserdampfdurchlässigkeit, wisch- und waschbeständig, unempfindlich gegen Säuren. Mineral- bzw. Silikatfarben werden mit wertvollen Rohstoffen auf natürlicher Basis hergestellt.
Auch einige kleinere Betriebe für rein biologische Produkte versuchen sich in der Herstellung gesunder Wand- und Deckenfarben. Hochwertige Mittel wie Bienenwachs, Buchenholzpulver, Baumharz und reines Leinöl schrauben die Preise für solche Produkte allerdings in schwindelnde Höhen. Wenig erfreuliche Erfahrungen habe ich hier mit einer preisgünstigeren Wandfarbe gemacht: sie verbreitete tagelang einen penetranten Geruch und vergilbte schon nach kurzer Zeit; sämtliche Arbeitsgeräte waren nach dem Streichen unbrauchbar!

KLEINES KALKBREVIER

Kalk ist einer unserer wichtigsten biologischen Baustoffe. Auf der Baustelle wird er heute vorwiegend nur noch als Bindemittel bei der Mörtelherstellung eingesetzt. Bei baubiologischen Bauten gewinnt auch seine Verwendung als Anstrichmittel wieder an Bedeutung.
Für die biologische Qualität des Kalkes sind vor allem Herkunft und chemisch-physikalische Eigenschaften maßgeblich:

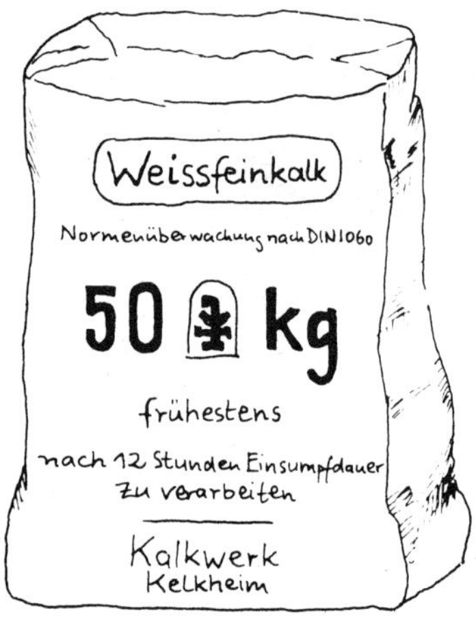

1. Kalk ist ein reines Naturprodukt; bei seiner Verarbeitung zu Baukalken verliert er weder seine natürliche Struktur, noch sind für diesen Prozeß Zusätze nötig, wie dies auf andere Bindemittel (z.B. Zement) zutrifft

2. Baukalke ergeben einen sehr geschmeidigen und elastischen Mörtel, der die Atmungsaktivität des Mauerwerkes unterstützt, dessen Feuchtegehalt ausgleicht und Schadstoffe aus der Luft an sich bindet.
3. Kalk als Anstrichmittel wirkt desinfizierend und trägt somit zur Verbesserung der Atemluft bei.

Kalk wird in unterschiedlichen Formen geliefert. Die genannten biologischen Eigenschaften treffen vorwiegend auf *Luftkalke* zu.
Zur besseren Übersicht über das Angebot an Baukalken nachfolgend die wichtigsten Sorten, wie sie, abgepackt in 50 kg Säcken, nahezu bei jedem Baustoffhändler erhältlich sind:

Luftkalke

nur an der Luft erhärtend

Weiß-Feinkalk auch Dolomit-Feinkalk	Wird in Pulverform geliefert. Muß laut Herstellerhinweis vor der Verarbeitung mit Wasser gelöscht werden (siehe auch unter „Sumpfkalk“).
Branntkalk Stückkalk	Ist möglicherweise ab Werk noch erhältlich. Wird in ganzen Stücken geliefert. Muß vor der Verarbeitung zu Mauermörtel mindestens 2-3 Wochen sumpfen, als Putzkalk dagegen 6-8 Wochen.

Luftkalke eignen sich als Mörtel für aufgehendes Mauerwerk, für Innenputz, als Anstriche und als Zusatz zu Zementmörtel. Branntkalk ist auch für den Außenputz geeignet.

Hydraulisch erhärtende Kalke

auch im Wasser erhärtend

Wasserkalk Sackaufdruck: ein schwarzer Streifen	Verwendung für Mauerwerk aus Kalksandsteinen und Leichtbetonsteinen, Kellermauern, Innen- und Außenputz.
Hydraulischer Kalk Sackaufdruck: zwei schwarze Streifen	Verwendung wie Wasserkalk; außerdem für Grundmauern, Putz in Ställen und Waschküchen, Außenputz.
Hochhydraulischer Kalk Sackaufdruck: drei schwarze Streifen	Verwendung für Grundmauern, Pfeiler, Bögen, Schornsteine, Außenputz.

Entsprechend der Reihenfolge in der Übersicht erreichen die Luftkalke die geringste, hochhydraulische Kalke die größte Druckfestigkeit.

Die Kalkgrube

Wie der Misthaufen, so gehörte früher auch die Kalkgrube zu jedem Bauernhaus. Der Bauer brauchte den Kalk zum Verputzen und Streichen, zum Desinfizieren der Ställe und zum Düngen. Heute unterhalten nur noch die wenigsten Bauern oder Bauunternehmer eine Kalkgrube. Sie wurde stillschweigend verdrängt durch ein riesiges Sortiment an Fertigwaren, handlich abgepackt in Kübeln und Säcken, versehen mit ausführlichen Hinweisen und Erklärungen, um im allgemeinen Baustoffwirrwarr bestehen zu können.
Dabei ginge mit Sumpfkalk vieles einfacher, und eine Kalkgrube wäre das beste Baustoff-Vorratslager, das man sich anlegen kann. Man muß sich nur rechtzeitig dazu entschließen, denn guter Kalk will vor seiner Verarbeitung lange genug abgelagert sein.
Vielleicht haben Sie noch eine alte offengelassene Abortgrube oder einen Montageschacht hinterm Haus, der sich zu einer Kalkgrube umfunktionieren läßt. Andernfalls müßten Sie sich eine Grube ausheben. Sie braucht nicht tiefer als einen Meter zu sein. Bevorzugen Sie eher flache Gruben, dann verbindet sich der Kalk nachher gleichmäßiger mit Wasser. Die Grubenwandungen können aus trocken aufgesetzten Steinen oder aus Brettern bestehen oder aus sonstigem sauberen Material, das einigermaßen hitzebeständig (bis 100° C) und wenig wasserdurchlässig ist.

Ablöschen des Branntkalkes

Branntkalk kann man heute nur noch direkt ab Werk beziehen, und zwar in Brockenform. Denken Sie daran, im Umgang mit dieser Kalksorte eine allseitig geschlossene Schutzbrille, Arbeitskleidung und Handschuhe zu tragen.
Jetzt wird es gefährlich!
Füllen Sie den Kalk in die Grube und übergießen Sie ihn vorsichtig mit Wasser. Richtig gelöscht wird der Kalk nur dann, wenn er weder zu viel noch zu wenig Wasser abbekommt. In dem einen Fall würde er »ersaufen« und im anderen verbrennen. Löschen Sie ihn also genau bis zu seiner Sättigungsgrenze, dann kann *kein Überschußwasser* entstehen.
Damit der Löschvorgang ohne Unterbrechungen durchgezogen werden kann, sollte man zu zweit sein. Ein Mann überbraust den Kalk und der andere harkt das Gemisch ständig durch, damit

alle Teilchen mit dem Wasser in Berührung kommen.
Jetzt brodelt und dampft es und der Kalk quillt auf bis zum Doppelten seines Volumens.
Wenn das Schauspiel zu Ende ist, wird unter ständigem Rühren Wasser zugegeben, bis der Kalk einen dünnflüssigen Brei ergibt, Kalkmilch genannt.
Die Brühe sollte dann noch mit einem Sieb nach ungelöschten Teilchen abgefischt werden. Noch korrekter wäre es, wenn Sie den Kalk erst in einer Pfanne ablöschen, aufschlämmen und dann durch ein Sieb in die Grube ablassen.
Zum Schluß wird die Grube gegen Verunreinigungen abgedeckt. Gebrauchsfertig ist der Kalk dann, wenn er etwa daumenbreite Risse aufweist. Wenn Sie ihn den Winter über in der Grube

Kalkhandlungen sind leider eine Seltenheit geworden

lagern wollen, muß er gegen Frost geschützt werden. Früher hat man Erde oder Stroh über der Grube aufgehäuft. Nach Aussagen eines erfahrenen Kalksumpfers genügt es jedoch, wenn der Kalk unter einer 10-20 cm hohen Wasserschicht überwintert. Dazu müßte die Grube allerdings wasserdicht sein. Eine weitere Möglichkeit wäre, den Kalk in Kunststoffwannen oder -eimer umzufüllen und im Keller aufzubewahren.
Ein bißchen Pflege braucht der Kalk auch weiterhin. Sehen Sie alle zwei bis drei Monate nach und gönnen Sie ihm besonders in der warmen Jahreszeit ein paar Becher Wasser, damit er nicht verdurstet.

Ablöschen des Weißfeinkalkes

Weißfeinkalk ist zu Pulver gemahlener und in Säcken abgepackter Brannt- oder Stückkalk. Vor seiner Verarbeitung muß er eingesumpft werden. Genaue Hinweise bezüglich der Mindesteinsumpfdauer und der benötigten Löschwassermenge sind dem jeweiligen Sackaufdruck zu entnehmen. In der Regel kommen 50 kg Kalk auf 150 l Wasser. Am besten löschen Sie den Kalk in einer flachen Mörtelpfanne ab. Erst das Wasser einfüllen und dann den Kalk unter ständigem Umrühren einstreuen.
Ansonsten gelten die gleichen Regeln wie beim Einsumpfen des Branntkalkes. Denken Sie auch hier wieder an die Vorsichtsmaßnahmen zu ihrem eigenen Schutz!
Vorteile des Feinkalkes sind, daß er nahezu bei jedem Baustoffhändler erhältlich ist. Außerdem läßt er sich leichter transportieren, und auch das Einsumpfen gestaltet sich etwas einfacher. Wenn die richtigen Mischmengen eingehalten werden, entfällt auch das Durchsieben der Kalkmilch.
Bezüglich seiner Verwendung als Anstrichmittel ist allerdings eingesumpfter Branntkalk gemahlenem Weißfeinkalk aufgrund der besseren Abriebfestigkeit und Witterungsbeständigkeit vorzuziehen.

KLEINE HOLZKUNDE

incl. Holzschutz

Neben Lehm, Kalk und Stroh ist Holz unser wertvollster Baustoff. Seine wichtigsten biologischen Eigenschaften:

- Förderung des natürlichen Luftaustausches (Atmungsaktivität)
- Regulierung der Raumluftfeuchte
- angenehmer Eigengeruch
- wirkt gegenüber elektrischen Einflüssen neutral
- gehört zu den Baustoffen mit geringer radioaktiver Strahlung (aus diesem Grund sind z.B. in Amerika Schutzwälder um Atomreaktoren vorgeschrieben)

Seine biologischen Eigenschaften kann Holz jedoch nur dann voll entfalten, wenn es nicht mit fragwürdigen Mitteln imprägniert bzw. oberflächenbehandelt wird.

Naturbelassenes Holz wirkt zudem schall- und wärmedämmend. Damit wird es zu einem echten Allroundmittel im Innenausbau.

Holzverarbeitung

Holz ist ein lebendiger Baustoff. Selbst die sorgsamste Verarbeitung kann nicht verhindern, daß bereits verbautes Holz weiterarbeitet. Es schwindet bzw. dehnt sich solange, bis es sich mit der Feuchtigkeit der umgebenden Luft im Gleichgewicht befindet. Ändert sich die Luftfeuchtigkeit, paßt sich das Holz diesem Zustand allmählich wieder an.

Die hölzernen Zellwände dehnen sich oder sie schrumpfen in Abhängigkeit von ihrem Wassergehalt. Dadurch treten nicht nur Veränderungen im Raumgewicht auf, sondern auch in der Form. Am geringsten arbeitet Holz in der Längsrichtung (bei Nadelholz z.B. nur 0,1%), in radialer Richtung beträgt die Schwindung zwischen 3 und 6% und in tangentialer sogar zwischen 5 und 10%.

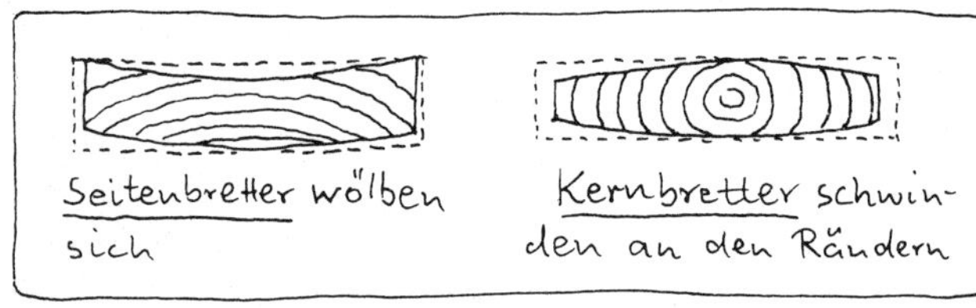

Dementsprechend verändern Bretter bei der Trocknung ihre Form. Sie werfen sich entgegen dem Verlauf der Jahresringe. Da sich diese Verformungskräfte nicht ausschalten lassen, muß man auf sie bei allen Holzarbeiten Rücksicht nehmen.

So sollen beim Zusammenfügen von Holzplatten (für Türen, Tische, Vertäfelungen etc.) alle Einzelbretter mit der Kernseite nach oben angeordnet werden. Damit sich die gesamte Fläche nicht verzieht, muß sie auf eine stabile Unterlage

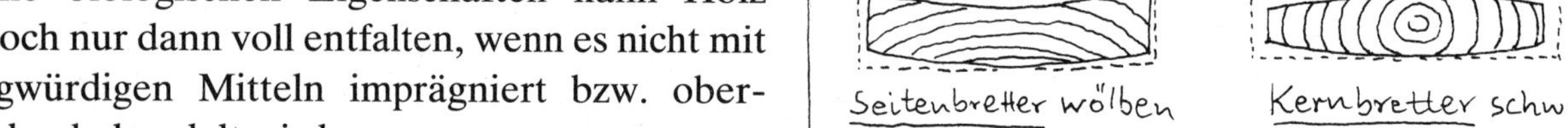

Beim Zusammenfügen von Brettern zu einer Holzplatte alle Teile mit der Kernseite nach oben anordnen. Die Platte muß versteift werden, damit sie sich nicht wölben kann:

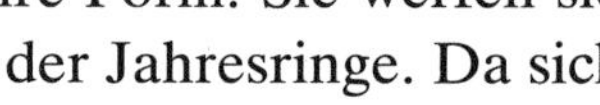

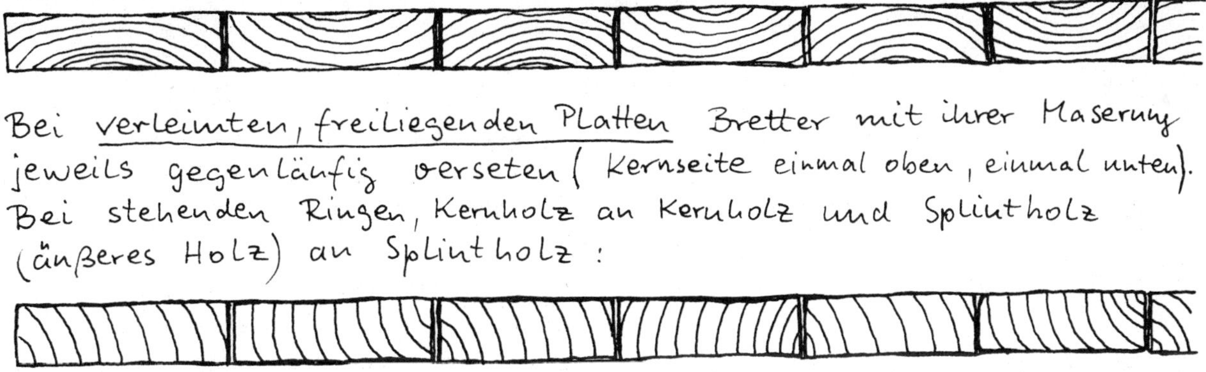

genagelt oder besser noch geschraubt werden. Bei verleimten Platten (ohne Stabilisierung) versetzt man die Bretter dagegen jeweils gegenläufig, d.h. abwechselnd mit Wald- oder Kernseite nach oben. So heben sich die Verformungskräfte gegenseitig in etwa auf.

Sollen Bretter oder ganze Flächen aufeinander genagelt oder geleimt werden, steht jeweils Wald- gegen Waldseite bzw. Kern- gegen Kernseite, sonst streben die Bretter auseinander.

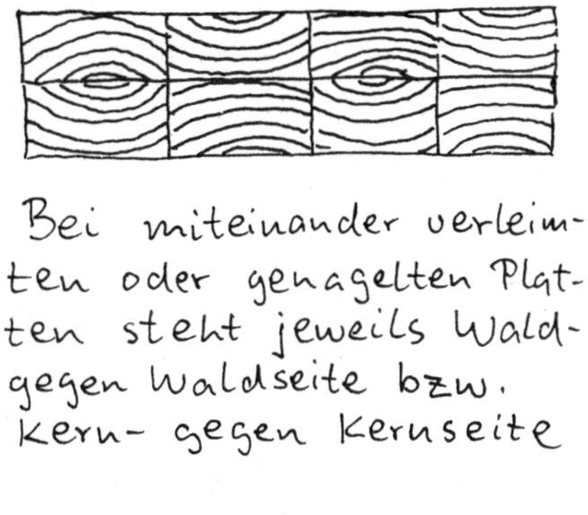

Holzfehler

Schon beim Einkauf sollte man sich Holz sehr genau ansehen, damit es hinterher keine bösen Überraschungen gibt. Einer der unangenehmsten Holzfehler begegnet uns in *windschiefen Brettern.* Solche Bretter stammen aus korkenzieherartig gewachsenen Bäumen. Verdrehtes Holz ist durch nichts mehr gerade zu kriegen und deshalb unbrauchbar. Nachdem der Drehwuchs recht häufig vorkommt, werfen sie am besten schon beim Einkauf bei jedem Brett einen prüfenden Blick von der Stirnseite über die Längskanten.

Unbrauchbar sind auch Bretter mit auffallend

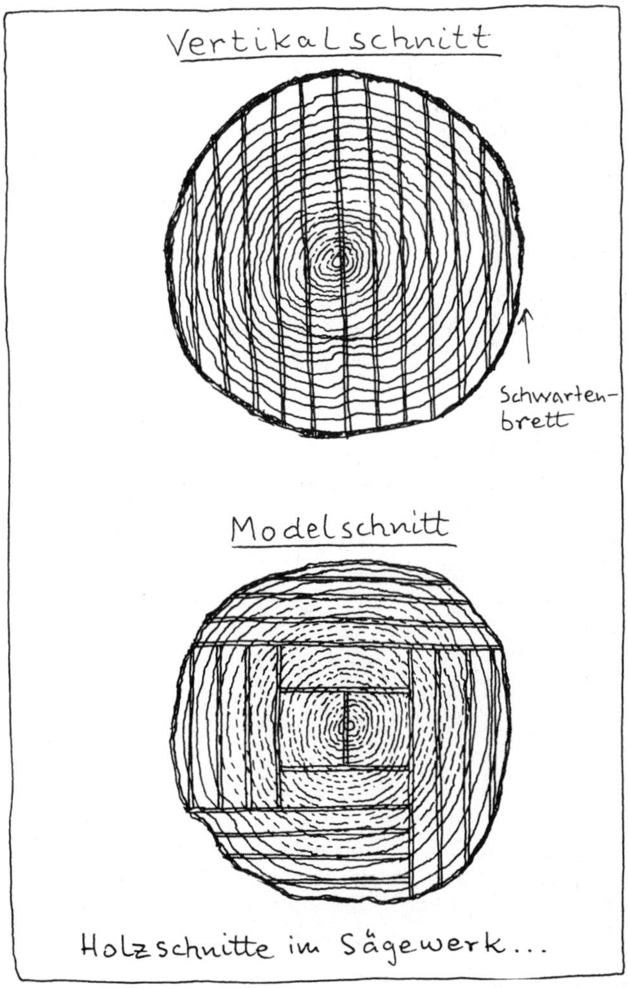

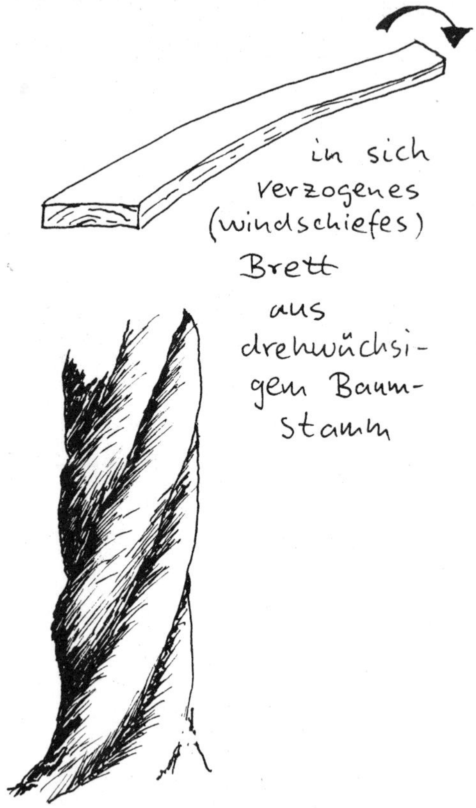

roten Streifen. Zum Ärgernis werden solche Bretter spätestens dann, wenn sich garantiert jeder Nagel beim Einschlagen krümmt. *Rotstreifiges Holz* wird deshalb auch als nagelhart bezeichnet. Erkennbar ist es u.a. an seinem höheren Gewicht.

Im erweiterten Sinne kann auch eine bestimmte Art von Astbildung zu den Holzfehlern gerechnet werden. Harmlos sind jene hellen Äste, die fest

mit dem Stammholz verwachsen sind, problematischer dagegen die dunklen abgestorbenen Äste, die wie Fremdkörper im Holz stecken, bei fortschreitender Trocknung immer lockerer werden und schließlich herausfallen. Bei nicht behandelten Hölzern müssen gefährdete Äste herausgeschnitten und stattdessen passende Holzstücke eingeleimt werden. Bei behandelten Hölzern sorgen dagegen meistens klebende Substanzen in den Oberflächenbehandlungsmitteln dafür, daß die abgestorbenen Äste nicht herausfallen können.

Harzgallen wirken vor allem in Böden und Möbeln störend. Die klebrige Masse, die selbst durch Versiegelungslacke dringen kann, muß deshalb ausgebrannt oder mit Spiritus ausgewaschen werden.

Als unbrauchbar gilt schließlich auch noch modrig riechendes, mit grauen Streifen durchzogenes Holz. Schon eine Fingernagelprobe beweist hier, daß solches Holz aufgeweicht und daher minderwertig ist.

Ansonsten gelten graue Verfärbungen (besonders bei Kiefernholz) als harmlos!

Holzarten und ihre Eignung

Fichte (auch Kiefer, Lärche): für Balken, Dachlatten, Baubohlen und Rüstbretter, Tür- und Fensterholz, Fußböden, Leisten
Eiche für Parkett, Treppenstufen, Wasserschenkel an Fensterrahmen, Dachschindeln, Zaunpfähle, Balken
Buche für Parkett, Treppen (Stufen und Wangen), Holzpflaster
Esche, Ahorn, Birke für Parkett
Ulme für Parkett, Balken, Sparren
Erle für Wasserbau, Leitungsrohre
Robinie für Parkett, Wasserbau
Walnuß als Furnier für Vertäfelungen
Haselnußstaude für Holzstöcke

Holzschutz

Gemäß den DIN-Vorschriften (Stand 1991) bedürfen »Holzbauteile, die durch Bekleidung abgedeckt oder zum Raum hin kontrollierbar sind und sich in Räumen mit üblichem Wohnklima befinden, keiner Behandlung mit Holzschutzmitteln. Dachkonstruktionen und gleichartig beanspruchte Bauteile müssen bei einer Luftfeuchte über 70% insektenvorbeugend behandelt werden«. Der private Bauherr kann diese Regelung umgehen, ist aber für eventuell eintretende Schäden dann selbst verantwortlich.
Die Anwendung chemischer Holzschutzmittel bezieht sich *ausschließlich auf tragende Holzbauteile*, von deren *Standfestigkeit die Gebäudesicherheit* abhängt. Hier muß die jeweilige Situation berücksichtigt werden: Holzbalkendecken sind entweder kontrollierbar oder gänzlich abgedeckt – auf eine Behandlung mit Holzschutzmitteln kann hier also verzichtet werden. Bei *tragenden Holzbauteilen des Daches und der Außenwände* entscheidet dagegen die jeweilige Lage der Hölzer: Wenn die Holzteile kontrollierbar sind, ist chemischer Holzschutz überflüssig. Sind sie dagegen eingebaut, sollten sie chemisch geschützt werden.

Zunächst sollte aber immer der »bauliche Holzschutz« berücksichtigt werden. Dessen Regeln

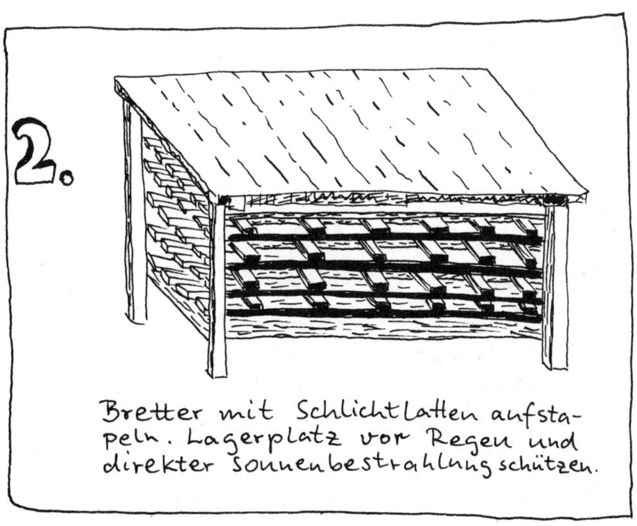

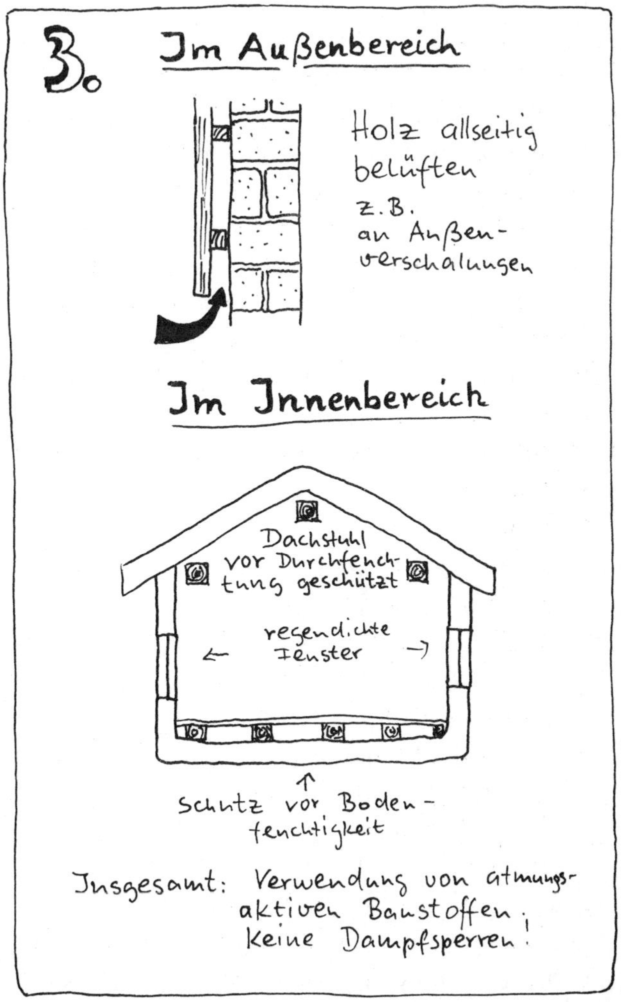

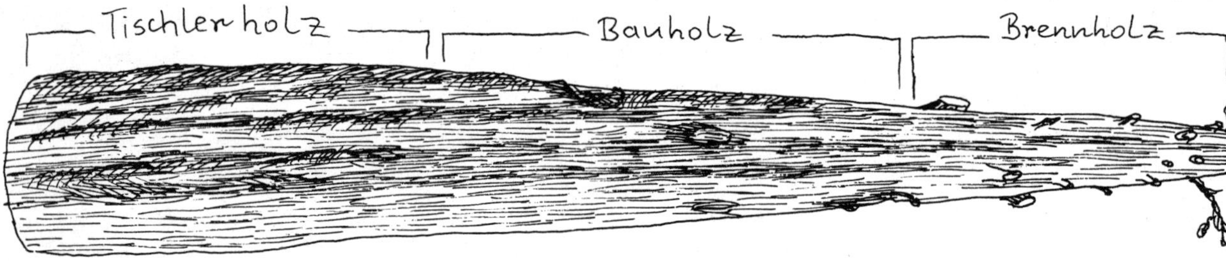

ersetzten unseren Vorfahren den chemischen Holzschutz:

1. Für den Hausbau nur gesundes Holz mit hohem Kernholzanteil verwenden. Es ist widerstandsfähiger gegen Schädlinge als weiches Splintholz. Früher nahm man in Kauf, daß der Splintholzanteil eines Balkens wegfaulte oder abgefressen wurde – der Balkenquerschnitt war so üppig bemessen, daß die Statik dennoch stimmte.
2. Vorsorglicher »baulicher Holzschutz« beginnt schon beim Holzeinschlag. Spätherbst und Winter sind dafür die besten Zeiten, weil die Bäume dann nicht im Saft stehen und somit Insekten weniger Nährstoffe bieten.
3. Geschnittenes Holz muß *trocken* gelagert werden. Stapelplatz vor Regen und prallem Sonnenschein schützen. Für den Bau bestimmtes Holz wird heute vorwiegend in Trockenkammern getrocknet, früher lagerte man wertvolle Hölzer bis zu acht Jahren ab.
4. Wichtigste Voraussetzung für einen Holzschutz ohne Gift ist die holzgerechte Konstruktion:
   - großen Dachüberstand gegen Durchnässen der Holzfassade einplanen,
   - Holzfassaden mindestens 30 cm über dem Boden, d.h. außerhalb des Spritzwasserbereichs ansetzen,
   - Holzverkleidungen an Außenflächen und in Naßräumen hinterlüften,
   - untere Tropfkante der Holzverkleidung anschrägen,
   - bei Holz im Freien Vorsprünge, Nischen, Risse etc. vermeiden, an oder in denen sich Wasser stauen kann (bei ständiger Nässe verrottet Holz – dagegen helfen auch keine Mittel),
   - Hirnholzflächen (Schnittflächen) mit Brettchen oder besser mit Blech abdecken,
   - waagrechte statische Konstruktionshölzer mindestens 30 cm oberhalb Terrain anordnen und mit Teerpappe gegen aufsteigende Feuchtigkeit sichern,
   - freistehende senkrechte Konstruktionshölzer nicht in die Erde, sondern auf Metallfüße setzen,
   - Holzoberflächen glatthobeln, damit Regenwasser leichter ablaufen kann.

Verantwortungsvolles, gefahrloses Bauen mit Holz und ohne Holzschutzmittel ist möglich, doch muß die Bauweise dann konsequent darauf abgestimmt sein:

1. *Beim ausgebauten Dach* sollten die tragenden Hölzer sichtbar bleiben, d.h. die Wärmedämmung ist oberhalb der Sparren anzubringen.
2. *Tragende Teile der Holzbalkendecke* sind konstruktionsbedingt von unten entweder sichtbar (und damit kontrollierbar), also »offen« zu lassen – oder sie werden eingebaut; dann bieten sie, übliches Wohnklima vorausgesetzt, ohnehin keine Angriffsflächen für Schädlinge.
3. Auf *tragende Holzteile in Außenwänden* muß man dagegen strenggenommen verzichten. Denn sie sind bei Wohngebäuden in der Regel vollständig verkleidet und entziehen sich daher der Kontrolle. Andrerseits werden sie Klimaschwankungen wesentlich stärker unterworfen als beispielsweise Holzbalkendecken. Die Gefahr eines Schädlingsbefalls ist damit höher. Konsequenterweise müßte man also,

wenn eine Behandlung mit Holzschutzmitteln abgelehnt wird und gleichzeitig keinerlei Risiko eingegangen werden soll, anstelle von Außenwänden in Holzkonstruktion massives Mauerwerk bevorzugen.

Auch die *richtige Holzwahl* entscheidet über die Lebensdauer von Holz: alle harzreichen Hölzer (Kiefer, Lärche) eignen sich besonders für den *Außenbereich*. Neben den einheimischen wären hier auch die sehr witterungsresistenten tropischen Hölzer wie Red Cedar und Meranti zu nennen, aus ökologischen Gründen (Raubbau am Regenwald) sollte man von einer Wahl aber absehen. Im *Innenbereich* sind einheimische Harthölzer wie Eiche, Buche oder Ahorn besonders langlebig.

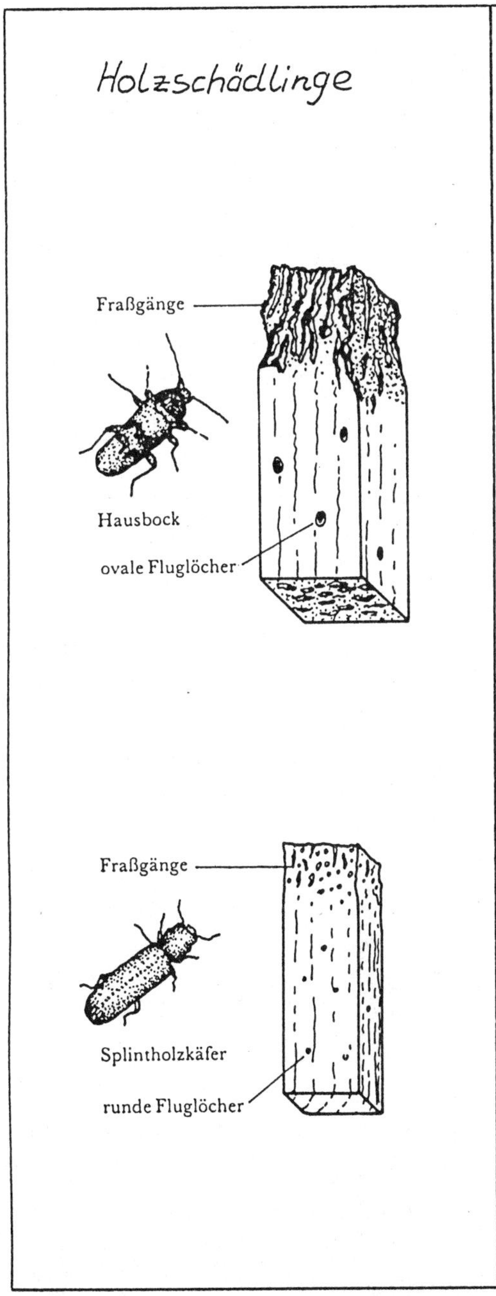

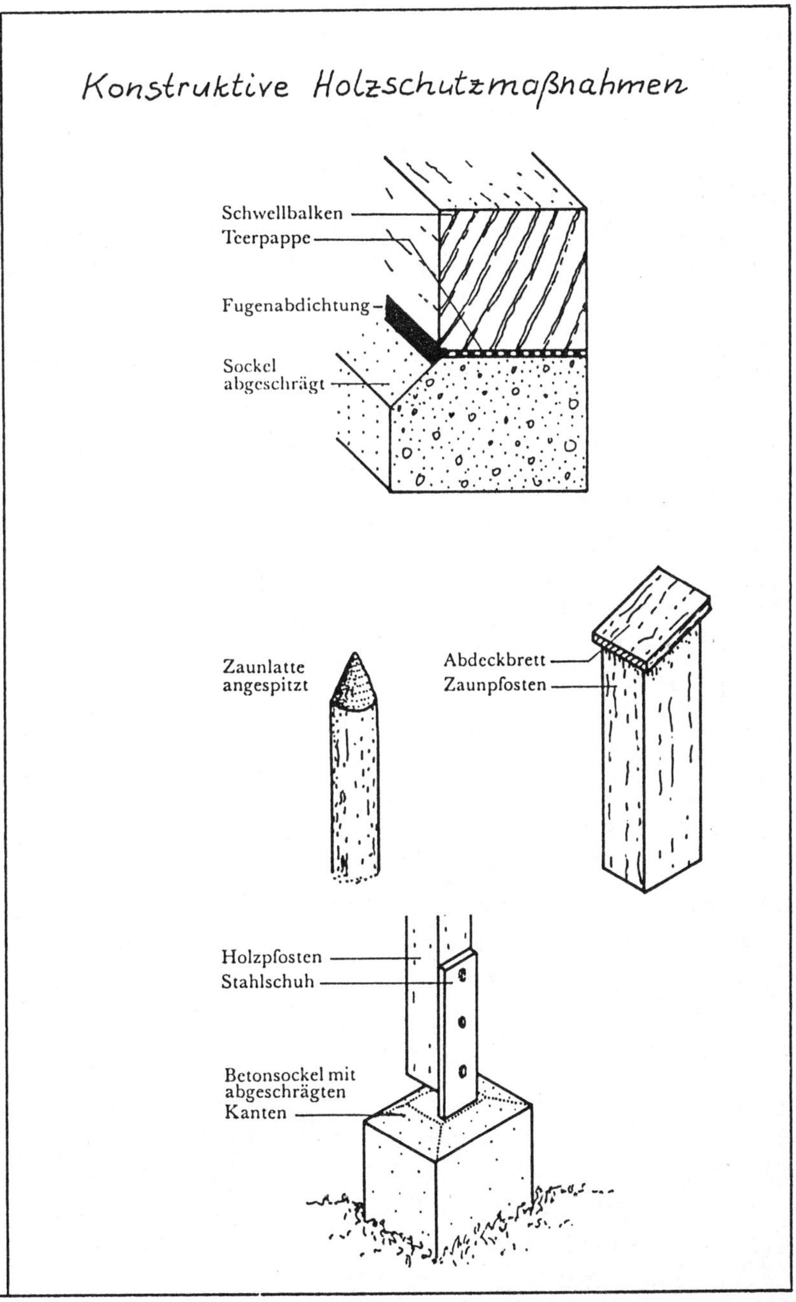

Holzschutzmittel

Sie werden in *vorbeugende* und *bekämpfende* Mittel eingeteilt. Nicht zu verwechseln sind sie mit jenen Farben, Wachsen, Lasuren und Lakken, die nur eine *Oberflächenbehandlung* gegen Wassereinwirkung, Sonneneinstrahlung, allgemeine Abnützung etc. darstellen. Holzschutzmittel sind giftig, darauf beruht ihre Wirksamkeit. Die Wirkstoffe richten sich je nach Angaben gezielt gegen Insekten und/oder Pilze, Bläue sowie Schimmel – und möglicherweise auch gegen den Menschen, sofern nicht mit der gebührenden Vorsicht umgegangen wird. Inwieweit Holzschutzmittel die Umwelt im Brandfall belasten, ist noch weitgehend ungeklärt. Ebenso ungeklärt ist, wie die mit Holzschutzmitteln verseuchten Hölzer entsorgt werden sollen. Beim Einsatz von Holzschutzmitteln sollte man sich deshalb immer vergegenwärtigen, daß aus dem Naturbaustoff Holz brisanter Sondermüll wird. *Amtlich vorgeschrieben ist die Anwendung von Holzschutzmittel nur noch bei tragenden und aussteifenden Hölzern. Wie oben bereits vermerkt, kann der private Bauherr auf den Einsatz von Holzschutzmittel grundsätzlich verzichten. Die persönliche Entscheidung wird von den Baubehörden inzwischen stillschweigend toleriert.* Gänzlich unnötig sind Holzschutzmittel im gesamten Innenbereich! Wer Holzvertäfelungen, Holzböden, Holzdecken etc. mit Holzschutzmitteln behandelt, gefährdet nicht nur sich selbst und die Umwelt, sondern wirft auch noch viel Geld zum Fenster hinaus.

Borsalze

Wer sich dennoch für den Einsatz von Holzschutzmitteln entschieden hat, sollte sich an Fachbetriebe wenden. Sie verfügen über entsprechende Einrichtungen, mit denen die Mittel (Holzschutzmittel mit dem RAL-Gütezeichen) im Tränk-, Tauch- oder Spritzverfahren auf- oder besser eingebracht (Tiefenwirkung!) werden.

Verlangen Sie vom ausführenden Unternehmen auf jeden Fall eine *Kennzeichnungskarte*, die gut sichtbar am Gebälk angebracht wird. Diese Karte enthält neben Angaben über das verwendete Mittel und das Einbringverfahren auch Stempel und Unterschrift des Ausführungsbetriebes!

An diesem Bauwerk wurden Holz- und/oder chemische Feuerschutzarbeiten unter Beachtung der DIN 68 800 – Holzschutz im Hochbau – ausgeführt.

Verwendetes Mittel	**Angewandtes Einbringverfahren**
Name: ________	Kesseldrucktränkung ☐
Prüfzeichen: ________	Tränkbecken ☐
Prüfprädikate: ________	Kurztauchen / Fluten ☐
Eingebrachte Menge (ohne Schutzmittelverluste) ______ kg/l m³	Sprühen / Streichen ☐
______ g/ml m²	**Mechanisch vorbehandelt**
Gesamtverbrauch ______ kg/l	Ja ☐ Nein ☐

Der Ausführungsbetrieb versichert, daß seine Holzschutzarbeiten auf Veranlassung des **Holz- und Feuerschutz-Überwachungsverbandes e.V., Alexandersfeld 27 A, 2900 Oldenburg** gemäß der Überwachungsverträge über die „Durchführung und Güte von Holzschutzarbeiten" amtlich überwacht werden. Dadurch sind einschlägige Bestimmungen und/oder Vereinbarungen auftragsgemäß erfüllt. ®

Monat u. Jahr der Behandlung — Stempel u. Unterschrift des Ausführungsbetriebes

Wer die Anwendung eines Holzschutzmittels *selbst* durchführen will, sollte dazu ausschließlich die auch von Baubiologen bevorzugten *Bor-Salze* einsetzen. Diese wirken *vorbeugend* gegen Pilz- und Insektenbefall, nicht *bekämpfend*. Sie sind nur gering toxisch, dafür aber stark anfällig gegen Auswaschung. Deshalb sollten sie im Freien nicht ohne eine anschließende Fixierung mit einem wasserfesten Lack oder Lasiermittel angewendet werden.

Heißluft

Wesentlich schwieriger wird die Entscheidung, wenn Hölzer bereits von Pilzen oder Insekten befallen sind. Hier gibt es drei Möglichkeiten:

– Austausch der befallenen Hölzer,
– Anwendung eines *bekämpfenden* Holzschutz-

mittels (hier ist »harte« Chemie im Spiel),
- Anwendung des Heißluftverfahrens (nur bei Insektenbefall, nicht bei Pilzbefall wirksam).

Das Heißluftverfahren macht sich die Tatsache zu eigen, daß Insekten bei Temperaturen über 55 °C absterben. Es sollte nur angewendet werden, wenn eine größere Anzahl von Hölzern (z. B. im Dachstuhl) aktiv von Insekten befallen und noch die volle Tragleistung der Hölzer gewährleistet ist (kleinere befallene Holzstücke kann man z. B. in der Sauna oder im Backrohr von Holzschädlingen befreien).

Beim Heißluftverfahren wird der betreffende Raum zunächst abgeschottet und dann solange Heißluft (ca. 110 °C) mittels eines geeigneten Gebläses zugeführt, bis die an mehreren Kontrollstellen jeweils in Balkenmitte gemessene Temperatur auf mindestens 55 °C angestiegen ist. Diese Temperatur muß etwa 60 min gehalten werden.

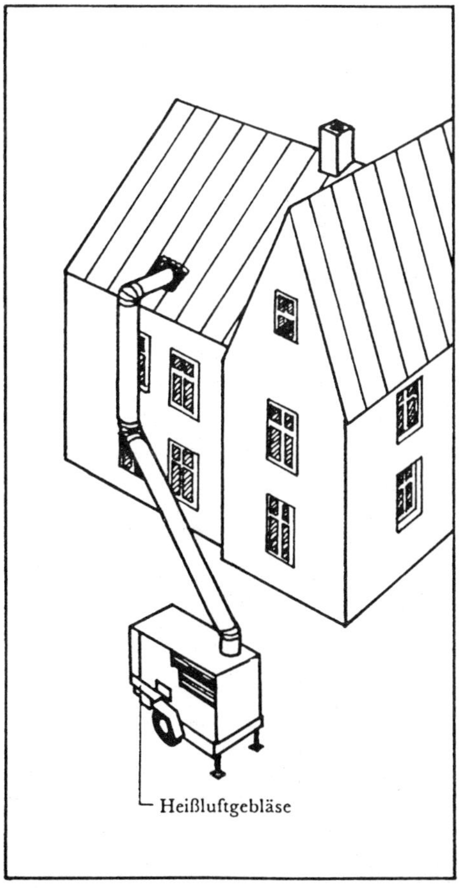

Das Heißluftverfahren ist vollkommen ungiftig. Die Ausführung muß ausschließlich Fachbetrieben überlassen werden (Adressen im Anhang).

Mittel zur Holzoberflächenbehandlung

A) Außenbereich

Im Außenbereich richtet sich der Holzschutz in erster Linie gegen Witterungseinflüsse. Vor allem Regenwasser und intensive Sonnenbestrahlung setzen dem Holz zu. Sie lassen die ungeschützte Holzoberfläche schon nach kurzer Zeit vergrauen und für den zeitgenössischen Geschmack unansehlich werden. Damit das Holz in seiner »natürlichen Schönheit« erhalten bleibt, empfehlen Farbenhersteller ihre einschlägigen Mittel.

Bei der Anwendung von Mitteln zur Pflege, sei es nun eines Zaunes oder einer Holzverkleidung, sollten folgende Regeln beachtet werden:
- Mittel verwenden, die für den Außen- *und* Innenbereich geeignet sind (sie enthalten in der Regel *keine giftigen Holzschutzmittel*),
- keine *farblosen* Lasuren verwenden (außer der Untergrund ist bereits farbig vorbehandelt); sie sind durchlässig für holzabbauende UV-Strahlen. Beigemischte Farbpigmente schirmen stattdessen gegen Sonnenstrahlen ab,
- *wasserlösliche* Lacke und Lasuren verwenden. Diese tragen aufgrund ihres geringen Anteils an umweltschädigenden Lösemitteln das blaue Umweltzeichen (siehe auch »Baubiologischer Ratgeber«),
- bei Hölzern für Kinderspielplätze, Komposter, Bienen- und Vogelhäuser, Frühbeetenkästen u.ä. ist grundsätzlich zu überlegen, ob man nicht lieber auf all die Behandlungsmittel verzichtet und den natürlichen Verfall der Hölzer in Kauf nimmt, bzw. diese rechtzeitig erneuert.

Hinweise wie »frei von PCP und Lindan« sind noch keinerlei Beweis für die Harmlosigkeit eines Mittels, ebensowenig die Etikette »Bio« oder »Öko«. Wesentlich glaubwürdiger wirken die Bemühungen einiger Naturfarbenhersteller, ihre Mittel mit der vollständigen Deklaration aller Inhaltsstoffe zu versehen!

Nicht zuletzt sei auch an die bereits erwähnten »baulichen Holzschutzmaßnahmen« erinnert. Wo diese nicht ausreichend Schutz bieten, ist es oft sinnvoller, Holz durch andere Baustoffe zu ersetzen, statt ihm massiv mit irgendwelchen Mitteln zu Leibe zu rücken.

Kompromisse muß man bei *wertvollen* Hölzern im Außenbereich wie Holztüren, Holzfenstern und Fensterläden eingehen. Überflüssig ist hier der Einsatz von giftigen Holzschutzmitteln gegen Schädlinge. Auf einen ungiftigen Lack- oder Lasuranstrich als Witterungsschutz (Sonne, Nässe) sollte man aber nicht verzichten. Holz bleibt hier auch *mit* Schutzanstrich eine ökologisch vertretbare Lösung zu Alternativen wie PVC und Aluminium.

B) Innenbereich

Hier haben Behandlungsmittel vor allem optische und konservierende Funktion, d.h. sie beugen Vergilbungs- und Abnützungserscheinungen vor. Dafür stehen Wachse, Lasuren, Lacke und Versiegelungen zur Auswahl. In der genannten Reihenfolge nimmt auch ihre Widerstandsfähigkeit gegen mechanische Abnutzung und Verschmutzung zu. Wachs bietet aufgrund seiner Weichheit nur einen begrenzten Oberflächenschutz, Versiegelungen bleiben dagegen über Jahre hinweg beständig (wichtig vor allem für Fußböden).

Geeignete Mittel und Anwendungsbereiche:

1. *Wachse* (auch mit Farbpigmenten) werden mit dem Ballentuch, in flüssiger Form auch mit dem Pinsel aufgetragen. Nach Durchtrocknung nachpolieren. Bei wenig strapazierten Holzteilen reicht Wachs als dauerhafter Oberflächenschutz aus. Baubiologisch besonders empfehlenswert ist Bienenwachs. Farbige Wachse schützen auch gegen Vergilben (Nachdunkeln) des Holzes. Geeignet für Holzvertäfelungen, Holzdecken, Türen, wenig strapazierte Holzböden, Möbel. Anwendung nur im Innenbereich.
2. *Lasuren* sind flüssige farblose oder farbige Mittel. Selbst bei mehrmaligem Auftrag bleibt die natürliche Struktur des Holzes noch durchscheinend. Farbige Lasuren beugen Vergilbungen vor. Baubiologisch empfehlenswert ist hier auch Leinölfirnis. Geeignet für Holzvertäfelungen, Holzdecken, sichtbare Holzbalken von Decken und ausgebauten Dachgeschossen, Türen, Fenster (wenn angegeben auch im Außenbereich), Möbel.
3. *Lacke* bilden einen *deckenden* farbigen Oberflächenfilm. Ihre Diffusionsfähigkeit (»Atmungsaktivität«) gegenüber Lasuren und vor allem Wachsen ist deutlich reduziert. Die Standfestigkeit ist dafür auch bei stärker strapazierten Flächen gegeben. Geeignet zur *dekkenden* farbigen Gestaltung von allen Holzteilen im Innern (wenn angegeben auch im Außenbereich).
4. *Versiegelungen* sind sehr widerstandsfähige transparente Speziallacke. Ihre Diffusionsfähigkeit (»Atmungsaktivität«) ist aufgrund ihrer dichtschließenden Eigenschaften eingeschränkt, ihre Haltbarkeit dagegen für viele Jahre gewährleistet. Gegen ihren Einsatz spricht, daß sie nicht nur während der Verarbeitung, sondern auch auf Dauer Nebenwirkungen haben können (z. B. Formaldehydausdünstungen). Deutlich günstiger verhalten sich hier die neu entwickelten *Wasserlacke*. Auch Naturfarbenhersteller bieten ungefährliche Versiegelungslacke an, doch erreichen sie meist nicht die Widerstandsfähigkeit der rein »synthetischen« Mittel. Anwendung nur im Innenbereich bei Holzfußböden (z. B. Par-

kett, Dielenböden) und Holztreppen (insbesondere Trittstufen).

Bei Einsatz von Lacken, Lasuren und Flüssigwachsen sollte darauf geachtet werden, daß diese möglichst arm an gesundheitsschädlichen Lösemitteln sind (Kennzeichen: Blauer Umweltengel). Schadstoffarme Mittel bieten auch die Naturfarbenhersteller an (auf Deklaration der Inhaltsstoffe achten / siehe »Baubiologischer Ratgeber«).

Auch bei der Verarbeitung von Holz im Innenbereich spielt der »bauliche Holzschutz« eine wichtige Rolle. *Holzböden* sollten beispielsweise nicht im unmittelbaren Eingangsbereich verlegt werden, ebenso wenig im Naßbereich von Küche und Bad. Stärker strapazierte Bereiche von Holzböden sollten mit Teppichen geschützt werden, um »Laufstraßen« infolge schneller Abnützung zu vermeiden. Harthölzer wie Eiche, Buche, Ahorn etc. sind grundsätzlich haltbarer als Fichte, Tanne, Kiefer u.ä.

Sehr fraglich ist der Einsatz von *Holzverkleidungen* im Naßbereich von Bädern. Auf Dauer ist Holz solchen Beanspruchungen einfach nicht gewachsen (Ausnahme: tropisches Regenwaldholz). Selbst Hinterlüftung und Dauerbehandlungen mit »Schutz«-Mitteln ändern nichts an dieser Tatsache. Das Holz wird unansehlich und verrottet.

Trotz der vielseitigen Eigenschaften des Baustoffes Holz müssen immer seine natürlichen Grenzen gesehen werden. Dieser Grundsatz ist beim Umgang mit allen Naturbaustoffen zu berücksichtigen.

Hersteller- und Bezugsquellenverzeichnis, Verbände

Biologische Baustoffe

Atropos
Michael Oehl
1000 Berlin 31

Bonacker KG
Steinweg 8
3572 Amöneburg 1

Energieladen Kassel
Zentgrafenstr. 146
3500 Kassel

Glashaus
Jakobstr. 200
5100 Aachen

Moll GmbH
Luftschiffring 3a
6831 Brühl/Baden

Gebäudesanierung gegen aufsteigende Bodenfeuchtigkeit

Mauertränkung mit Kieselsäure
Remmers Chemie
4573 Löningen

Elektrokinetisches Verfahren
Gesellschaft für Bauerhaltung
Nikolaistr. 10
8200 Rosenheim

Well-Dry-System mit Stahlplatten
Isar-Bautenschutz GmbH
Max-Hueber-Str. 9
8045 Ismaning

Trockenelemente für den Innenausbau

Fermacell-Ausbauplatten
Fels-Werke
Postfach 1460
3380 Goslar 1

Ziegeldecken
Schnabel & Co.
Postfach 20
6419 Burghaun 1

Perlgipsplatten
Gebr. Knauf
8715 Iphofen

Dämmstoffe

Perlite-Dämmstoff GmbH
(»Bituperl«)
Postfach 1564
4600 Dortmund

Emfa-Dämmstoffwerk
(Kork und Kokoswolle)
Postfach 60
8908 Krumbach

Deutsche Heraklith
(Holzwolle-Leichtbauplatten)
Postfach 1120
8346 Simbach

Leca GmbH
(Blähton)
Gärtnerstr. 94 a
2083 Halstenbek

Farben, Anstriche

Auro Naturfarben GmbH
Postfach 1220
Alte Frankfurter Str. 211
3300 Braunschweig

Livos Naturfarben GmbH
Neustädter Str. 23-25
3123 Bodenteich

Beeck'sche Farbenwerke
(Mineral-/Silikatfarben)
Postfach 810224
7000 Stuttgart 81

Keimfarben
(Mineral-/Silikatfarben)
Postfach
8902 Neusäß

Holzschutz mit Heißluftverfahren

Bio cntrol
Babelsbergerstr. 5
1000 Berlin 31

Eichborn
Eichenstr. 3
2000 Hamburg 19

Funke
Fontainestr. 26
3000 Hannover

Ruho
Holtfeld 101/111
4807 Borgholtzhausen

Jendges
Sebastianusstr. 13
5138 Heinsberg-Dremmen

Kronshage
5559 Krenn

Desinsekta GmbH
Steinbacher Hohl 42
6000 Frankfurt 90

Konrad Ahrens OHG
An der Kirche 1
6368 Bad Vilbel 3

Beeck'sche Farbwerke
Postfach 810224
7000 Stuttgart 81

Pius Kopp
Wilhelmstr. 24 a
7800 Freiburg

Dichtungspappen

Papierfabrik Palm KG
(»Perkalor«-Papier)
Neukochen
7080 Aalen

Verbände, Arbeitsgemeinschaften, Institute

Arbeitsgemeinschaft Holz e.V.
Füllbachstr. 6
4000 Düsseldorf 30

Bundesverband der Deutschen Ziegelindustrie e.V.
Schaumburg-Lippe-Str. 4
5300 Bonn 1

Deutsche Gesellschaft für Sonnenenergie e.V.
Gabelsbergerstr. 36
8000 München 2

Stiftung Warentest
Lützowstr. 11-13
1000 Berlin 30

Bundesanstalt für Materialprüfung
Unter den Eichen 87
1000 Berlin 45

Institut für Baubiologie und Ökologie
Holzham 25
8201 Neubeuern

Literatur

Evamarie Brändle
Bauernhaussanierung
München, 1988

Wolfgang Bredow
Regenwasser-Sammelanlage
Staufen, 1989

BUND
Bund für Umwelt und Naturschutz
Umweltfreundliches Bauen, 1989

Manfred Gerner
Historische Häuser instandsetzen und erhalten
Fulda

Manfred Gerner
Fachwerk
Fulda

Bernd Grützmacher
Kachelofenbau
München, 1981

Güntzel/Zurheide
Holzschindeln
Staufen, 1986

W. Kawiath
Sanitärinstallationen
Stuttgart, 1990

Erneuerbare Energiequellen
Karlsruhe, 1988

Georg Hänisch
Kork - ein Baustoff
Staufen, 1990

Keppler/Lemcke
Mit Lehm gebaut
München, 1986

Holger König
Wege zum gesunden Bauen
Staufen, 1989

Bernhard Kolb
Beispiel Biohaus
München, 1984

Bernhard Kolb
1000 Tips zum Bauen und Wohnen
München, 1988

Bernhard Kolb
Bauen und Sanieren mit natürlichen Baustoffen
Kissing, 1989

Bernhard Kolb
Aktueller Praxisratgeber für umweltverträgliches Bauen
Kissing, 1991

Bernhard Kolb
Sonnenklar solar
München, 1990

Kolb/Schwarz
Grün auf kleinen Dächern
München, 1987

Per Krusche u.a.
Ökologisches Bauen
zu beziehen über:
Bonner Umweltministerium

Claudia Lorenz-Ladener
Naturkeller
Staufen, 1990

Rau/Braune
Der Altbau
Stuttgart, 1991

Wolfgang Ruske
Holz-Glas-Architektur
Kissing, 1988

RWE Bauhandbuch
Essen, 1989

Prof. Anton Schneider
Einführung in die Baubiologie
Neubeuern, 1990

Prof. Anton Schneider
Das Haus, Ursache allergischer Erkrankungen
Neubeuern

Karl Schubert
Elektroarbeiten
Stuttgart, 1988

Karl Schubert
Betonieren, Mauern, Fliesen
Stuttgart, 1991

Franz Volhard
Leichtlehmbau
Karlsruhe, 1989

Peter Weissenfeld
Holzschutz ohne Gift?
Staufen, 1988

Register